D0908106

CES DÉPENDANCES
QUI NOUS GOUVERNENT

Docteur William LOWENSTEIN
Avec la collaboration de Dominique ROUCH

CES DÉPENDANCES
QUI NOUS GOUVERNENT

Comment s'en libérer ?

Calmann-Lévy

© Calmann-Lévy, 2005.
ISBN : 978-2-253-11576-2 – 1re publication LGF

À monsieur le baron Benjamin de Rothschild
et au docteur Bernard Kouchner
qui m'ont permis de créer la clinique Montevideo.

À Mario, Bénédicte, Pierre, Catherine, Samuel, Francisco,
Jean-Charles, Murielle et à toute l'équipe de la clinique.

À Morgan, Douglas et Liv Lowenstein.
À Véro, Corinne et Bingo.
À Jérôme et à Jean, si tôt disparus.

SOMMAIRE

I
ADDICTIONS AVEC DROGUES

II
ADDICTIONS SANS DROGUES

III
À LA FRONTIÈRE DE L'ADDICTION

Prologue

L'addiction, avec ou sans drogue, est une maladie du cerveau.

Pourtant, les dépendances sont considérées, encore aujourd'hui, avec une forme de mépris. Elles sont regardées comme des maladies honteuses, des « fausses » maladies, parce qu'elles seraient issues d'une absence de volonté de guérir des individus.

N'est-il pas toujours demandé aux addicts de se soigner seuls, de se désintoxiquer par eux-mêmes ou presque : aidez-vous (sevrez-vous), la société vous aidera… peut-être ! Mais au lieu de les aider, notre société les exclut et même pire, elle les accable. Elle peut apparaître ainsi des plus injuste, car après avoir encouragé bien souvent l'usage et la consommation (jeux de grattage et Loto national, périodes institutionnelles des soldes, promotion de l'Internet, etc.), parfois toléré l'abus de substances licites (des fêtes du jour de l'an aux « troisièmes mi-temps », expression consacrée pour les beuveries de fin de match de rugby), elle condamne ou maltraite ceux qui sont allés trop loin et ne peuvent revenir : les dépendants. Et que dire du sort réservé aux femmes ! De plus en plus nombreuses, de plus en plus vulnérables face aux addictions, les femmes, notamment les mères, ne bénéficient d'aucune place spécifique que ce soit dans la prévention, le soin ou la réduction des risques.

Sans doute est-ce pour cela que j'ai si souvent entendu des patients me confier avoir longtemps réfléchi avant d'« oser » franchir la porte de mon bureau ? Au-delà de la honte, c'est la culpabilité qui les empêchait de faire le premier pas. D'ailleurs, lorsqu'ils doivent m'expliquer leur problème, c'est généralement la tête basse, rarement les yeux dans les yeux. Lors de ces échanges initiaux, j'ai souvent l'impression particulière de me substituer à un curé ou à un policier. Toute la difficulté pour moi consiste à leur rappeler que je suis médecin, addictologue et que je suis face à eux, avec eux pour les écouter, établir un diagnostic et les soigner.

Lorsque je les reçois en première consultation, ils ont déjà plusieurs années de dépendance derrière eux, plusieurs années de souffrances et de rechutes. Avant de passer la porte de mon cabinet, ils ont attendu d'être au bout du rouleau, de ne plus en pouvoir.

Une fois le contact établi, ils me demandent de les aider à fuir leur enfer quotidien : « Vous êtes ma dernière chance ! » Derrière cette expression, je devine : « Si je la loupe, je serai condamné à vivre avec. » Je ne peux m'empêcher de penser que, dans une petite partie de leur cerveau, ils se disent : « Quelle douce condamnation ! » ; car mes patients sont partagés entre deux sentiments : l'envie d'arrêter (même si cela leur semble insurmontable) et une nostalgie des premiers effets positifs de leur addiction. C'est la mémoire du plaisir qui ressurgit. Ils ne veulent pas se débarrasser de l'objet de leur dépendance mais des conséquences négatives que celle-ci a entraînées. En effet, l'addiction, quelle qu'elle soit (sauf la tabacodépendance), a des répercussions physiques, psychiques et sociales. Elle coupe du monde, isole, désocialise. Tout ou presque est tourné vers elle. 24 heures sur 24. « J'y pense tout le temps. Je lutte. Une minute sans est une minute gagnée. Puis je replonge inexorablement. C'est plus fort que moi. » Voilà ce que tous me confient. Une impossibilité d'arrêter. Ces personnes ne sont plus dans l'envie mais dans le besoin. Le besoin compulsif. Et que l'on cesse de croire qu'il suffit de vouloir « décrocher » pour pouvoir. Seul, sans l'aide de médicaments, sans consulter. Essayez donc d'arrêter de boire sans traitement et voyez le résultat : risque de convulsions, insomnies, cauchemars et surtout syndromes dépressifs avec perte de toute motivation. Sans parler des substances plus rapidement dangereuses comme l'héroïne ou la cocaïne. Il en va de même des addictions au comportement. Privez un cyberdépendant de son ordinateur, ordonnez à un hyperactif sexuel de vivre dans la chasteté et mesurez les conséquences...

Pour toutes ces raisons, l'addiction doit être traitée comme une vraie maladie !

Passer à l'addictologie, autrement dit à l'étude des abus et des dépendances, a été un processus logique dans ma démarche médicale. Lors de mes spécialisations en médecine interne et en pneumologie, je me suis intéressé à ce domaine. En traitant des personnes infectées par le virus du sida au début des années 80, et en pratiquant des interventions diverses (suivis en hospitalisation et en consultation, endoscopies bronchiques avec lavages broncho-alvéolaires, soins en réanimation) dans le cadre d'affections pulmonaires opportunistes, j'ai été confronté à ces pathologies. Nombre de mes patients « toxicos » dépendaient de substances qu'ils s'administraient par voie intraveineuse. En m'intéressant à eux, à leur traitement, j'ai pu observer l'apaisement immédiat et durable que leur procurait un éclairage médical non culpabilisant. Ils comprenaient enfin que leur dépendance n'était pas liée à une quelconque faiblesse de leur part, mais bien à une maladie. Cette prise de conscience s'est faite progressivement. Par ailleurs, je me suis rendu compte que ces accros appartenaient souvent à la catégorie des polyconsommateurs, à savoir des consommateurs de plusieurs substances, licites ou illicites : drogues, alcool, tabac, médicaments... Ils souffraient généralement d'autres pathologies : le jeu, les achats compulsifs, la cyberdépendance ou encore... la pratique intensive de sport, et se trouvaient la plupart du temps dans un état sanitaire physique et social lamentable.

La médicalisation de ces patients fut très longue. Au travers des congrès et des colloques, nos systèmes de prise en charge me sont apparus inadaptés, voire décalés. Les patients dépendants étaient qualifiés de « loosers ». Notre pays connaissait un retard considérable dans ce domaine. Il était urgent d'en finir avec ce déni pour reconnaître enfin l'addiction comme une maladie et non plus comme un état (honteux), et surtout faire preuve d'efficacité. Il fallait changer notre vision moraliste et moyenâgeuse pour mettre en place une véritable médicalisation et permettre un repérage précoce des abus. Et ce, quelle que soit la dépendance. Pour toutes ces raisons, j'ai quitté l'Assistance publique, en juin 2002. Quelques mois plus tard, j'ouvrais la clinique Montevideo et l'institut Baron-Maurice-de-Rothschild, spécialisé dans la recherche et le traitement des addictions.

J'étais convaincu de la nécessité de se démarquer d'une attitude psychiatrique qui vise à accompagner le patient « avec une bienveillante neutralité » pour l'aider à régler son problème tout seul en essayant de l'amener à comprendre le « pourquoi » de sa dépendance. Je me méfie, en effet, de l'éternelle question du « pourquoi ». La psychologie des profondeurs a bien évidemment sa place dans nos interrogations, mais une place seulement.

Secondaire dans le temps thérapeutique. Lorsque nous avons, face à nous, un sujet en situation de dépendance, il convient de trouver le moyen de l'aider à en sortir avant même de savoir ce qui l'a poussé à devenir addict. Le « comment » avant le « pourquoi ». Autrement dit : soigner avant de préciser la nature originelle et lointaine du mal.

La psychologie des addictions ne peut être efficace dans un premier temps. À quoi bon demander à un héroïnomane pourquoi il consomme ? À quoi bon demander à un acheteur compulsif pourquoi il éprouve le besoin de se ruiner dans les magasins ? Questionne-t-on un mélancolique sur les raisons de sa mélancolie ? Un accro du chocolat sur son amour du chocolat ? Mettre l'accent dramatique sur les causes d'une dépendance (traumatisme d'enfance, viol, échec affectif ou professionnel, etc.) ne modifiera en rien le comportement du patient. Ce dernier, quelle que soit la finesse de l'éclairage analytique, risque de n'en retirer qu'une forte culpabilité. Celle de savoir et de ne pas pouvoir.

Car les raisons pour lesquelles l'addiction le torture au quotidien n'ont plus de rapport, ou si peu, avec les motifs pour lesquels le patient avait commencé ses usages ou ses abus.

Le cerveau s'est transformé, au fil chaotique de l'addiction. Il ne fonctionne plus comme avant. Le sommeil est perturbé, l'appétit aussi, l'humeur est modifiée ainsi que la relation aux autres (y compris avec les plus proches). L'idéal de vie a changé, les pensées aussi. Le cerveau est malade. Que nous le voulions ou non. Notre volonté ou celle des autres ne suffit pas à guérir de ces changements fondamentaux. Tout comme dans d'autres maladies du cerveau telles que la psychose maniaco-dépressive, la schizophrénie, la maladie de Parkinson, la maladie d'Alzheimer ou la sclérose en plaques.

Une fois l'addiction (enfin) définie comme une maladie dont les caractéristiques sont l'inefficacité de l'effort pour s'en sortir et la perte de la volonté, l'approche clinique deviendra radicalement différente. Nous traiterons médicalement avant d'essayer de comprendre les raisons qui ont poussé le patient à consommer ou à entrer dans une conduite addictive. Nous rechercherons les méfaits et les modifications que la dépendance a entraînés sur son cerveau et le moyen de réparer ces dysfonctionnements. Autant de questions précises qui nécessiteront des réponses concrètes, médicales et souvent pharmacologiques pour être efficaces.

Aider les dépendants, c'est, avant tout, agir, prescrire, intervenir : ce que j'appelle l'action bienveillante.

Nous, médecins, devons faire alliance avec nos patients. Une alliance thérapeutique pour que la guérison soit enfin synonyme de libération.

Introduction
Les mécanismes de la dépendance

Nous naissons tous dépendants. Petits mammifères fragiles et complexes que nous sommes, dépendants de l'oxygène pour respirer, dépendants de la nourriture que le sein maternel (ou les premiers laits de l'industrie humaine) doit nous apporter pour vivre et grandir, incapables de ne pas nous laisser mourir de faim avant deux ou trois ans, dépendants aussi de la chaleur contrôlée de notre nid. Nous grandissons plus ou moins bien, plus ou moins vite, selon notre milieu, notre patrimoine génétique, et surtout selon le désir et l'excitation de notre mère. De son amour dépend notre avenir.

Au fil du temps, nous sommes censés acquérir notre autonomie et notre indépendance, mais il nous faudra toujours respirer, manger, dormir, nous protéger, aimer et être aimés. Nous reproduire et donc avoir besoin de l'Autre. Ne pas être seuls. Ne pas pouvoir être seuls. Et par là même, devenir dépendants de notre couple, de notre travail... Redouter, toute notre vie, la solitude et les idées de mort et d'abandon qui l'accompagnent. Ne pas être malades non plus pour, à notre tour, élever nos « petits dépendants ». Ne jamais se laisser aller pour ne pas devenir – trop tôt – un petit vieux ou une petite vieille, à qui l'on donne à manger à la cuillère, que l'on aide à se lever, à se laver, à marcher. Dépendants de médicaments pour dormir ou se tranquilliser, de l'oxygène apporté par sonde nasale ou par trachéotomie.

Une vie d'homme. Une vie de dépendances. De dépendances incontournables. Pour tous.

En plus de ces dépendances vitales, il en existe d'autres que nos comportements excessifs ou la consommation de substances vont créer. Pourtant, avant d'y être confrontés, nous voulons croire que nous pouvons y échapper, que nous avons même intérêt à échapper à ces dépendances « secondaires ». Que nous n'en avons pas besoin pour vivre. Et qu'il suffit de vouloir pour pouvoir. Ce sont, effectivement, des dépendances initialement évitables, rajoutées aux dépendances indispensables de notre vie d'homme et qui, contrairement à ces dernières, constitutionnelles et constructives, finiront par menacer les fondamentaux de l'existence humaine : manger, dormir, se protéger, faire l'amour et se reproduire, avoir envie de vivre. Mais nous allons, bien malgré nous, les rendre nécessaires pour survivre. Au risque, parfois, de notre santé physique et psychologique. Nous n'avons pourtant pas besoin de tabac, ni d'alcool, ni de cocaïne, ni d'ordinateur ou de sports extrêmes pour exister. Alors pourquoi certains vont-ils s'en rendre esclaves ? Au point de perdre tout contrôle. User, abuser sans faim. Sans fin, quand le stade de la dépendance est atteint, quitte à oublier toute vie sociale et affective. L'alcoolodépendant continuera de boire, même s'il perd son travail et/ou sa femme. Le cyberdépendant ne lâchera pas son ordinateur même s'il perd le sommeil et son environnement social.

Le dépendant n'a plus le choix.

Il n'est plus en mesure de modérer ses consommations ou son comportement et encore moins de les arrêter. Les déséquilibres imposés par des mois ou des années d'usage ont modifié irréversiblement son fonctionnement cérébral intime. Mais ça, le dépendant ne le savait pas quand il a commencé. Il n'était alors qu'un usager curieux, à la recherche de nouvelles sensations, d'expériences ou de plaisirs inédits *(liking)*. Peu à peu, il est devenu un abuseur, profitant des effets des produits ou d'une conduite pour améliorer son quotidien *(wanting)*, malgré l'apparition des premiers méfaits, des premières gueules de bois ou d'un compte en banque en chute libre. Mais jamais ou presque, une personne dépendante n'a souhaité le devenir. Nous aimerions tous rester au stade de l'usage, éventuellement de l'abus, s'arrêter au *liking then wanting* sans jamais subir le *needing*. Connaître le plaisir, le répéter « à volonté », mais sans avoir à payer le prix de la dépendance.

Notre cerveau réclame de l'émotion (du plaisir) mais aussi de la tranquillité : il obtient l'un et/ou l'autre en prenant des substances, en se plongeant dans le jeu ou le sport intensif. Il recommence pour être « bien ». Quelques mois, quelques années après, il continue, mais cette fois, dans le seul but de « ne pas être mal » : de pouvoir dormir, travailler, parler aux autres, calmer son affectivité et même sa pensée car tout cela est devenu impossible sans substance ou sans répétition de la conduite excessive. Le dépendant ne consomme plus ou ne se livre plus à un comportement addictif pour les mêmes raisons qui l'ont poussé à le faire lorsqu'il n'était qu'au stade du simple usage. L'usage et l'abus l'aidaient à mieux vivre, la dépendance lui permet de survivre.

Les addictions regroupent plusieurs formes de dépendances : aux drogues licites (tabac, alcool, médicaments) et illicites (cocaïne, héroïne, cannabis, ecstasy, substances dopantes comme les amphétamines ou les anabolisants), mais aussi aux comportements comme la cyberdépendance, l'hyperactivité sexuelle ou la dépendance affective, le jeu pathologique, le workaholisme (dépendance au travail), le sport extrême ou intensif et, enfin, les « petites dépendances » au café, au chocolat, au thé, ou au téléphone portable et même à la chirurgie esthétique. Je laisse volontairement de côté les achats compulsifs qui, je l'expliquerai plus tard, n'entrent pas véritablement, à mon sens, dans le cadre des addictions.

Il existe, parmi toutes ces dépendances, un écart notoire de dangerosité ; la mortalité et la morbidité des addictions avec drogues sont bien supérieures à celle des addictions sans drogues. Les 90 000 morts annuelles dues au tabac et à l'alcool ne peuvent être comparées aux seuls dégâts sociaux et personnels causés par les addictions comportementales sans drogues. Autrement dit, les addictions au jeu ou la cyberdépendance sont fort heureusement bien moins meurtrières ! Le déséquilibre cérébral chimiquement induit par les abus chroniques de produits est, en effet, plus important que celui entraîné par les comportements. Un sportif qui se muscle naturellement connaîtra moins d'effets nocifs et déséquilibrants qu'un sportif qui utilise des anabolisants ou des corticoïdes. Être ivre de jeu, ivre de sport, ivre d'achats n'est pas comparable avec l'état d'ébriété dans lequel se trouve le consommateur de substances. Tout d'abord, parce que cette ébriété est immédiate mais, en plus, parce qu'elle modifie plus profondément et durablement la conscience et le fonctionnement du cerveau. C'est pour cette raison que les drogues dites dures ou douces sont appelées substances psychoactives. Elles transforment l'activité mentale (la conscience mais aussi l'inconscient) ainsi que les sensations et le comportement. Des degrés de dangerosité existent aussi pour les addictions comportementales sans drogues. On constate ainsi l'inquiétante augmentation ces dernières décennies de la mortalité des jeunes femmes anorexiques ou des quinquagénaires boulimiques dans les pays industrialisés.

Cela dit, quelle que soit l'addiction, le mécanisme qui mène un usager occasionnel à la dépendance reste toujours le même.

Tout commence par l'usage. L'usage simple, curieux ou convivial, et sans aucune nocivité. Lequel d'entre nous n'a jamais bu un verre d'alcool pour se détendre ou partager un moment agréable entre amis ? Lequel d'entre nous n'a jamais poussé la porte d'un casino pour tenter sa chance à la boule, à la roulette ou aux machines à sous ? Et tant d'exemples encore ! L'usager y découvre (éventuellement) un bénéfice : s'amuser plus facilement, alléger ses pensées, vaincre sa timidité, éprouver de nouvelles émotions... Nous avons tous ressenti, un jour ou l'autre – et plus particulièrement au moment de l'adolescence –, le besoin de connaître de nouvelles expériences pour satisfaire notre curiosité, nous distraire ou pour imiter nos aînés. La plupart du temps, nous nous en tenons là, sans la menace d'une éventuelle répétition ou « escalade ». Mais attention, le premier usage, s'il est perçu comme bénéfique, donne envie de recommencer. Nous savons, par exemple, que les premières palpitations d'un joueur en herbe sont inoubliables. Il existe un état d'excitation intense lié au fait que ce dernier ne sait jamais à l'avance s'il va perdre ou gagner. Le doute, le hasard, la chance et même ce qu'il nommera la « poisse » vont le tenir en haleine. S'il gagne – et c'est parfois le cas au début (la chance du débutant) –, il aura forcément envie de recommencer pour gagner encore et encore. Pour continuer d'être « l'élu » et distraire l'éternité.

Dans la grande majorité des cas, ces « premières fois » ne génèrent aucune complication pour la santé, aucun trouble du comportement, ce qui ne veut pas dire aucun risque. Car, pour des raisons bien spécifiques que nous évoquerons par la suite, certains ne se limitent pas à l'usage et passent en quelques mois au deuxième stade : l'abus ou l'usage nocif. Ce passage intervient généralement une fois que notre cerveau a enregistré les conséquences (subjectivement perçues comme utiles et positives par l'individu) de telle consommation de substance ou de tel comportement addictif. Une peur de l'ennui ou de la solitude estompée grâce à quelques joints de cannabis, une humeur dépressive ou une relation aux autres difficile rendue meilleure par un usage répété d'alcool, des pensées grises apaisées au contact d'un écran de jeu vidéo ou encore, une sexualité inhibée facilitée par une ou plusieurs prises de cocaïne. Tout cela constitue des sensations que notre cerveau traduit comme un court-circuit biochimique, c'est-à-dire une solution facile et rapide à tous nos problèmes de vie plus ou moins obsédants. L'abus est donc un bénéfice recherché dans des situations particulières dans lesquelles le sujet se sent plus performant sous l'action d'un produit ou d'un comportement. Cet abus est très comparable aux conduites dopantes puisqu'il aide à mieux vivre, à moins souffrir. Avec soi-même et avec les autres. Contrairement à l'usage, l'abus va modifier l'état de l'individu. Un joueur pathologique mentira pour trouver de l'argent. Un « abuseur » d'alcool aura la gueule de bois. Il deviendra irritable, désagréable, violent. À l'arrêt de la consommation ou du comportement, le sujet ne ressentira pas de manque intolérable mais un « moins-être », c'est-à-dire la sensation de vivre moins intensément ou moins facilement. Voilà ce qui différencie, entre autres, l'abus de la dépendance.

Brutale ou progressive, selon le produit ou le comportement addictif, la dépendance s'installe dès que l'on ne peut plus se passer de l'objet ou de la substance choisie, sous peine de souffrances physiques et/ou psychiques. Surviennent alors l'état de manque et les syndromes de sevrage. La privation d'un produit ou d'une conduite addictive entraîne chez le sujet une sensation de malaise, d'irritabilité, d'angoisse, allant parfois même jusqu'à la dépression : c'est la dépendance psychique. Elle concerne généralement les addictions au comportement. Plus caractéristique des substances, la dépendance physique engendre pour sa part (selon la drogue utilisée) douleurs, malaises, sueurs ou tremblements, diarrhée, tachycardie et hypertension.

C'est en 1990 qu'un psychiatre américain, Aviel Goodman, a proposé ses critères d'addiction [1] :

✔ Impossibilité de résister à l'impulsion du passage à l'acte addictif.

✔ Sensation croissante de tension précédant immédiatement le début du comportement.

✔ Soulagement ou plaisir pendant sa durée.

✔ Perte de contrôle dès le début de la crise.

✔ Présence d'au moins cinq des neuf critères suivants :
  • monopolisation de la pensée par le projet et le comportement addictifs ;
  • intensité et durée des épisodes plus importantes que souhaitées à l'origine ;
  • tentatives répétées pour réduire, contrôler ou abandonner le comportement ;
  • temps important consacré à préparer les épisodes, à les entreprendre ou à s'en remettre ;

---

1. A. Goodman, « Addiction, Definition and Implications », British Journal of Addictions, 1990.

- l'engagement dans le comportement addictif est tel qu'il empêche l'individu d'accomplir les gestes parfois les plus élémentaires (se laver, se nourrir) et le conduit à un désinvestissement social, professionnel et familial ;
- survenue fréquente des épisodes lorsque le sujet doit accomplir des obligations professionnelles, familiales ou sociales ;
- poursuite du comportement malgré l'aggravation des problèmes sociaux et en dépit de la connaissance des conséquences négatives ;
- tolérance marquée, c'est-à-dire besoin d'augmenter l'intensité ou la fréquence pour obtenir l'effet désiré, ou diminution de l'effet procuré par un comportement de même intensité ;
- agitation, irritabilité et surtout angoisse si le passage à l'acte addictif est différé, empêché.

Passer de l'abus à la dépendance, c'est donc ne plus avoir le choix, c'est passer de l'envie au besoin (du *wanting* au *needing*). Un besoin compulsif que le sujet dépendant ne pourra pas refréner. Et même s'il est conscient des dangers que génère sa conduite, il sera pourtant incapable de décrocher. Le joueur pathologique frappé d'interdit bancaire ne cessera pas pour autant de dépenser son argent. Le fumeur ne stoppera pas sa consommation malgré les menaces de cancers et autres maladies graves qui pèsent sur lui. « J'essaye, mais je n'y arrive pas, c'est plus fort que moi ! », dira-t-il. C'est l'impériosité, la perte de contrôle, le « encore et encore ». Cette tendance est plus ou moins stimulée par certains produits ou comportements dits addictogènes ou boulimiques. Nous connaissons tous l'envie irrépressible de terminer une assiette de cacahuètes, même lorsque nous n'avons plus faim. Le goût salé ainsi que le geste entraînent, dans ce cas précis, une répétition qui nous pousse à grignoter de façon machinale et compulsive. Il en va de même avec certaines drogues. Le crack (cocaïne ajoutée à du bicarbonate) est un bon exemple. Ce produit suscite chez le sujet une excitation telle que le cerveau ordonne de reconsommer dans le quart d'heure qui suit. C'est le *craving* : un besoin incontrôlable de recommencer dès que les sensations diminuent. Ce sera un peu moins évident avec l'héroïne dont les effets durent plus longtemps. Ces substances ont ce qu'on appelle une « demi-vie ». Plus celle-ci est courte, plus le besoin de reconsommer survient rapidement. C'est le cas de certains médicaments et du tabac dont les demi-vies diminuent après des années de consommation. Cet effet *craving* existe tout autant dans les comportements addictifs. Le sujet recherche, à travers un écran vidéo ou une hyperactivité sexuelle un moyen de lutter contre un état de tension ou d'anxiété, un apaisement immédiat, qui disparaît à l'arrêt de l'activité, d'où le besoin irrépressible de recommencer. Engrenage infernal du « encore et encore », mais engrenage aussi du « toujours plus ». Pour retrouver les effets euphorisants ou apaisants, les émotions des premiers usages, le dépendant doit augmenter les doses (de produits, de nourriture, d'argent, etc.). Un addict de saut en parachute, par exemple, aura besoin, au bout d'un certain temps, d'ajouter un accessoire (skateboard, surf,...) afin d'augmenter les risques et, donc, de ressentir les mêmes frissons qu'au début de sa pratique. Un marathonien confirmé voudra se dépasser : il s'inscrira à un marathon des sables pour courir en plein soleil (!) ou s'orientera vers le triathlon pour augmenter la dose d'efforts grâce aux épreuves de natation et de vélo précédant la course.

Cette perte de contrôle d'une consommation ou d'un comportement addictif ne peut donc plus être maîtrisée par notre seule volonté.

Je dis souvent à mes patients dépendants, habitués à se flageller sur leur « manque de volonté », qu'il est tout aussi injuste, contre-productif et infondé de faire appel à la volonté pour guérir d'une addiction que de demander à un dépressif de se forcer à rire, à un parkinsonien d'arrêter de trembler ou à un asthmatique de se concentrer pour respirer à pleins poumons. Dès lors que nous ne considérons pas la dépendance comme une faiblesse, mais bien comme une maladie du cerveau, la volonté devient, par conséquent, insuffisante et ne représente seulement qu'une petite étape vers la guérison.

Afin de mieux comprendre pourquoi il ne suffit pas de vouloir pour pouvoir, il me semble indispensable d'expliquer de quelle façon nous fonctionnons.

Notre cerveau est constitué de deux régions principalement impliquées dans le processus addictif :

✔ L'une où naissent nos réactions cérébrales les plus primaires (les affects, les émotions et le plaisir) ainsi que la plupart des besoins vitaux, comme se nourrir, se défendre et se reproduire. C'est le cerveau des émotions. Je le nommerai « petit cerveau » ou cerveau reptilien (au sens animal du terme), à savoir un lieu dénué de raison mais peuplé d'envies et de besoins. Il existe dans le cerveau un circuit dont le rôle est de récompenser ces fonctions vitales par une sensation agréable : c'est le circuit de la récompense. C'est donc dans ce petit cerveau que s'inscriront les émotions de plaisir, de joie, de tristesse, le soulagement ou l'excitation procurés par une drogue ou un comportement addictif quel qu'il soit. De toutes ces émotions naîtront de nouvelles modalités de sentiments et de relations aux autres et à la vie.

✔ Au-dessus de notre cerveau reptilien, se situe le cortex ou cerveau cortical que j'appellerai le « grand cerveau », la tour de contrôle, le spécialiste du « il faut ».

C'est là que se localisent nos grandes idées, notre raison, nos valeurs, notre morale, ce qu'il faut faire ou ne pas faire, notre volonté, nos idéaux, nos dogmes, etc. De la même façon que ce « grand cerveau » ordonnera, par exemple, à un individu de travailler ou de faire son lit tous les jours, il ordonnera également de ne pas consommer de drogues.

Par conséquent, il existe chez l'homme un conflit permanent entre le petit et le grand cerveau. La raison contre la sensation. Prenons une situation que nous connaissons tous : se réveiller le matin. Il est tôt, le jour se lève à peine. Dehors, il fait froid alors que notre lit est encore chaud et douillet. Nous allons être tiraillés entre l'envie de rester dormir et l'obligation d'aller travailler. Notre grand cerveau va nous intimer l'ordre de sortir du lit (« tu dois te lever, tu ne dois pas être en retard »), alors qu'au même moment, notre petit cerveau va nous pousser à prolonger ce bien-être (« il fait chaud, tu es bien, dors encore un peu »). Il en est de même pour la dépendance. Le grand cerveau nous ordonnera d'arrêter une conduite addictive parce qu'elle est dangereuse pour la santé, tandis que le petit cerveau nous demandera, au même moment, de la poursuivre parce que « c'est bon et ça fait du bien ». La question se pose alors de savoir lequel de nos deux cerveaux va l'emporter sur l'autre et pourquoi.

Contrairement à ce que nous pensons, le grand cerveau ne gouverne pas le cerveau reptilien. Il le tyrannise sans pour autant parvenir à le dompter. Imaginez la raison humaine face à un animal qui ne recherche que chaleur, nourriture et tendresse ! Dès l'instant où l'homme lui impose des contraintes, dans le meilleur des cas, il ne comprend pas, dans le pire des cas, il stresse, s'enfuit, se cache ou se révolte. Et parfois, mord. C'est exactement la même chose en ce qui concerne les addictions. Un héroïnomane privilégiera sa tranquillité (petit cerveau) en consommant à outrance alors qu'il se sait en danger de mort (grand cerveau), un joueur pathologique ne résistera pas à l'excitation du jeu (petit cerveau) malgré les conséquences sociales et financières désastreuses (grand cerveau). De ce fait, nous comprenons mieux pourquoi la raison et la volonté n'ont que peu de prise sur les émotions éprouvées. Mais comment se fait-il que notre petit cerveau soit si puissant ?

L'explication est, en partie, chimique : il renferme la plupart des neurones à dopamine de tout notre cerveau. La dopamine est une molécule aux multiples fonctions. Elle participe au contrôle de l'activité locomotrice (un taux normal de dopamine équivaut à une bonne locomotion alors qu'un déficit de dopamine entraîne, entre autres, la maladie de Parkinson). Elle régule surtout l'ensemble des états émotionnels, dont le plaisir. Enfin, elle favorise l'excitation, la confiance en soi, la réactivité et le dynamisme. Dans ce domaine, elle se rapproche d'un neuromédiateur, l'adrénaline (autre molécule), que nous sécrétons dans les situations de peur subite, de grande tension, de stress (coup de volant ou saut en parachute), pour pouvoir survivre et agir face à une situation de danger.

Tous les comportements ou substances susceptibles de déclencher une dépendance chez l'homme ont en commun une propriété : ils augmentent la quantité de dopamine dans le cerveau reptilien.

Ces neurones dopaminergiques[1] constituent la voie commune d'action de la plupart des drogues (y compris le tabac), mais aussi de certains comportements comme l'addiction au sport intensif. Une brusque élévation ou une brutale diminution du taux de dopamine dans nos

---

1. Neurones qui utilisent la dopamine pour communiquer entre eux.

neurones amplifie ou anesthésie nos émotions et modifie notre (dés)équilibre initial.

L'action des différents produits addictifs sur les neurones dopaminergiques explique, par conséquent, le plaisir ou l'apaisement éprouvés lors de la prise de drogues.

Elle permet aussi de comprendre la dépendance psychique, autrement dit le besoin compulsif quasi irrépressible de consommer, afin d'éprouver à répétition les effets de plaisir (hédoniques, stimulants ou euphorisants) ou de tranquillité.

D'autre part, il existe dans ce petit cerveau d'autres molécules : les endorphines, génératrices de bien-être et de sérénité que l'on retrouve, par exemple, à la suite d'une jouissance sexuelle.

Afin de mieux illustrer le rôle de ces petites molécules, je prendrai un exemple concret : un homme veut séduire une femme. Pour parvenir à son but, il commencera par lui parler, sera à l'affût de toutes les occasions de la conquérir, deviendra galant ou drôle, l'invitera à dîner, se parera de ses plus beaux atours intellectuels et vestimentaires. Bref, il se montrera sous son meilleur jour et déploiera des trésors d'imagination pour atteindre son objectif : l'acte sexuel. Il touchera, enfin, le nid commun dans lequel le désir physique pourra s'exprimer. Toujours avec la même tension, il fera le maximum pour satisfaire sa nouvelle conquête et être le meilleur en ce domaine. Une fois l'orgasme atteint, l'homme parfait n'aura plus qu'une envie : dormir, et parfois même, en tournant le dos à sa partenaire. Des heures, des jours d'attention et de tension permanente pour arriver à ce résultat ! Une période de postjouissance endorphinique où le cerveau ne tient plus compte de quiconque ou de la moindre civilité. L'acte sexuel aura, effectivement, entraîné une augmentation des endomorphines (ou endorphines), ces molécules de béatitude sécrétées beaucoup plus rapidement chez l'homme que chez la femme. Avec ses petites endorphines, l'*Homo erectus* atteint le paroxysme de l'apaisement et de la tranquillité ! On retrouve cet état lors de la consommation d'héroïne : celui de n'avoir plus besoin de personne. Si cette substance est efficace, alors le monde peut s'écrouler autour, cela ne change rien : l'homme s'en fiche.

Le plaisir, l'excitation, l'ivresse, la quiétude, tous les « bienfaits » que peuvent susciter une consommation de substance psychoactive ou un comportement excessif restent donc nichés dans notre petit cerveau reptilien sans jamais obéir vraiment au grand cerveau civilisé. Le barbare, l'animal, l'emportent sur l'homme moderne.

Dans le champ des dépendances, il n'y a pas d'envies folles, il n'y a que des envies animales...

À l'arrêt d'une addiction et bien des années plus tard, le dépendant ne sera pourtant jamais certain d'être à l'abri d'une nouvelle crise. L'addiction restera alors une épée de Damoclès, évitable à la condition de ne plus s'approcher du produit ou de l'objet de sa dépendance. Inutile de donner un exemple, nous avons tous entendu ou prononcé au moins une fois la phrase suivante : « Si je retouche à ça, je replonge. » Il suffit d'une odeur, d'une sensation ou tout simplement du souvenir des effets apaisants ou excitants d'un produit ou d'une situation, pour que l'envie de recommencer nous reprenne. Comme si ces sensations avaient laissé une trace indélébile dans notre cerveau. C'est effectivement le cas, celles-ci restent stockées dans une partie très précise de notre petit cerveau : la mémoire du plaisir. Au moindre stimulus, elle ressurgit.

Quels que soient les événements que nous traversons, notre cerveau les enregistre, privilégiant les moments de plaisir et refoulant les instants douloureux ou désagréables. Prenons l'exemple d'une relation amoureuse de dix ans. Si pendant neuf ans, onze mois et quinze jours, l'histoire a été dramatique, il suffit de quinze premiers jours fantastiques pour que nous favorisions le souvenir émotionnel de cette période. C'est la mémoire du plaisir qui nous fait sourire ou être gentiment ému en passant devant l'ancien appartement commun. Il nous faut l'action sévère de notre grand cerveau, le souvenir raisonnable des motifs de séparation, pour nous ôter ce sourire nostalgique.

Nous comprenons bien à travers ces quelques explications que les drogues comme les comportements agissent directement sur notre cerveau (le petit cerveau) et le modifient. Irréversiblement parfois. C'est vraiment cela que j'appelle la dépendance : l'impossibilité spontanée d'un cerveau de revenir à un fonctionnement antérieur à l'addiction (même si l'esprit, le grand cerveau, le souhaite) sans une aide médicale efficace. La pression et l'amour de l'entourage, la morale familiale, religieuse ou sociale, la connaissance des méfaits et des risques n'y peuvent rien, ou presque.

Au risque de me répéter, je voudrais donc insister sur le fait que l'addiction est une authentique maladie. Une maladie du cerveau. Et pour être plus précis, je dirais qu'elle est une maladie des émotions.

Quel poids peut alors avoir la volonté dans une telle configuration ? Aucun ou si peu. Les circuits de la volonté et de la dépendance se croisent de plus en plus rarement au fur et à mesure des années d'addiction. Mais, me direz-vous, nous connaissons tous dans notre entourage quelqu'un qui a mis fin à dix ou trente ans de consommation de tabac, du jour au lendemain. Grâce à sa seule volonté.

Je ne connais pas le pourcentage de réussite de ces héros de la volonté, mais je le crois faible. Deux hypothèses : soit ils n'étaient pas véritablement dépendants (de nombreux fumeurs « crapotent » un ou deux paquets par jour sans inhaler profondément la fumée), soit une peur mortelle les a poussés à s'arrêter. S'il y a danger de mort, alors le petit cerveau cède. S'il n'est pas question de survie, il prend l'ascendant sur le grand cerveau. Le « fume, c'est bon » l'emporte sur le « si tu continues, tu vas mourir ». La raison est simple : mourir dans dix ou vingt ans reste pour la plupart de nous autres humains impalpable et secondaire par rapport au plaisir immédiat. Nous préférons vivre, jouir dans les minutes ou les heures qui viennent et oublier la mort. Peu importe si notre optimisme cérébral nous le fait payer plus tard. Nous vivons le plaisir du présent à ce prix.

Gardons-nous, tout de même, de généraliser ! Si la science est là pour nous guider, en médecine chaque cas est un cas particulier, d'où la difficulté de répondre à une question qui m'est souvent posée : sommes-nous prédisposés à la dépendance ? Admettre qu'il existe des prédispositions revient à dire que si nous possédons certains critères bien définis, alors inévitablement nous tomberons dans la dépendance, tandis que d'autres se trouveront définitivement à l'abri. Le problème est beaucoup plus complexe que cela. Nous sommes inégaux face à l'addiction car il n'existe pas UN terrain favorable, mais PLUSIEURS. Les causes de cette maladie sont multifactorielles : génétiques, physiologiques, psychologiques, sociales, familiales, environnementales, etc. C'est la conjonction de ces nombreux facteurs qui, à une période donnée de notre évolution, nous rend plus fragiles et donc plus réceptifs à ce qui peut nous faire du bien ou moins de mal. Je ne parlerais donc pas de prédispositions, mais plutôt de vulnérabilités.

Nous traversons tous, dans nos vies, des moments où nous nous sentons plus ou moins vulnérables. À la suite d'une rupture amoureuse, par exemple, d'un deuil ou d'un échec professionnel. Nous sommes prêts à beaucoup pour éviter la souffrance. Il suffit qu'à cet instant-là nous fassions la « rencontre » d'une substance ou d'un comportement (car il s'agit bien là d'une rencontre, au vrai sens du terme) susceptible de produire sur notre cerveau un effet apaisant, euphorisant, dopant ou désinhibant... pour que nous nous y jetions à corps et esprit perdus. Un jeu vidéo qui, quelques mois auparavant, ne représentait à nos yeux qu'un intérêt ludique, va soudain devenir LE moyen de détourner notre pensée et de la calmer. Chaque produit ou comportement aura donc une fonction bien précise, initialement autothérapeutique, adaptée à l'état de l'individu. Certains consommeront de l'héroïne pour adoucir leur souffrance existentielle, d'autres trouveront un exutoire maniaque dans les achats compulsifs, un refuge ou une reconnaissance dans le travail (workaholisme). Chacun fait comme il peut avec son cerveau, sans penser à mal.

L'adolescence, aussi, est une période critique durant laquelle peuvent surgir des vulnérabilités d'addiction aux drogues, mais aussi aux comportements addictifs comme les troubles des conduites alimentaires (anorexie, boulimie) ou la cyberdépendance. La perte de l'enfance, les transformations hormonales mais aussi cérébrales, le réveil des pulsions agressives et érotiques, de même que la pression des choix de vie à faire fragilisent le jeune adulte. Il peut s'y ajouter les conflits mal résolus des années antérieures (rejet, surprotection du père ou de la mère, deuils non faits, abus sexuels, difficultés identificatoires, etc.). L'addiction amorcée par des consommations occasionnelles arrive alors à point nommé au cours de la seconde moitié de l'adolescence pour apaiser les tensions ou sauvegarder l'équilibre narcissique.

Même si les adolescents mal dans leur peau, les dépressifs ou les gens ayant vécu un traumatisme sont plus exposés que d'autres au problème de l'addiction, ils ne deviennent pas forcément dépendants. Au-delà de cette vulnérabilité psychologique, s'ajoute l'environnement familial, culturel et social. Il est, par exemple, plus facile de trouver de l'alcool en Europe que dans un pays musulman, plus aisé de trouver de l'opium en Orient qu'en Europe.

Le facteur génétique n'est pas à ignorer non plus, loin de là ! Il n'existe pas UN gène de l'addiction, mais PLUSIEURS. Une multitude de gènes qui s'exprimeront plus facilement au contact d'un certain nombre d'autres cofacteurs. Prenons l'exemple du tabac. Certains fumeurs risquent génétiquement d'être davantage accros car ils sécréteront dès la première bouffée de leur première cigarette, une dose importante (un « flash ») de dopamine pendant vingt minutes, alors que d'autres n'en sécréteront que peu pendant dix minutes. Outre les écarts de sécrétion (génétiquement programmés), il faut ajouter comme cofacteurs de vulnérabilité, l'âge du fumeur (c'est-à-dire sa capacité de résistance neuronale à répondre à ce flash de dopamine), ce que la cigarette représente pour lui (une transgression, une identification au père qui fume, une façon de se donner une contenance, etc.), bref, de nombreux facteurs sociaux et personnels, tous susceptibles de favoriser un chemin vers la dépendance. Cette multifactorialité n'a rien d'exceptionnel. Il en est de même pour de nombreuses maladies. Certains ont, dans leur cartographie génétique, les gènes du cancer du côlon, donc un risque important de le développer. Or, si leur alimentation est plutôt saine et qu'ils ne rencontrent pas un cofacteur viral, ils ne l'auront jamais. Même s'il existe une prédisposition pour l'inné, l'acquis peut l'emporter. Nous pouvons avoir un arrière-grand-père alcoolique, un père joueur et une mère héroïnomane, si tous les paramètres (temporels, personnels, sociaux) ne sont pas réunis, nous ne deviendrons jamais addicts de quoi que ce soit. L'hérédité augmente donc les risques, sans être, pour autant, une condition déterminante.

Il existe une autre caractéristique de l'addict potentiel : l'évitement face à la souffrance. L'incapacité de certains à supporter la douleur (physique ou psychique) les oblige à trouver, par le biais d'une substance ou d'un comportement, un remède rapide et efficace. En ce domaine, une fois de plus, nous sommes inégaux. La recherche de sensations fortes et le besoin constant de nouveautés peuvent également favoriser l'abus puis la dépendance. Certaines personnes se satisfont toute leur vie de ce qu'elles possèdent, sans jamais chercher à provoquer un changement dans leur existence. D'autres, en revanche, ont constamment besoin de tenter de nouvelles expériences. Cela va de la saine curiosité à la nécessité de « palpiter », voire même de risquer sa vie. On ne peut aborder ce sujet sans évoquer le cas du sportif de haut niveau qui, à lui seul, regroupe un certain nombre de critères particuliers à l'addiction : une résistance très importante à la souffrance, un besoin tout aussi important de se dépasser, de faire toujours mieux et, enfin, la recherche de la fameuse « montée d'adrénaline » indispensable à sa passion. Le sportif est plus particulièrement vulnérable à cette maladie des émotions qu'est l'addiction. À l'arrêt de sa carrière, lorsqu'il ne peut plus exercer son activité sportive, intensive, hyperémotionnelle, celle qui l'a fait vivre, vibrer pendant de nombreuses années, que devient-il ? Que fait-il ? Quelle solution de substitution trouve-t-il ? Il peut être tenté de consommer de l'alcool ou des produits interdits pour compenser, pour essayer de retrouver les effets dopants ou euphorisants du sport intensif. Au-delà du talent et du travail, les champions ne le deviennent pas tous par hasard. Parmi eux se trouve une grande majorité de gens plus sensibles que d'autres aux sensations et... aux addictions.

Le besoin de récompense (obtenue plus facilement avec les substances psychoactives) est une composante importante du profil de l'addict. J'ajouterais même : le besoin de récompense immédiat. Nous avons expliqué précédemment que la consommation de certains produits créait un « court-circuit » chimique en dissolvant dans l'instant une pensée trop douloureuse (avec l'héroïne), une concentration dispersée (avec le tabac), une relation aux autres inhibée (avec l'alcool), une affectivité débordante, etc. Ces substances peuvent « aider » certaines personnes à faire l'économie de tous les passages pénibles, obligatoires et difficiles par lesquels nous devons passer pour régler nos problèmes. Notre cerveau reptilien nous transmettra le message suivant : « Pourquoi continuer de souffrir alors qu'en consommant, tu obtiens une satisfaction immédiate ? ! »

Enfin, je voudrais évoquer une dernière source de vulnérabilité : l'hyperactivité psychique. Certains individus sont en hyperactivité cérébrale, c'est-à-dire qu'ils pensent sans arrêt à des milliers de choses en même temps. Quelles que soient les circonstances, ils sont incapables de « débrancher ». Privés d'une pensée tranquille. Pour ces personnes, les comportements excessifs ou les substances vont avoir la capacité de ralentir cette hyperactivité, de réguler le trafic de la pensée ou même de l'anesthésier pendant un temps. De façon plus spectaculaire, la cocaïne aux effets habituellement dopants va pouvoir mettre le cerveau au repos en le focalisant sur une pensée unique, laissant les autres de côté. Un peu comme la Ritaline, ce médicament amphétaminique utilisé dans le traitement des enfants hyperactifs.

Toute une multitude de facteurs amplifie ou diminue donc la vulnérabilité aux addictions.

Le point commun à tous les patients addicts qui viennent me voir est, sans aucune hésitation, l'hypersensibilité.

Ce sont des malades de l'émotion.

La conséquence première de cette hypersensibilité n'est autre que la perte de la tranquillité. Mes patients pensent, ruminent, cogitent. Chaque respiration cérébrale est une respiration de doute, d'hésitation, d'angoisse, d'extrême remise en question, de peur, de vie ou de mort. Voilà pourquoi je me suis battu pour créer la clinique Montevideo, une sorte de cocon protecteur et réparateur pour hypersensibles.

I

ADDICTIONS AVEC DROGUES

1

Alcool : une drogue
made in France

Il faut être français pour ne pas voir l'alcool comme une drogue dangereuse. Victimes que nous sommes de notre culture du vin, de nos racines bordelaises, champenoises, alsaciennes ou bourguignonnes.

Comme le tabac, l'alcool tue lentement des dizaines de milliers de personnes chaque année. Oui, des dizaines de milliers. Par cancer(s) et par cirrhose hépatique. Mais aussi par accidents de la route, rixes ou violences familiales. L'alcool tue brutalement, précocement, comme l'héroïne ou la cocaïne et beaucoup plus souvent encore que ces deux substances bannies.

Comme le crack, l'alcool menace la vie sociale et personnelle des consommateurs, par violences individuelles ou collectives, par détérioration intellectuelle et ébriétés schizophréniques, paranoïaques ou mélancoliques. « Il avait trop bu et il l'a tué », « elle s'est suicidée sous l'emprise de l'alcool », telles sont les phrases qui nous sont devenues banales à force de les lire, de les dire ou de les entendre.

Comme bien des substances psychoactives, son pouvoir addictif est réel. Abus et dépendances forment les risques du voyage avec l'alcool.

Et pourtant nous aimons l'alcool. Nous le connaissons. Surtout le vin.

Depuis des siècles nous le cultivons, nous l'apprivoisons, nous le civilisons. Nous le pacifions.

Nous le voulons meilleur et moins dangereux. Et nous rendons, très progressivement, sa consommation moins dangereuse. Nous en avons fait du vin de messe et du vin de masse. Du divin et du quotidien. Nous l'avons élevé au rang de grandeur et de cause nationales. Le whisky pour les Écossais, la bière pour les Munichois et le vin pour les Français.

Attaquer le vin, c'est attaquer la France.

Dire que le vin est une drogue à risques élevés est une faute de goût, un déni de nos racines tricolores, un manque de patriotisme que la majorité de nos parlementaires (députés et sénateurs) combat avec force et vigueur à coup de contrevérités, à chaque tentative de loi désirant informer sur la dangerosité du produit. Même pour la femme enceinte, certains élus ne souhaitaient pas que la question du syndrome d'alcoolisation fœtale soit évoquée sur nos belles bouteilles. Que représentaient 3 000 à 7 000 malformations néonatales par an quand il s'agissait de préserver l'esthétique des étiquettes !

Quand il faut choisir entre viticulture et santé publique, la décision française redevient cornélienne.

L'alcool est NOTRE drogue.

Peu importe qu'elle tue, peu importe qu'elle massacre notre santé individuelle et familiale, peu importe qu'elle rende rougeaud et vulgaire, qu'elle ravage – notamment chez la femme – beauté et finesse : nous sommes gaulois, rabelaisiens, et nous défendons la tradition.

Nous disons hypocritement qu'il faut consommer avec modération, nous déclarons vouloir privilégier la qualité à la quantité ou, encore, nous clamons que « défendre notre vin, notre culture, ce n'est pas défendre l'alcoolisme » (Alain Juppé, en août 2004). Si bien que, pour un grand nombre d'entre nous, le vin n'est, en aucun cas, considéré comme une drogue. Je ne vise pas là seulement certains viticulteurs irresponsables qui, pour contourner la loi Evin (interdiction de la publicité pour l'alcool), nous expliquent sans rire et peut-être à jeun, que le vin, ce beau liquide rouge, blanc ou rosé, est un aliment naturel.

Non, je parle de nous qui sommes capables de faire tremper les lèvres de nos enfants de 5, 6 ou 7 ans, dans des verres de champagne. Pour qu'ils « participent à la fête » ou pour qu'ils « se fassent au goût ». Pourquoi ne pas leur proposer aussi, à cet âge, une « petite ligne » ou une « bouffée de cannabis » ?

Je parle de nous, qui sommes capables d'acheter des bouteilles d'excellence dont le décilitre de vin est aussi cher que le gramme de cocaïne.

Je parle de nous qui investissons dans des verres à vin de différentes tailles pour mieux respirer le bouquet du précieux liquide, qui manions le tire-bouchon à l'ancienne et nous extasions sur le « plop » du bouchon ou sur la robe, la cuisse ou la jambe du breuvage sacré.

Je parle de nous qui sommes capables de traiter de noms moqueurs, de rabat-joie celui ou celle qui refuse de boire à notre anniversaire ou la nuit du réveillon.

Je parle de nous qui savons reconnaître, en une seconde ou une odeur, un état d'ébriété alcoolique beaucoup plus sûrement que ne le ferait un médecin américain formé pendant dix ans.

Je parle de nous qui continuons d'ignorer, voire de mépriser, nos proches quand ils souffrent de leur alcoolo-dépendance ! Comme s'ils étaient devenus les loosers de notre pacification de l'alcool et la honte de nos « abus conviviaux ».

Je parle de nous qui n'imaginons pas vivre sans vin ou sans alcool et sommes toujours prêts, braves franchouillards au nez rouge, à crier au fléau de la drogue quand il s'agit de cannabis, d'ecstasy ou de cocaïne ! Halte aux drogues de l'étranger ! Défendons nos valeurs, notre drogue à nous (qui n'est pas une drogue, rappelez-vous, mais un aliment naturel) et boutons les dealers non estampillés « carotte café-tabac » hors de France !

Ce qui me stupéfie est que nous ayons su apprivoiser pacifiquement une drogue aussi dangereuse que l'alcool sans en tirer de bonnes et sages leçons pour nos comportements sociaux et politiques face aux autres drogues et aux addictions.

Je m'explique : au fil des ans, depuis le XXe siècle, nous avons réduit les abus et les dépendances liés à l'alcool. Ces trente dernières années, notre consommation a même été divisée par deux. Nous ne buvons plus, en moyenne, que cinquante-quatre litres par personne et par an ! À l'origine de cette diminution, une information précise sur les méfaits du produit (diffusée de plus en plus à la télévision), une prévention (à l'école et au travail), une réduction des risques (« buvez avec modération » ou « boire ou conduire, il faut choisir ») et un peu de répression (notamment pour l'ébriété sur la voie publique et pour le dépistage de la conduite en état d'ivresse). Les résultats sont bien sûr insuffisants, nous l'avons dit. Encore des millions de Français alcoolodépendants, des dizaines de milliers de morts chaque année et beaucoup trop de vies, familiales ou professionnelles, brisées par l'alcool ! C'est trop, encore beaucoup trop, mais...

Mais le massacre diminue nettement. Et cela, sans haine, sans prohibition, sans croisade suspecte, sans guerre de religion à l'alcool. Un juste cocktail d'éducation et de responsabilisation. La répression intervenant quand les mises en garde ne suffisent plus. Pas de descente de brigade des stupéfiants à 6 heures du matin pour saisir les bouteilles vides et maltraiter les gueules de bois. Pas

d'intrusion policière dans la vie et la consommation privée des gens. Pas de mise au pilori social et juridique des
producteurs ou des dealers d'alcool. Pas de menace de
prison pour ceux qui consomment (sauf au volant ou en
cas de violence). Pas besoin d'incorruptibles. Non, des
lieux de vente et de consommation ouverts à tous, sauf
aux mineurs, des licences, des taxes et des surveillances
agréées par l'État.

La direction est bonne, même si le travail restant à faire
est immense. Tout en étant respectueux de son intimité
avec l'alcool et de la vie privée, notre pays a su limiter
les risques et les dégâts de cette substance toxique à
moyenne et forte doses. Une stratégie, somme toute pai-
sible, saine pour l'individu et la collectivité, qui va dans
le bon sens. Celui de la protection. Et non de l'intolérance.
La fameuse tolérance zéro, si souvent équivalente d'intelligence zéro... Nous avons su développer une conception
pacifique de la santé publique et individuelle face à ce
risque addictif. En général, et pas seulement pour notre
drogue nationale, la paix vaut beaucoup mieux que la
guerre.

Tout cela est, cependant, loin d'être parfait. Les mineurs
font connaissance avec l'alcool beaucoup trop tôt (un tiers
d'entre eux a déjà été ivre au moins une fois dans l'année
avant l'âge de 17 ans), libres d'acheter, dans les super-
marchés ou autres magasins, des packs de bières fortement
dosées en alcool, sans oublier la boîte de nuit du vendredi
ou du samedi soir, parking avant le cimetière pour tous
ceux qui, « comme des grands », veulent rentrer avec leur
voiture. D'autre part, la polyconsommation, notamment
alcool, tabac et cannabis, se banalise. Les traitements de
substitution pour la dépendance à l'alcool n'ont toujours
pas été trouvés et, pendant ce temps, l'État continue de

craindre la vengeance électorale des viticulteurs quand il se doit d'informer plus précisément sur les risques sanitaires de cette drogue. Et des risques, il y en a ! Pour les neurobiologistes, l'alcool est une drogue « sale ». Traduisez qu'elle interfère avec de nombreux systèmes chimiques cérébraux. Pas seulement le système dopaminergique, mais aussi les systèmes sérotoninergiques (souvent impliqués dans les régulations de l'humeur et les processus dépressifs), GABAergiques, ou encore ceux du glutamate (qui jouent un rôle clé dans le contrôle de l'anxiété et des émotions). De plus, l'alcool agit directement sur les membranes de la plupart des cellules cérébrales. Cela explique, en partie, les grandes variations d'effets neuropsychiatriques de l'alcool d'un individu à l'autre, mais aussi l'étendue de ces méfaits sur les équilibres émotionnels, sentimentaux et relationnels.

Une des particularités les plus visibles de l'alcool est son pouvoir d'ébriété. L'alcool n'est pas, à proprement parler, digéré : il passe directement du tube digestif aux vaisseaux sanguins et, en quelques minutes, se propage dans tout l'organisme. Ce pouvoir d'ébriété est variable selon les usagers, selon les populations. Selon l'âge, le sexe, la surface corporelle, le poids et la masse graisseuse, selon que la personne est à jeun ou a mangé copieusement, selon les médicaments éventuellement absorbés en même temps, selon l'activité physique associée ou la chaleur environnante, selon la tolérance due aux absorptions préalables, selon les autres liquides ingérés ou les autres substances consommées (cannabis, cocaïne), et selon le système enzymatique de chacun, l'alcool n'aura pas les mêmes conséquences.

Un des exemples les plus connus et repris dans quelques comédies américaines est celui de l'enzyme responsable de la dégradation de l'alcool dans le foie : l'acétyldéhydrogénase. Selon l'activité ou la paresse de cette enzyme, l'alcool est plus ou moins vite éliminé par chaque individu. Certains, dont l'enzyme est déficiente, sont ivres au bout d'un seul demi-verre de vin ou de deux gouttes de whisky. Véritablement ivres, d'où les moqueries habituelles (« elle ne tient pas l'alcool ! ») qui ne font qu'ajouter au malaise ébrieux de la personne « déficitaire ». Ce déficit enzymatique est très fréquent au sein de la population japonaise (30 % environ, ce qui pourrait expliquer pourquoi des millions de Japonais évitent l'alcool). Inutile de préciser qu'il est rare chez les Français (moins de 5 %).

Ce pouvoir d'ébriété ne laisse pas insensibles les plus jeunes. Nous assistons depuis quelques années à un retour des abus aigus d'alcool dans la tranche d'âge 14-18 ans. Un peu sur le modèle américain, le week-end leur permet de se « défoncer » à l'alcool et de reprendre le lycée, la faculté ou le boulot dès le lundi. Les bouteilles de vin, de vodka, de whisky ou de tequila de la maison familiale sont allègrement « descendues » dès que les parents sont partis à la campagne ! Tout est à portée de main et, répétons-le encore une fois, l'alcool est une drogue licite, autorisée, civilisée... Alors pourquoi s'en priver ? D'ailleurs, les parents en achètent et en boivent régulièrement. Ils sont même fiers de leur cave ou de leur réserve. Et combien de fois leur père n'a-t-il pas raconté à ses invités, sous l'œil gentiment réprobateur de la « *materfamilia* », les cuites « pas possibles » qu'il avait prises au service militaire ou après la troisième mi-temps du fameux tournoi interrégional de Libourne-Saint-Seurin ?

Ce qui surprend, mais fait également de l'alcool une substance attractive, est son action quasi immédiate sur la relation à l'autre. Ce côté « verres de contact » qui modifie l'altérité en facilitant l'approche, les rencontres, la communication. Dans ce domaine, l'alcool n'est pas si différent des autres drogues psychoactives telles que le cannabis qui permet d'être en phase avec l'autre, sur la même longueur d'ondes, de se comprendre sans se parler ou de la cocaïne qui aide à surpasser toute timidité, toute inhibition, etc. Le rapport à l'autre, la perception de soi se trouvent bouleversés dès qu'il s'agit d'une substance psychoactive. Même la cigarette et sa nicotine (pourtant l'une des substances les moins modificatrices de conscience) facilitent la relation à l'autre en donnant une contenance ou en permettant un échange convivial.

Ce changement d'altérité ne manque jamais de me faire sourire quand je suis convié à un dîner. Les invités arrivent, la plupart du temps avec une certaine réserve et leurs préoccupations personnelles en tête. Ils se saluent avec politesse, distance ou convenance. L'apéritif est servi pour attendre les retardataires et permettre un bon timing de cuisson du plat de résistance. Les invités font connaissance, échangent de conventionnelles civilités urbaines avant de passer à table. Là, le rythme de remplissage des verres peut varier selon chacun (et selon la cave de l'hôte). Il complète plus ou moins rapidement l'œuvre de transformation entamée par l'apéritif. Au dessert, le ton de voix a déjà changé. Les discussions sont devenues plus animées, les considérations économiques, culturelles ou politiques savantes sont abandonnées au profit de plaisanteries à la mode, d'histoires personnelles, de rires ou d'exclamations. Ces invités qui, deux ou trois heures auparavant, ne se connaissaient pas, essayaient encore de décoder les apparences de chacun et se méfiaient plus ou moins les uns des autres, se tapent alors sur l'épaule ou s'embrassent en racontant des histoires salaces. Certes, la qualité et la finesse du repas – de même que celles des invités – peuvent jouer, mais permettez-moi de penser que ce qui a bouleversé le rapport entre eux est surtout la quantité d'alcool ingérée et non encore digérée.

Si l'alcool est considéré comme une « drogue sale » pour les neurobiologistes, j'ajouterais qu'il l'est doublement pour les cliniciens addictologues, car extrêmement dangereux pour l'individu dans son quotidien et pour nos cellules vivantes à moyen et long terme. Il est étonnant de voir que le mot « junky » (issu de *junk*, « rebut », « déchet » en anglais) est apparu avec les héroïnomanes et non avec les alcoolodépendants en situation d'ivresse pathologique. Pourtant, les stigmates d'une alcoolisation intense sont des plus répulsifs : vomissements, haleine alcoolisée, troubles de la perception et de la parole, de l'équilibre et de la marche, puis perte de cohérence et de conscience. Les conséquences d'une alcoolisation prolongée sont, d'autre part, des plus stigmatisantes par la transformation érythrosique (couperose), l'épaississement de la peau, et notamment du visage chez les femmes. À titre d'exemple, je dirais que Simone Signoret n'aurait jamais pu jouer dans le film *Casque d'or* dix ans plus tard. L'apparence physique se dégrade, ainsi que l'hygiène personnelle (le côté « gros dégueulasse » de Reiser ou le *Gainsbarre* de Gainsbourg) ; la prise de kilos (la vision du Bidochon en short, avec son gros ventre) est quasiment inévitable, quant à la démarche, elle devient incertaine, les gestes démesurés, etc.

La lourdeur de la dépendance alcoolique commence avec l'importance du volume... des bouteilles. Au contraire de la plupart des autres drogues dont le volume varie du millimètre cube (le comprimé d'acide ou d'ecstasy) au centimètre cube (les paquets d'héroïne ou de cocaïne), l'alcool et ses litres occupent beaucoup de place. L'alcoolodépendant doit ingurgiter plusieurs litres d'alcool par jour. Il est forcé d'en avaler des dizaines de fois par jour comme un sportif en activité s'oblige à boire sans cesse pour éviter de se déshydrater. Une réelle addiction à la déglutition... Lors d'une consultation, un patient alcoolodépendant avait évoqué le sujet en me racontant son rêve : il plongeait dans une grande piscine, remplie de tout ce qu'il avait bu dans sa vie. Au petit matin, il avait calculé ce qu'il avait absorbé en trente-cinq ans : cela représentait plus de 50 000 litres, soit plus de 50 mètres cubes ! Le plongeon avait été profond...

Ces litres, ces kilos de liquide alcoolisé absorbés chaque jour, pendant des décennies, sont toxiques, au sens destructeur du terme, pour la plupart des tissus vivants de notre organisme. Peau, œil, cœur, foie, estomac, pancréas, sphère ORL, intestin, vessie, cerveau et cervelet, système nerveux périphérique, etc. Toutes les cellules sont touchées, avec un risque de destruction et de cancérisation toujours plus important au fil de l'intoxication. Les transformations des muqueuses orales et digestives, induites par des années d'alcoolisation, sont parfois si fortes que des patients peuvent boire et digérer sans problème immédiat des flacons de parfum ou d'alcool à brûler !

De telles quantités de liquide n'apportent pas simplement des décimètres cubes, elles apportent aussi des calories. Le terme apéritif devient alors bien inapproprié : plus une personne boit, moins elle mange ! Les kilos s'accumulent bien paradoxalement car la dénutrition et les carences vitaminiques (vitamine B notamment) s'installent et entraînent des anomalies cardiaques et neurologiques gravissimes. De plus, l'alcoolémie et le taux intracellulaire d'alcool diminuent assez rapidement, entraînant un manque précoce chez les grands dépendants. L'absorption d'alcool devient alors obligatoire dès le réveil. Combien de patients se souviennent avec horreur du premier geste du matin : « Mes yeux n'étaient pas encore ouverts que déjà, je cherchais la bouteille d'alcool au pied de mon lit. » La vision dans nos bars-tabacs nationaux d'usagers buvant leur petit blanc ou leur calva sur le zinc, dès 7 heures du matin, en est une illustration. Pire, la durée du sommeil peut se raccourcir si la dépendance est extrême : il est difficile de dormir et de boire en même temps ! Le dépendant est alors obligé de se réveiller, de se lever de plus en plus tôt, pour ne pas souffrir du manque.

Comme si tout cela ne suffisait pas à la lourdeur de cette addiction, le manque, le syndrome de sevrage d'une dépendance sévère à l'alcool peut être des plus dangereux et des plus pénible. Le premier risque est celui de crises convulsives généralisées à répétition, susceptibles d'engager le pronostic vital en l'absence de traitement, surtout si y est associé un sevrage brutal en tranquillisants dont l'alcoolodépendant abuse fréquemment. L'autre écueil, plus connu car souvent décrit dans de nombreux livres ou films, est celui du *delirium tremens*. Les hallucinations visuelles y sont intenses (les fameux éléphants roses !) avec une prédilection pour les visions d'animaux (rats ou insectes géants et menaçants). Enfin, une fièvre élevée et une fonte musculaire peuvent conduire à des tableaux de déshydratation profonde et de blocage de la fonction rénale avec anurie. Ce risque demeure plusieurs jours et peut conduire au décès en l'absence d'hospitalisation et de traitements adaptés (apport d'eau, de vitamines et de tranquillisants puis, dans un second temps, prescription prudente de neuroleptiques en cas d'hallucinations).

Le traitement réservé aux alcooliques délirants fut longtemps des plus impressionnant et des plus rébarbatif. Tout commençait, à l'hôpital, par le sevrage : comme pour des suppliciés, leurs quatre membres attachés au lit par des sangles et, quels qu'aient pu être leurs hallucinations, leurs terreurs et leurs cris, le temps qui passait devenait leur principal traitement, à l'exception de l'Equanil, prescrit alors de façon quasi systématique. L'action tranquillisante indéniable de ce médicament ne diminuait pas les risques de dépendance secondaire et sa toxicité sur la fibre musculaire cardiaque ne devait pas être sous-estimée. Aujourd'hui encore, je reçois en consultation d'anciens alcoolodépendants accros à la vingtaine de comprimés d'Equanil 400 mg qu'ils absorbent quotidiennement depuis leur(s) sevrage(s) d'alcool en milieu hospitalier !

Souvent, au sortir de leur cure de sevrage, ces patients filaient droit chez les Alcooliques Anonymes. Ils prenaient alors le train des « douze étapes » avec l'abstinence obligatoire pour ticket de route. Il leur était expliqué que leur dépendance était une maladie, une authentique maladie, dont ils seraient toujours atteints, et qu'ils n'auraient pour seuls traitements que leur volonté et le soutien de leurs compagnons de galère. Une vraie maladie dont le médicament ne pouvait être... qu'eux-mêmes !

Lorsque nous essayons de décortiquer l'histoire de la relation du patient avec sa substance, nous retrouvons schématiquement deux trajectoires principales. La première, la plus fréquente, est celle du glissement progressif du plaisir vers l'aliénation. Le sujet passe du verre festif à l'abus d'alcool, produit dopant face à un quotidien pesant, puis à la dépendance physique et psychique. Jamais, bien évidemment, il n'a souhaité en arriver là.

N'oublions pas que ce qui fait l'effet d'une substance psychoactive n'est pas seulement la substance mais aussi et surtout le mode d'emploi adopté. Ainsi, d'un verre absorbé à une bouteille avalée, d'un demi-gramme de cocaïne sniffée à cinq grammes de crack fumé, d'une bouffée de joint à dix « pétards » inhalés, les effets ne seront pas du tout les mêmes. C'est bien pour cela que la notion de drogues dures ou de drogues douces me semble peu recevable ; l'idée d'un usage dur ou d'un usage doux, de telle ou telle substance, est déjà plus précise.

Cette importante parenthèse étant énoncée, je reviens à la première trajectoire évoquée précédemment, à travers l'histoire de l'un de mes patients, brillant collègue chef de service, chirurgien des Hôpitaux de Paris. Cet homme de 50 ans, taillé pour être deuxième ligne au rugby, avait été l'un des plus jeunes professeurs agrégés de sa spécialité. Troisième enfant d'une famille provinciale très catholique, il avait toujours mené sa vie et ses études avec le plus grand sérieux. Quelques aventures amoureuses sans lendemains l'avaient laissé seul avec une responsabilité professionnelle passionnante qui l'occupait jour et nuit, semaine et week-end, en continu. Il opérait à partir de 7 heures du matin, déjeunait vers 16 heures ou 17 heures et quittait l'hôpital vers minuit. Souvent, il dormait sur le canapé de son bureau de chef de service. Il fuyait autant que faire se peut toutes les réunions mondaines et les commissions médicales ou administratives. Un ours sauvage qui se suffisait à lui-même.

Il avait opéré au début des années 90 un patient irlandais, ancien sportif international. Celui-ci, heureux de l'intervention et de l'évolution, lui avait offert, en remerciement, deux caisses de bouteilles de whisky. Le chirurgien ne buvait pas d'alcool ou très exceptionnellement et en petite quantité. Cependant, il laissa les caisses dans son bureau, trouvant leur bois « noble et viril ». Du moins est-ce ainsi qu'il me le raconta. Un soir, il invita son chef de clinique et l'anesthésiste à débriefer dans son bureau l'opération complexe de la journée et leur proposa un verre de whisky. Le liquide fut servi dans des gobelets en plastique, mais parut agréable à tous. La discussion fut conviviale et passionnée. La fatigue disparut. Après le départ du chef de clinique, l'anesthésiste, une femme, resta. Quelques verres plus tard, chirurgien et anesthésiste ne faisaient plus qu'un sur le canapé à une place.

L'histoire se répéta pendant quelques mois. À chaque

fois, le verre de whisky servait de starter au changement et au rapprochement. L'anesthésiste partit en vacances avec son mari et ses enfants ; le chef de service resta à Paris avec ses patients et ses bouteilles. Au retour, il fut décidé de ne pas poursuivre cette relation intime. Le chirurgien, catholique fervent, partagea la culpabilité de l'infidèle et n'insista pas. Elle changea de service puis d'hôpital. Il se retrouva donc seul, comme auparavant, ou presque. Mais il ne cessait de penser à son ex-partenaire et se mit à boire le soir, de plus en plus tôt, en mémoire de leur aventure. Tout seul, avec les souvenirs d'une période privilégiée qu'il ne retrouverait jamais ; du moins le pensait-il. À chaque congrès international, il prit l'habitude d'acheter en *duty free* de nouvelles bouteilles de whisky. C'était discret et moins onéreux. Il finit par boire presque une bouteille chaque soir. Il ne parvenait plus à s'endormir sans l'aide de l'alcool. Une matinée, au bloc, il se sentit fébrile et constata un fin tremblement de ses mains. Il quitta la salle d'opération pour aller se reposer dans son bureau, se pensant grippé. Il se servit machinalement un verre et constata qu'il allait mieux. Les tremblements avaient disparu. Il comprit qu'il était devenu physiquement dépendant de l'alcool. Lui qui, pendant quarante-sept ans, avait toujours tout maîtrisé, lui qui avait réussi tout ce qu'il avait entrepris, sans besoin de dopant ou de quiconque, venait, en trois ans à peine, de perdre ses illusions sur l'amour, sur son indépendance et sur son « invincibilité ». Le tremblement le menaçait plus que tout, signifiant l'impossibilité d'opérer correctement. Désespéré, il but plus que par le passé. Il se voyait traîné devant les tribunaux du conseil de l'Ordre où ses pairs, affublés de grandes perruques blanches, révélaient l'effroyable infamie et lui imposaient l'arrêt immédat de son exercice chirurgical. Ce fut l'un de ses proches et fidèles collaborateurs qui, intelligemment, organisa à son domicile une réunion de travail avec lui. Il m'y convia après m'avoir informé de la situation de son patron. D'autres réunions furent programmées et je pus commencer à discuter avec « l'ours » de ses difficultés. Nous convînmes de la nécessité d'une hospitalisation de quatre semaines en un lieu discret et protecteur. Il y resta deux mois. Jusqu'à ce jour, tout va bien. Je continue de le voir une fois par mois pour renouveler son traitement psychotrope. Il travaille moins follement qu'auparavant, rentre tous les soirs à son domicile où son neveu, étudiant en médecine, s'est installé. Il a développé une association humanitaire d'aide chirurgicale d'urgence et, si j'ai bien compris, vit une belle histoire d'amour avec la secrétaire. Elle est célibataire et ne boit jamais d'alcool.

Si notre « ours chirurgien » en est arrivé là, c'est parce que son cerveau avait bien noté cette facilitation de contact avec autrui. Les verres de whisky lui permettaient non seulement de débrancher de sa journée en salle d'opération mais aussi de sortir de son hibernation solitaire et de se rapprocher de sa collaboratrice anesthésiste.

La seconde trajectoire n'est pas exceptionnelle. Quand on a subi un traumatisme émotionnel (perte d'un proche, divorce ou séparation, licenciement ou échec professionnel), l'alcool (comme la majorité des drogues, d'ailleurs), devient le pansement idéal d'une douleur psychologique. Un pansement anesthésiant qui permet de stopper la rumination posttraumatique étouffante, l'idée omniprésente de deuil, de manque, de dévalorisation ou d'impossible présent.

L'histoire de Suzy, quadragénaire accomplie, mère de deux garçons et journaliste à succès reflète bien cette dépendance à l'alcool comme une nécessité d'oublier la réalité. Cette femme élégante, mariée à un avocat promis à un avenir de bâtonnier, vivait dans une somptueuse maison du Lubéron. Une hyperactive que rien n'effrayait, pas même quelques dîners copieusement arrosés, de temps en temps. Elle percevait l'alcool comme un facilitateur relationnel, un améliorateur d'ambiance. Elle parlait joliment de « verres de contact » jusqu'au jour où son mari tomba follement amoureux d'une actrice de 28 ans. Pour combler l'absence et adoucir les longues heures d'attente, Suzy commença à boire une bouteille de rosé de Provence, chaque soir. Quand son mari la quitta, elle se retrouva seule, les enfants ayant été hébergés chez les grands-parents paternels. Sa terre émotionnelle ne s'ouvrit pas sous ses pieds, mais en elle. Une rengaine douloureuse et incessante se grava dans sa tête. Les paroles en étaient : « tu l'aimes et il en aime une autre », « tu es vieille, elle est belle », « ta vie est finie », « tu es incapable de t'occuper de tes enfants ». Seul le rosé diminuait le volume de la rengaine et en estompait le rythme lancinant. Ce traumatisme d'abandon, de trahison, de négation, l'avait brutalement fait passer des « verres de contact » aux litres d'alcool. L'intoxication devint de plus en plus lourde. Après un coma éthylique plus profond que les précédents et une contusion du plexus brachial avec paralysie de la main, son futur ex-mari procéda à une hospitalisation d'office dans un hôpital psychiatrique. Elle y resta neuf mois, car chaque permission, chaque tentative de sortie se soldait par une réalcoolisation massive. La justice donna la garde des enfants au père. Elle se décida, finalement, à écrire ce qu'elle avait vécu dans l'univers psychiatrique, et la promesse d'être éditée limita sa consommation d'alcool ainsi que les dégâts inhérents pendant quelque temps.

Quand elle vint nous consulter à la clinique, ce fut pour diminuer voire arrêter les doses de Valium (entre 60 mg et 100 mg) qu'elle absorbait quotidiennement. Elle prenait également un antidépresseur, l'Effexor, à la posologie de six comprimés de 20 mg par jour. Quand je repris avec elle l'historique de sa consommation, elle souligna la douleur épuisante qui avait été la sienne à supporter le parasitage de son cerveau par les propos dévalorisants ou désespérants cités plus haut. Elle ajouta que les phrases revenaient dès qu'elle tentait de se passer du Valium. Elle fut interloquée quand je lui demandai de préciser si la voix intérieure qui la tutoyait et la dévalorisait ainsi était une voix masculine ou féminine. Elle réfléchit cependant et, dans un aveu pénible, murmura : « C'est la voix de ma mère. »

La mère de Suzy n'avait pas été une femme heureuse et encore moins une femme attentive et généreuse. Elle avait très tôt critiqué sa fille, l'accablant de reproches sur son incapacité à se mettre en valeur ou à avoir des relations de confiance. Elle n'aimait pas les journalistes (« des gens sans morale ni respect », disait-elle) et ne s'était pas privée de le répéter. Le mari de Suzy avait trouvé grâce à ses yeux. Elle avait insisté sur la chance qu'avait sa fille d'avoir trouvé un homme de qualité qu'elle ne méritait pas. Accablée par les propos de sa mère, Suzy avait décidé de ne plus la revoir. Elle ne lui avait plus parlé ni confié ses enfants depuis dix ans.

Je proposai à Suzy une nouvelle hospitalisation afin de mettre en route un traitement médicamenteux différent de ceux qu'elle avait reçus jusque-là. Je pensai, en effet, que seul un neuroleptique était susceptible de faire taire cette mauvaise musique, cette rengaine profondément ancrée après le choc de « l'annonce d'une autre » par son mari. Je lui expliquai que ce traumatisme émotionnel et l'alcool s'étaient unis pour modifier son fonctionnement de pensée et installer un trouble du rythme cérébral, une « réentrée » permanente de phrases comme celles dont elle ne voulait plus. Des « pop-up » qui s'affichaient quelle que soit la touche neuronale activée. L'explication sembla la soulager. L'hospitalisation eut lieu trois semaines après cette consultation. Dès le quatrième jour de traitement, elle se sentit libérée. La mauvaise rengaine, la litanie des phrases de reproches maternels s'était arrêtée. L'appétence pour l'alcool ayant été correctement traitée lors de la longue hospitalisation précédente, nous pûmes diminuer progressivement les doses de tranquillisants, ce qui accéléra la reprise de contact avec la réalité quotidienne.

À l'heure où j'écris son histoire, Suzy est hospitalisée à la clinique jusqu'à la fin de la semaine. Lors d'une « permission », elle a revu ses enfants et son ex-mari. L'émotion des retrouvailles fut si intense qu'elle a dû se forcer à lutter contre une terrible envie de boire. Fort heureusement, l'encadrement et le soutien du personnel médical l'ont aidée à résister.

Les choses restent, aujourd'hui encore, très fragiles, mais je sais qu'il faut laisser du temps au traitement pour réparer les déséquilibres cellulaires entraînés par le traumatisme et l'alcool. J'espère que nous saurons continuer à lui donner ce temps et qu'elle l'acceptera.

L'alcoolodépendance est une maladie encore difficile à traiter. Sa dangerosité est majorée par l'absence de traitements spécifiques efficaces pour le plus grand nombre. On ne lui connaît pas de traitement de substitution. Pas de patch à l'alcool, ni d'équivalent médicamenteux comme la méthadone ou la buprénorphine pour le traitement des opiodépendances. Non, il existe soit des médicaments qui provoquent des vomissements en cas de prise d'alcool (« antabuses »), soit des antagonistes aux opiacés qui cherchent obstinément, depuis trente ans, une place commerciale dans le marché du traitement de l'addiction, soit des molécules tranquillisantes (Valium, Equanil) dont nous avons déjà évoqué les risques d'« accroche » supplémentaire. Et, bien sûr, quelques vitamines et antidépresseurs associés...

Tant qu'une avancée thérapeutique de substitution ne verra pas le jour, je crains que le traitement de la dépendance à l'alcool reste médiocre et que les rechutes ne succèdent aux rechutes.

Cette absence de traitement médicamenteux spécifique explique sans doute l'intérêt que suscitent encore des méthodes de soin peu scientifiques et jamais réellement évaluées. Je pense notamment aux stratégies d'abstinence développées par les groupes d'Alcooliques Anonymes. Mais, je le redis, étant donné l'absence de traitement pharmacologique efficace actuel, il n'est pas bon que l'hôpital se moque de la charité.

C'est pour cela que je continue de trouver l'addiction à l'alcool particulièrement destructrice. Son traitement en est insatisfaisant, long et difficile, avec des molécules ou des stratégies thérapeutiques qui dépassent rarement les 50 % de réussite.

Cinquante pour cent c'est déjà ça, diront les optimistes...

Cela dépend... de la façon dont nous voyons la bouteille : à moitié vide ou à moitié pleine.

Il n'existe pas de recette magique pour arrêter sa consommation d'alcool.

Tentez, cependant, au moins une fois l'expérience de ne pas boire lorsque tout le monde, autour de vous, boit, puis observez les changements d'humeur, de conscience et de finesse d'esprit qu'entraîne l'alcool.

Si vous remarquez que votre adolescent boit, demandez-vous s'il est obligatoire de conserver les bouteilles à la maison. L'eau et le Coca-Cola, en accompagnement des repas, peuvent suffire à l'aider à ne pas prendre de mauvaises habitudes.

Si vous constatez que votre enfant consomme trop d'alcool, sachez qu'il se trouve déjà au stade de l'abus et qu'il utilise ce produit comme un produit dopant. Une consultation spécialisée s'impose avant que les ivresses pathologiques ne se répètent ou qu'un accident de voiture ou de scooter ne survienne. Ne considérez pas que la consommation d'alcool représente une étape obligatoire de l'âge adulte.

Quel que soit l'âge, si vous réalisez que vous avez besoin de boire quotidiennement pour ne pas vous sentir mal, si ce besoin se manifeste tôt dans la journée (dès le déjeuner ou a fortiori, dès le matin), la dépendance s'est vraisemblablement installée. Il devient donc urgent de consulter.

N'oubliez pas : si cette dépendance est diagnostiquée et traitée de façon précoce, elle sera d'autant plus facile à enrayer.

2

Cannabis : usages durs
d'une drogue douce

« C'est grave docteur ? » Cette question est, en médecine, l'une des plus fréquemment posée par les patients,
leurs parents ou leurs proches. Et ce, quelle que soit la
pathologie. Cela est légitime. Dans le domaine des addictions, en revanche, elle devient moins fréquente au profit
d'autres interrogations : « Est-ce que je vais pouvoir arrêter l'alcool ? » ou « Pensez-vous qu'elle va enfin se sortir
de la drogue ? » Jamais un alcoolodépendant ou un
joueur pathologique ne m'a questionné sur la dangerosité
éventuelle d'un produit ou d'un comportement. Les
patients le savent : leur abus ou leur dépendance les mettent en danger. Peu importe que la substance soit licite
ou illicite, ils sont au courant que l'usage qu'ils en font
est dangereux et qu'elle entraîne forcément des changements dans leur vie et des modifications sur leur cerveau.

Mais dès qu'il s'agit de cannabis, l'approche est différente. Le « c'est grave ? » revient systématiquement. Ou
plus précisément : « Est-ce dangereux ou pas ? » En tant
que médecin, il m'est difficile de me limiter à une réponse
strictement thérapeutique. Comme si les excès du discours politique parasitaient ma démarche. Mes réponses

dévient inévitablement vers des considérations autres que médicales. D'une part, parce que j'ai envie de révoquer l'imbécillité de certains propos lorsqu'ils se veulent dramatiques et réducteurs (« le cannabis rend stérile », par exemple), mais aussi de dénoncer la dangerosité du discours de banalisation sur les abus et la dépendance à cette substance.

Il est encore impossible, de nos jours, de faire de la consommation de cannabis un sujet « médicalement normal ». Il est, également, difficile de garder son seul statut de médecin vis-à-vis de ses patients. Les positionnements politiques et les sentiments personnels l'emportent presque toujours sur l'approche médicale. Le problème vient, principalement, des arrière-pensées permanentes concernant cette substance. La loi de 1970, qui prévoit une peine de prison pour tous les usagers de drogues, mettant dans « le même sac » cannabis, héroïne et cocaïne, n'arrange rien. De ce fait, dès que j'aborde le problème – réel – des méfaits de l'abus de cannabis et des risques tout aussi réels d'une dépendance psychologique, ce constat sera forcément entendu comme une prise de position et exploité comme une bataille contre le cannabis. Il est donc nécessaire de sortir du « pour ou contre » le cannabis pour faire « avec ».

Lorsqu'un patient vient me voir, ma priorité est d'établir, d'emblée, un diagnostic afin de déterminer s'il est un usager occasionnel, en train de « déraper », s'il est davantage engagé dans un abus chronique ou s'il se trouve dans une situation de dépendance. J'insiste pour dire qu'à l'intérieur de mon cabinet, mon travail ne doit se limiter qu'à ces seules observations. Je n'accepte toujours pas que la pratique médicale soit à ce point secondaire alors qu'il s'agit de traiter des dépendants à une drogue au même titre qu'un cocaïnomane, un héroïnomane ou autres. Les considérations politiques peuvent bien attendre...

Le cannabis est à la fois l'une des plus anciennes drogues connues et la substance psychoactive illicite la plus populaire et la plus utilisée dans le monde. Il n'est plus l'apanage de quelques babas cool, mais touche toutes les classes sociales, tous les milieux et toutes les tranches d'âge, bien qu'une grande majorité de jeunes se démarquent en commençant à fumer, en moyenne, dès l'âge de 13 ans. Cet état de fait constitue l'une des principales inquiétudes chez la plupart des décideurs politiques et sanitaires car, au-delà de la question de la dangerosité du produit, l'échec scolaire ou même la déscolarisation sont une conséquence possible. Nous pouvons d'ailleurs craindre, sans études précises à l'appui, que l'abus de cannabis, en raison de ses méfaits psychiques, soit devenu l'une des premières causes de redoublement au lycée ou au collège.

Après 30 ans, les usagers deviennent de moins en moins nombreux, pour quasiment disparaître après l'âge de 50 ans.

Depuis une dizaine d'années, la consommation de cannabis n'a cessé d'augmenter – en particulier chez les jeunes – dans les pays développés qui veulent et peuvent l'évaluer. Ainsi, en Nouvelle-Zélande, presque 75 % des jeunes en ont déjà consommé. Aux USA, 41 % de la population des 15-75 ans en a fumé. On compterait dans l'Hexagone 9,5 millions d'expérimentateurs, 3,3 millions d'usagers occasionnels, 1,7 million d'usagers répétés et environ 280 000 usagers réguliers. Des chiffres qui n'avaient pas manqué de faire réagir le ministre de l'Intérieur et les auteurs du rapport « Drogue : l'autre cancer ». C'est par ce titre lourdement évocateur que les pouvoirs publics réaffirmaient leur volonté de ne pas distinguer les drogues douces des drogues dures. Et c'est sur ce point, précisément, que réside une grande part de la polémique créée autour du cannabis : nous ne savons finalement que penser de cette substance tantôt décrite comme une drogue nocive, tantôt comme un produit sympathique et inoffensif. Si le cannabis est une drogue douce – sous-entendu, peu dangereuse –, pour quelle raison est-elle interdite ? En quoi se différencie-t-elle d'une drogue dure et quelles sont ses propriétés ?

À la différence d'une drogue dure, le cannabis ne tue pas. Il ne rend pas violent, mais au contraire, favorise un comportement euphorisant, nonchalant et peu spectaculaire. Il n'est pas neurotoxique, contrairement à l'alcool ou à la cocaïne (c'est-à-dire qu'il ne détruit pas les cellules ou ne modifie pas les différents systèmes intracérébraux de façon irréversible, y compris pour la mémoire). Ce que l'on a cependant tendance à oublier, c'est que ce produit agit sur le cerveau. Il est répertorié dans la catégorie des substances psychoactives car il contient un principe actif majeur : le 9 THC (tétrahydrocannabinol) inscrit sur la liste des stupéfiants. Cette structure chimique peut être comparée à celle de certains hallucinogènes. En moins de dix minutes, le THC contenu dans le cannabis passe dans le sang, pour mettre ensuite le cap vers son tissu favori, à savoir le cerveau. Il peut se fixer sur des récepteurs multiples et donc perturber les zones contrôlant différentes fonctions : la mémoire, l'attention, l'équilibre, le mouvement, l'humeur, l'appétit, la douleur et les émotions. Le cannabis entraîne donc des changements de perception de la réalité, des modifications de la conscience, de la pensée, de l'altérité, des pertes de mémoire, et ce, pendant des heures, car il a une durée d'action très longue. À la différence d'un verre d'alcool qui offre un mieux-être durant une trentaine de minutes, les effets du cannabis, eux, vont durer entre trois et quatre heures, car l'élimination du THC est lente. Par conséquent, plus on consomme de cannabis, plus le THC s'accumule et met du temps à être évacué. D'où l'efficacité et l'attrait de cette substance : il suffit d'un joint pour « planer » longtemps... De plus, comme la plupart des drogues, le THC active la libération de dopamine dans le circuit de récompense, en apportant une sensation de plaisir, trait caractéristique des substances capables d'engendrer une dépendance.

La concentration de THC varie selon les préparations et la provenance du produit, car le cannabis est une plante qui se présente sous trois formes : l'herbe, le haschich et l'huile.

L'herbe ou marijuana (qui contient de 2 % à 45 % de THC selon les plants sélectionnés) est composée de feuilles et de tiges séchées. Elle se fume généralement mélangée à du tabac, puis roulée en cigarette souvent de forme conique. Ce sont ce qu'on appelle communément le joint, le pétard ou le stick.

Le haschich ou shit (5 % à 10 % de THC) est la résine obtenue à partir des sommités fleuries de la plante. Il se matérialise sous la forme de plaques compressées ou de barrettes de couleur verte, brune ou jaune selon les régions de production. Il se fume généralement avec du tabac. Le haschich est fréquemment coupé avec d'autres substances plus ou moins toxiques comme le henné, le cigare, la paraffine...

Enfin, l'huile, dont la préparation est plus concentrée en principe actif, est consommée le plus souvent au moyen d'une pipe ou sur le papier de la cigarette. Son usage est actuellement peu répandu.

Bien que le cannabis ne possède pas un grand potentiel de toxicité ni même un potentiel addictogène très élevé, certains usagers font de cette drogue douce un usage dur, ce qui peut alors transformer le cannabis en drogue dure. Tout dépend de la quantité utilisée. Il est, à ce propos, important de souligner que l'usage que nous faisons d'une drogue est différent selon sa consommation à petites doses ou à fortes doses. Fumer un joint de temps en temps, « pour le plaisir », n'entraîne pas les mêmes effets que fumer chaque jour. De la même façon, fumer un joint chaque soir, par exemple, aura des conséquences moins importantes que d'en consommer plusieurs dans la même journée. Qui dit plusieurs, dit 5 ou 10 par jour, mais aussi 20 ou 30. Et ainsi de suite... Nous étudierons plus tard la dangerosité d'une telle quantité ainsi que les conséquences engendrées sur un plan psychologique, neurologique et physique. Pour vous donner une petite idée, je dirais qu'une forte dose de cannabis peut être équivalente à une faible dose d'héroïne... Pour obtenir cet effet anesthésiant, les plus accros utilisent le bhang, une sorte de narguilé de fabrication artisanale, confectionné à partir de bouteilles en plastique. L'utilisateur mélange le cannabis avec un peu de tabac au creux de la « douille » qui sert de foyer. Quand la douille est enflammée, l'usager aspire la fumée à travers l'eau, ce qui a pour conséquence de potentialiser l'effet initial du produit. Comme l'affirment les plus initiés : « Le pétard apaise, la "douille" déchire. » À ce stade-là, cette substance n'est plus associée à l'idée d'un quelconque plaisir, mais au besoin de se « défoncer » pour éviter une pensée douloureuse. Elle devient une sorte de mauvais médicament dangereux pour la santé : une fonction peu connue du plus grand nombre qui considère le cannabis comme étant une drogue conviviale, occasionnelle, indispensable pour faire la fête, car, en effet, les premiers usages ont souvent lieu en communauté, avec des amis ou en compagnie d'un proche. Une douce façon de « débrancher » de la réalité, de se détendre plus facilement. Dans la grande majorité des cas, le risque principal réside dans les sensations positives qui amènent le fumeur de cannabis à reconsommer. Elles tournent le plus souvent autour d'une impression d'euphorie légère, de bien-être et de relaxation. Le cannabis procure un sentiment subtil de ralentissement de l'écoulement du temps. Les perceptions auditives sont amplifiées et les sensations visuelles modifiées. La conscience devient légère et l'humeur joyeuse. Tout est prétexte à rire. De tout, de rien, d'une attitude, d'un mot, d'un bruit... Avec, en plus, l'incroyable illusion que le monde est en phase avec soi-même. Sur la même longueur d'ondes. C'est l'« ivresse cannabique », sujet de prédilection de nos plus grands auteurs et poètes, décrite, entre autres, par Charles Baudelaire dans son ouvrage *Du vin et du haschich* : « Les sens deviennent d'une finesse et d'une acuité extraordinaires. Les yeux percent l'infini. L'oreille perçoit les sons les plus insaisissables au milieu des bruits les plus aigus. » Jacques-Joseph Moreau de Tours, présenté comme le précurseur de la psychiatrie expérimentale, et consommateur de cannabis, écrivait à ce propos dans son traité *Du haschich et de l'aliénation mentale* : « Ces idées [...] qui viennent on ne sait d'où, deviennent de plus en plus nombreuses, plus vives, plus saisissantes. Le sens de l'ouïe, comme tous les autres sens, est rendu extraordinairement impressionnable par l'action du haschich [...] La musique la plus grossière [...] vous exalte jusqu'au délire ou vous plonge dans une douce mélancolie. Le temps semble d'abord se traîner avec une lenteur qui désespère [...] Toute idée précise de durée nous échappe, le passé et le présent se confondent. »

À la lecture de ces quelques lignes, il est facile de comprendre pour quelles raisons le cannabis remporte un tel succès...

Les descriptions de l'ivresse cannabique ne doivent cependant pas masquer l'existence d'une grande variabilité dans les sensations ressenties après une prise de cannabis. Ainsi, le stade initial d'euphorie et de quiétude peut être remplacé, chez certains, par une phase de malaise ou d'angoisse plus ou moins prononcée associant parfois des idées dépressives. Par ailleurs, des épisodes de crises de panique contemporains de la prise de drogue peuvent être redoutés, en particulier au cours des premières expériences. Les effets deviennent plus pénibles, avec troubles de l'humeur, du comportement, de la mémoire, de la pensée, de la vigilance (dangereux pour les automobilistes) et perturbations de la libido. L'usager est en proie à un état d'anxiété et peut être victime d'hallucinations. Des nausées ou des bouffées de chaleur accompagnent, parfois, ces sensations. Dans l'ensemble, ces manifestations régressent quelques heures après la consommation, sans laisser de « traces ». La dangerosité du cannabis est faible en cas d'usage exceptionnel ou occasionnel.

Le passage de l'usage à l'abus chronique apparaît dès l'instant où le consommateur constate que le produit l'aide à mieux vivre. La prise de cannabis devient alors régulière et se fait de façon plus solitaire. Les effets recherchés varient en fonction de chacun. Certains en consommeront pour combattre l'ennui à l'école ou affronter une situation familiale difficile. D'autres pour favoriser une phase d'endormissement ou pour oublier une contrariété, vaincre une timidité relationnelle, ralentir une pensée ou modifier l'humeur. C'est, entre autres, pour cette raison que le cannabis est le produit préféré des adolescents en difficulté, enclins à devenir des consommateurs habituels.

Tous ne fument pas dans le même but. La plupart utilisent le cannabis comme un moyen de réduire les tensions et de s'apaiser. Les jeunes le disent eux-mêmes : « Avec ça, je me sens cool. » Ils peuvent ainsi faire face au stress quotidien tout en évitant la sensation d'ébriété qu'entraînerait un usage plus important. L'adolescent s'aperçoit qu'il dort mieux, qu'il peut draguer plus facilement, qu'il s'ennuie moins à l'école. Grâce au produit, il trouve une amélioration de ses performances (sauf scolaires...) dans sa vie de tous les jours, ainsi qu'une façon de soulager une éventuelle angoisse permanente. C'est par cette croyance en un bénéfice individuel que se fera le passage de l'usage à l'abus.

Un à deux grammes par jour sont en moyenne les quantités consommées, réparties équitablement dans la journée : un joint le matin, un l'après-midi et un le soir. Cette petite consommation régulière est souvent révéla-trice d'un moment de vie difficile et ne durera que quelques mois.

Plus préoccupante, la consommation autothérapeu-tique qui se déroule dans le cadre d'un usage quotidien et solitaire. Les effets recherchés sont ceux d'un antidé-presseur, d'un anxiolytique ou d'un hypnotique. Enfin, la pharmacodépendance ou toxicomanie. Il s'agit là d'un usage anesthésiant qui masque le plus souvent des troubles graves de la personnalité. L'usager s'exclut rapi-dement du système scolaire et se marginalise.

Mais à aucun moment ces individus n'ont le sentiment de déraper vers une dépendance, estimant qu'une consommation régulière d'une part ne présente aucun danger, et d'autre part, peut être facilement contrôlée.

François, l'un de mes patients hospitalisés, pensait cela : « À force de banaliser le produit, m'expliquait-il, à force d'entendre dire que ce n'est pas dangereux, que ce ne sont que quelques joints, je me suis mis à fumer sans crainte et sans modération, jusqu'au jour où je suis "tombé dedans". » À son arrivée à la clinique, il fumait plus de vingt joints par jour... et se trouvait dans un état dépressif inquiétant. Tout a commencé le jour où son père est mort brutalement à l'âge de 55 ans. Il n'avait que

21 ans. « À ce moment-là, je me suis dit que la vie ne valait rien, raconte-t-il, et j'ai cru naïvement que les pétards allaient m'aider à faire le deuil de mon père. » Effectivement, pendant un temps, le cannabis a joué le rôle de « pansement ». Mais au fil des mois et des années d'usage abusif, François ne consomme plus seulement pour « oublier la disparition de son père » ; il se rend compte que le cannabis l'aide à « mieux vivre », à améliorer son quotidien. Il l'utilise comme un produit dopant, puis un jour, il se rend compte qu'il ne peut plus s'en passer : « Si je n'avais pas mes joints au réveil, je ne pouvais pas me lever et encore moins travailler, reconnaissait-il. Pour pouvoir réfléchir, prendre des décisions, il fallait que je fume, sinon c'était le désordre dans ma tête. Mes pensées partaient dans tous les sens. J'avais besoin de fumer pour me concentrer. Je profitais soit de l'effet sédatif, soit de l'effet euphorisant du produit pour bosser. Je commençais à fumer à 9 heures, l'effet retombait vers 11 heures, alors je recommençais. Et ainsi de suite jusqu'au soir. Je fumais pour retrouver un état normal. En tout cas, c'est ce que je croyais. »

Après des mois de consommation chronique, le risque de dépendance peut survenir. Il est moindre que pour d'autres drogues, mais réel pour 10 % à 15 % des consommateurs. En cas de suspension brutale, le manque surgit environ 12 heures à 24 heures après la dernière prise. Pas de dépendance physique, mais une dépendance essentiellement psychologique qui se caractérise par une vive anxiété, une irritabilité, une agitation et de nombreuses insomnies. Pour être plus précis, je dirais que les dépendants au cannabis sont moins accros au produit qu'ils ne le sont à la « récompense » générée dans leur système du plaisir.

« Je suis tombé en dépression, m'explique François lors de sa première tentative d'arrêt. Je continuais à travailler, mais le soir, je pleurais dans mon lit. Je regrettais plein de choses, je pensais à mon père. J'avais des crises d'angoisse. En fait, tout ce que j'avais occulté pendant toutes ces années de consommations remontait à la surface. Je n'arrivais pas à reprendre une vie normale. Je travaillais mal, j'étais lent, j'avais des pertes de mémoire. Je me posais des milliers de questions inutiles. C'était le désordre. Les deux premiers mois ont été terribles. »

Au bout de quelques mois d'usage chronique, l'usager éprouve un sentiment de malaise. L'état agréablement cotonneux se transforme en léthargie, l'hypersensibilité que le cannabis apportait au début diminue pour laisser place à un manque d'intérêt pour tout, sans oublier les troubles de la mémoire, la déconcentration, la perte de motivation. Le déséquilibre neurologique s'installe alors, favorisé par les phénomènes de tolérance. Au fur et à mesure des prises, l'usager a besoin de doses croissantes de THC pour obtenir les mêmes effets. Il va tenter de réagir en faisant l'inverse de ce qu'il faudrait faire : augmenter les doses quotidiennes alors qu'il faudrait les diminuer ou les arrêter. Après de très courtes améliorations, le processus reprend avec son lot d'effets indésirables. Pendant des mois, voire des années, l'abuseur chronique va courir après un souvenir lointain (dont seule sa mémoire du plaisir a gardé la trace) pour s'en éloigner chaque jour un peu plus. La relation sociale et familiale devient difficile, l'échec scolaire (s'il s'agit d'un adolescent) tourne à la déscolarisation et fait planer une menace de désocialisation, le cercle des amis se réduit à des complices de consommation, avachis devant des programmes télé pitoyables ou le sempiternel jeu vidéo. Toute initiative devient une montagne. Le monde tourne trop vite... La dépendance s'est installée. À quelques très rares exceptions près, il n'existe pas de manifestations somatiques susceptibles de mettre le consommateur de cannabis en danger. De même, aucun cas d'overdose n'a jamais été signalé. Cela distingue ce produit de drogues comme l'alcool, les opiacés, l'héroïne... expliquant ainsi en partie pourquoi le cannabis est volontiers qualifié de drogue douce.

Toujours est-il que la dépendance au cannabis existe. J'en ai pour preuve les patients – de plus en plus nombreux – qui se présentent à la clinique pour une consultation (dans le meilleur des cas) ou pour une hospitalisation chez les plus accros. Rares sont ceux qui évaluent à sa juste mesure l'importance que cette substance occupe dans leur vie, la place de plus en plus grande qu'elle prend et le rôle qu'elle joue. Ils viennent, la plupart du temps, parce qu'ils se « sentent mal », ou parce qu'ils se disent qu'il « faut arrêter », espérant secrètement que « ce sera l'affaire d'une heure ou d'un médicament pour que tout rentre dans l'ordre ». Après m'être renseigné sur la quantité consommée, ma première question repose toujours sur les effets que leur procure cette substance. Jamais je ne leur demande pourquoi ils fument. La réponse qu'ils me donnent (« parce que j'aime ça, parce que ça m'aide à vivre ») ne me fait jamais avancer. À quoi bon savoir puisque cela ne change rien ! J'ai récemment reçu dans mon bureau une jeune femme, consommatrice de cannabis depuis quinze ans, à raison d'un ou deux joints par jour, parfois trois. Une « Superwoman » de 40 ans, partagée entre « un boulot qui la passionne, un mari qu'elle aime et sa fille de 3 ans ». Une femme qui gère tout et toute seule sans jamais se plaindre, une femme soucieuse de renvoyer une image d'elle-même proche de la perfection. Pourtant, à peine arrivée chez elle, elle se rue sur ses « pétards ». « J'en ai besoin, me confie-t-elle, parce que j'ai peur de m'ennuyer avec mon mari et dans la vie en général, parce que j'ai peur de me retrouver seule face à moi-même. Seule ou accompagnée, j'ai besoin de m'assommer. Pour m'endormir très vite. » Lorsqu'elle n'a plus de cannabis, elle remplace son joint par un verre d'alcool ou un médicament. Tout est bon pour ne pas penser.

Après quelques minutes d'entretien, je lui demande d'imaginer une soirée sans cannabis : « En quinze ans, cela ne m'est jamais arrivé, me répond-elle. J'ai trop peur de ce qui pourrait advenir, trop peur de réaliser que, finalement, j'ai des faiblesses, des failles et que je ne vaux pas grand-chose. » Peur de vivre et de penser sans le filtre protecteur et apaisant du cannabis. J'ai fréquemment croisé ce genre d'individus, très à l'aise dans leur sphère professionnelle et sociale, mais incapables de fonctionner sereinement, sans stress et sans angoisse, dans leur vie intime. Quelques jours après cet entretien, cette femme prit le risque de ne pas fumer : « D'un seul coup, j'ai commencé à tout remettre en question, m'avoue-t-elle : l'amour que je porte à mon mari, les raisons qui me poussent à rester avec lui. Je me suis rendu compte que je me masquais la réalité. » Puis elle continue et me dit : « J'ai compris que si je stoppais ma consommation de cannabis, je risquais de tout foutre en l'air dans ma vie, de comprendre certaines choses que je n'ai jamais voulu envisager, de me voir telle que je suis réellement. »

Je lui propose alors d'entamer une psychothérapie. Je ne sais pas quelle sera sa décision. Elle ne le sait pas elle-même. Elle aimerait sans doute continuer à « faire l'autruche », aidée par ses « pétards », avec le risque de « s'écrouler » au premier grain de sable qui viendrait enrayer le cours de sa vie (l'enfant qui grandit, le mari qui la trompe, un problème dans le travail...) et hésite à prendre la difficile décision d'affronter enfin la réalité.

Comme le montre l'exemple de cette femme, la consommation chronique de cannabis concerne des individus se trouvant dans des situations où le niveau de satisfaction ressentie est diminué (stress, anxiété, dépression...). Des situations anhédoniques où le cerveau essaye, grâce à la stimulation du circuit de récompense, de retrouver le « plaisir d'être ». Le cannabis devient alors la solution pour supporter une résignation personnelle inavouable.

L'une des questions les plus évidentes et les plus fréquentes concerne l'appétence des adolescents pour ce produit. Les découvertes récentes en neuro-imagerie soulignent à quel point le cerveau de ces derniers mue, lui aussi. Les régions cérébrales se modifient, le cerveau des émotions l'emporte grandement sur celui de la raison. Le plaisir immédiat prend le pas sur la capacité à patienter pour obtenir une satisfaction future, à supporter la frustration. De plus, les aires cérébrales qui commandent la motivation (dont le noyau accumbens) sont peu développées à cet âge. Cela tombe particulièrement mal à une période où ces jeunes sont sollicités pour travailler chaque jour en vue d'un résultat futur. Qu'il est compliqué pour l'adolescent de se motiver pour un objectif lointain ! Si ces transformations sont prises en compte, il devient alors plus facile de comprendre les raisons pour lesquelles le cannabis fonctionne si bien à cette période de la vie. Il va tasser les dysfonctionnements cérébraux (incontournables à cet âge) et conforter l'adolescent dans ses rêveries, dans son absence de motivation et dans sa tendance léthargique.

Je dirais que le cannabis est, en fait, la tétine du cerveau de l'adolescent.

Bien que la dépendance occasionne de nombreux troubles comportementaux, il est important de souligner que ces derniers sont réversibles. Les perturbations engendrées durant la consommation sont fonctionnelles, certes durables en cas d'intoxication prolongée, mais répétons-le, réversibles. C'est ce qui différencie cette substance des drogues comme la cocaïne, l'alcool ou l'ecstasy. Autant ces produits, même à distance de l'arrêt de l'intoxication, peuvent causer de graves séquelles neurologiques, autant un ancien fumeur de cannabis retrouvera son fonctionnement psychique antérieur après l'arrêt de la consommation.

Difficile alors de faire la part des choses entre la dangerosité relative du cannabis qui conduit forcément à la banalisation de cette drogue et, dans le même temps, sa diabolisation lorsqu'une poignée de scientifiques déclare par exemple que le cannabis peut faire naître chez n'importe quel sujet des maladies psychiatriques, telles que la schizophrénie. Je ne le crois pas. Si l'usager ne souffre d'aucun mal psychiatrique, il pourra fumer du cannabis pendant des années, sans que jamais cette pathologie ne s'installe. À l'arrêt de sa consommation, il retrouvera son état psychique antérieur à la prise de cannabis. Cette substance ne rend pas schizophrène, elle peut, en revanche, booster ou révéler une maladie préexistante. Pour être plus précis, je dirais qu'une schizophrénie sous-jacente pourrait rester en l'état, ne jamais se déclarer sans prise de cannabis. Les cas exceptionnels existants montrent en effet qu'une vulnérabilité schizophrénique associée au cannabis risque de déclencher la maladie. Mais en aucun cas elle ne la crée. Cela signifie que si cette maladie est détectée, diagnostiquée, il est totalement déconseillé de fumer cette drogue. Cela ne ferait qu'aggraver la situation.

Seconde idée toute faite à propos du cannabis : la théorie de l'escalade, c'est-à-dire la dérive obligatoire vers les drogues dures. La *gateway theory* des Américains. Les fumeurs de cannabis deviendraient forcément des toxicos à la cocaïne ou à l'héroïne. Faux. Qui fume un « œuf » ne s'injecte pas un « bœuf ». Selon une étude faite aux États-Unis, 1 % des consommateurs de cannabis seraient amenés à consommer de la cocaïne. La liaison entre ces deux substances ne peut donc être faite. En revanche, 90 % des héroïnomanes ont commencé par le cannabis. Est-ce suffisant pour établir un lien de cause à effet ? D'un point de vue scientifique, il est évident que ces deux produits agissent sur des régions cérébrales sem-blables, notamment sur la libération de dopamine. Mais comment expliquer que seulement 4 % des fumeurs de cannabis deviennent héroïnomanes ? Qu'est-ce qui pro-tège les 96 % ? Bien d'autres facteurs que le cannabis sont en cause dans le chemin des addictions aux drogues dures. Facteurs génétiques, sociaux, psychologiques et autres... Alors, évitons le raccourci qui consiste à affirmer qu'à partir du moment où un individu trouve un produit capable de modifier sa conscience, il sera forcément tenté d'en utiliser d'autres. Le cannabis est, en effet, en mesure d'augmenter dans notre cerveau les mêmes neuromédia-teurs que l'héroïne, l'alcool ou la cocaïne mais, fort heu-reusement, cette augmentation est de cinq à dix fois moins importante qu'avec les autres drogues. Cela explique en partie pourquoi la théorie de l'escalade n'a jamais été confirmée jusqu'à ce jour et ne le sera proba-blement jamais.

La dépendance au cannabis est une pathologie suffi-samment importante pour que nous ne nous attardions pas inutilement sur de telles élucubrations. Cette dépen-dance est, au même titre que les autres, une maladie qu'il faut traiter.

Au stade de la consommation autothérapeutique, le patient (et plus particulièrement l'adolescent) reste acces-sible à un travail d'élaboration psychothérapique éven-tuellement associé à un traitement médicamenteux dans la mesure où cela est pleinement accepté par l'intéressé.

En revanche, lorsque les usagers ont basculé dans la pharmacodépendance, des centres de soins spécialisés en addictologie ou une hospitalisation en milieu spécialisé me semblent nécessaires. Il ne suffit pas, en effet, de quelques entretiens, de quelques « séances d'écoute » durant lesquelles il leur est finement demandé « pourquoi » ils fument (s'ils le savaient, ils n'en seraient pas là...), ni d'établir un lien avec leurs parents (s'il s'agit d'un jeune) pour résoudre les cas les plus graves que je vois en consultation.

Souvent, comme pour les dépendances à l'alcool ou aux médicaments psychotropes, il faut hospitaliser pour avoir le temps de cerner l'éventuelle psychopathologie associée (schizophrénie, maniaco-dépression, névrose obsessionnelle, etc.) et permettre un sevrage supportable et constructif. Arrêter le cannabis après cinq ans d'intoxication quotidienne lourde n'est pas chose simple, même si cela entraîne moins de souffrance que dans le cas d'une dépendance à l'héroïne ou à l'alcool. Cela l'est encore moins quand la consommation pluriquotidienne dure depuis dix, quinze ou vingt ans. Dans de tels cas, il nous faut traiter les manifestations les plus envahissantes du sevrage que sont les troubles du sommeil, de l'appétit et de l'humeur. Des anxiolytiques à longue demi-vie ainsi qu'un éventuel antidépresseur ou un régulateur de l'humeur peuvent se révéler incontournables. De même, il nous faut parfois user d'un neuroleptique lorsque des signes de déséquilibre psychotique ont été dépistés.

Ma vision médicale sur l'association cannabis-troubles psychiatriques s'est transformée depuis que je peux hospitaliser ces jeunes patients dans ma clinique, avec un suivi médico-psychologique quotidien, réalisable grâce à une équipe médicale et paramédicale en effectifs suffisants (ce qu'auparavant je ne pouvais faire étant donné la situation de pénurie en personnel de notre pauvre hôpital public, auquel la loi sur les 35 heures faillit donner le coup de grâce). Les années précédentes, faute de lits et de personnel disponibles, je suivais ces patients en ambulatoire, c'est-à-dire au rythme effréné d'une, voire deux consultations par semaine ! Aujourd'hui, je suis surpris par l'importance, par le nombre de psychopathologies graves associées à la dépendance au THC. Soyons clairs, une nouvelle fois, il s'agit bien à mes yeux de personnes initialement psychotiques qui ont rencontré le THC (et en ont abusé pour tenter de calmer leur maladie mentale) et non de personnes initialement indemnes que le cannabis aurait rendues schizophrènes, paranoïaques ou maniaco-dépressives.

J'y vois une explication possible de la précocité (à partir de 12, 13 ans) de certaines consommations lourdes de cannabis. Lors d'une discussion récente avec mon collègue pédopsychiatre Marcel Rufo, je réalisai, à travers son expérience des psychoses infantiles, à quel point ces dernières étaient sous-estimées et souvent méconnues. Je pense même que les enfants et les adolescents font ce qu'ils peuvent avec le cannabis pour traiter des inconforts mentaux majeurs et que cela peut être une explication des tableaux cliniques que j'observe aujourd'hui.

Parfois, les troubles de l'appétit et des conduites alimentaires peuvent être projetés au premier plan des symptômes de sevrage. Leur traitement en est des plus délicats, notamment pour les usagers qui se servaient du cannabis pour s'ouvrir l'appétit et pouvoir manger. Il n'est pas rare alors de retrouver un antécédent d'anorexie et d'avoir à traiter, pour la première fois, un réel trouble du comportement alimentaire. Trouble que l'usage chronique de cannabis avait plus ou moins masqué jusqu'au sevrage. Il ne faut pas oublier également le manque de tabac créé par l'arrêt de consommation des joints. La plupart des fumeurs intensifs de cannabis fument des cigarettes en dehors de celles qu'ils utilisent pour rouler les pétards. Des patchs nicotiniques, des comprimés sublinguaux ou des chewing-gums à la nicotine seront donc prescrits en complément.

Ce n'est qu'après plusieurs semaines de traitement de ce type qu'une diminution du besoin mais aussi de l'envie de fumer du cannabis se fera sentir. La sortie du patient pourra, alors, être envisagée sans que nous puissions, pour autant, parler de guérison définitive. Il faudra attendre une période de six mois avant de se prononcer. Mais plus que le temps, c'est le désintérêt que l'ancien usager manifestera à l'égard de la substance qui constituera le critère le plus important. En attendant, le changement de vie et surtout d'état d'esprit seront notables, à l'image de l'une de mes patientes de 42 ans qui avait fumé du cannabis tous les jours de sa vie depuis l'âge de 22 ans et qui m'annonce, en franchissant pour la dernière fois les portes de la clinique : « J'ai l'impression de sortir d'une anesthésie de vingt ans. »

Après avoir parlé du cannabis comme drogue psychoactive, il semblerait normal d'évoquer à présent ses éventuelles vertus thérapeutiques. Pourtant, je n'y tiens pas spécialement. Ce qui me gêne dans une discussion sur le cannabis thérapeutique, c'est le mot cannabis... car si l'on sait depuis longtemps que certains principes actifs du cannabis possèdent une fonction analgésique, c'est-à-dire qu'ils favorisent la disparition de la sensibilité à la douleur, lorsqu'on ose dire que le cannabis peut avoir une efficacité sur les tensions musculaires ou dans les maladies neurodégénératives, voire dans le traitement du glaucome chronique, lorsqu'on ose affirmer que ce produit est susceptible d'ouvrir l'appétit (et est donc utile dans la régulation du comportement alimentaire), lorsqu'on ose exprimer un quelconque intérêt thérapeutique

visant à corriger les effets indésirables de certaines chimiothérapies anticancéreuses ou de traitements contre
les virus du sida (trithérapies et gigathérapies) et de l'hépatite C (interféron notamment), c'est comme si l'on
favorisait l'usage illicite de ce produit, tant la chape est
lourde...

Le THC est, cependant, déjà utilisé comme médicament
aux USA, en Grande-Bretagne, au Canada, en Allemagne
et en Suisse.

Deux tentatives récentes (élaborées en 2001) ayant
pour but de faire avancer le savoir médical sur le cannabis
thérapeutique ont été faites en France, à la demande
de Bernard Kouchner. L'une pour diminuer les effets
négatifs des traitements contre l'hépatite C (mal-être,
perte d'appétit, tensions neuromusculaires permanentes à
recrudescence nocturne), l'autre dans les maladies neurodégénératives de type sclérose en plaques. Mais que cela
fut laborieux ! Avec une telle attitude au siècle dernier,
la morphine n'aurait jamais été utilisée pour calmer la
douleur des blessés. Sous prétexte de débat sur les mor-
phinomanies.

C'est pour ces raisons que je ne souhaite pas évoquer
plus longuement la question du cannabis thérapeutique.
En tout cas, pas après avoir débattu ici des méfaits possibles de l'usage dit « festif ». Les deux sujets doivent être
différenciés. Dans un cas comme celui du cannabis, illicite, nous sommes dans une réflexion sociale, politique et
médicale. Une réflexion d'addictologie. Dans l'autre cas,
celui du cannabis thérapeutique, nous sommes dans une
recherche pharmacologique et thérapeutique. Réflexion
froide, sérieuse et comparative par rapport aux médicaments déjà existants et aux bénéfices thérapeutiques
éventuellement ajoutés. Une recherche qui, pour avancer
et susciter un intérêt envers les patients en souffrance,

ne doit surtout pas être parasitée par des arrière-pensées « fumeuses ».

Comme nous l'avons expliqué précédemment, le cannabis est la drogue privilégiée des adolescents. Dans ce sens, si vous, parents, vous apercevez que votre enfant en consomme régulièrement ou intensivement, aidez-le plutôt que de lui faire la guerre. Ne dramatisez pas, mais ne lui donnez pas, pour autant, l'impression de vous désintéresser de la situation ou de la tolérer. Amenez-le à consulter en lui expliquant que le cannabis est une substance psychoactive qui entraîne des modifications de conscience et de vie.

Si vous sentez que votre enfant est ouvert à la discussion, ne vous engagez pas dans de grandes théories dont les objectifs futurs ne remueront rien dans son esprit. Parlez-lui en tenant compte de son âge. Souvenez-vous que son cerveau n'est pas encore celui d'un adulte !

3

Tabac : petit plaisir immédiat contre grand risque futur

Mon oncle, grand résistant, était un grand fumeur. Pendant des années, après la Seconde Guerre mondiale, il sillonna toutes les routes de France dans sa Citroën, seul, avec vingt à quarante cigarettes libérées de leur paquet, à portée de main. Près de lui, sur le siège du passager. À la place du mort !

Les kilomètres passaient, il fumait. Les années passaient, il fumait. À 50 ans, il cessa de travailler et les cigares remplacèrent les cigarettes. Il commença à tousser. Puis à cracher. Chaque matin.

Il me demanda un jour si je pouvais l'aider à arrêter de fumer et, surtout, à ne plus cracher du sang...

Il mourut à 63 ans.

Métastases pulmonaires, osseuses, hépatiques et cérébrales.

Quand je pense à lui, le cow-boy de Marlboro me paraît peu viril.

Pourtant, le tabac eut raison de ce résistant.

Le tabac tue. C'est écrit sur tous les paquets aujourd'hui. Il tue vraiment. Pas immédiatement, mais salement et sûrement. À petit feu, évidemment. Une chance sur deux d'y passer trente ans après ses premières cigarettes ! Plus on fume tôt, plus on fume longtemps, plus les risques augmentent. La dangerosité est donc davantage liée à la durée de consommation en années qu'à la quantité consommée. Autrement dit, le risque est plus grand de mourir du tabac en fumant 10 cigarettes par jour pendant trente ans (soit 109 500 cigarettes au total, ou environ 110 kg de tabac) que 20 cigarettes par jour pendant quinze ans (soit toujours 109 500 cigarettes et 110 kg de tabac) !

Ceux qui espéraient fumer peu (10 cigarettes par jour par exemple) mais longtemps, font un mauvais calcul.

Selon l'OMS, le tabagisme deviendra en 2020 la première cause de mortalité dans le monde (environ 10 millions de décès par an). Actuellement en France, on estime à 66 000 le nombre de décès attribuables chaque année à l'abus chronique de tabac. Ils correspondent à 59 000 morts chez les hommes et 6 000 chez les femmes. L'épidémie de tabagisme chez les femmes françaises étant relativement récente, il est tristement prévisible de voir cette inégalité-là disparaître et le cancer du poumon devenir dans quinze à vingt ans aussi fréquent chez la femme que le cancer du sein. La part de décès par tabagisme passif risque aussi d'augmenter notamment chez les enfants dont les deux parents fument.

En ce début de XXIe siècle, le tabagisme commence de plus en plus tôt : environ un tiers des jeunes (entre 18 ans et 24 ans) sont des fumeurs réguliers (plus de 10 cigarettes par jour) et ce, malgré deux lois antitabac (la loi Veil en 1975 et la loi Evin en 1991).

C'est vers l'âge de 11, 12 ans en moyenne que se consomme la première cigarette. La proportion d'adolescentes qui fument régulièrement se rapproche de celle des garçons (30 % contre 35 %). Grâce à d'habiles campagnes de promotion des industriels du tabac, le tabagisme n'est plus l'apanage des hommes et des adultes !

Pour pouvoir continuer de tuer avec profit, les industriels du tabac n'ont pas mégoté sur le marketing afin de mettre leur produit en contact avec de plus en plus de monde et de plus en plus de femmes et de jeunes.

Tous ceux qui se voulaient virils en fumant avaient déjà été conquis par le cow-boy de Marlboro et le sponsoring actif des puissants bolides de Formule 1. Tous ceux qui voulaient être des hommes, des vrais, ne pouvaient que fumer et attraper les bolides au lasso, la clope au bec.

Mais comment séduire femmes et adolescents ?

Pour améliorer l'image de la femme fumeuse, rien de tel que s'appuyer sur l'émancipation féminine et payer des mannequins pour déambuler, sûres de leur beauté, de leur assurance, une cigarette aux lèvres dans les rues de Manhattan. L'idée était simple : fumer rendait belle. Les actrices de cinéma (Greta Garbo et surtout Marlene Dietrich) furent très bien utilisées... un nuage de fumée entourait leur fume-cigarette d'une sensualité vaporeuse... Le lancement de la cigarette légère, une quinzaine d'années plus tard, finit d'attirer la clientèle féminine. Une cigarette « light » ou « ultra-light », légère comme une plume de magazine de mode, qui ne risquait pas de rendre dépendante et donc de faire grossir en cessant de fumer !

Le génie sans scrupule des promoteurs de cigarettes ne s'arrête pas là. Il est vertigineux lorsqu'il s'agit d'attirer de plus en plus de jeunes en les rendant précocement dépendants, afin de s'assurer une clientèle fidèle et passive entre 30 et 50 ans. La méthode est simple : on achète bien les chameaux, et Camel devint en une décennie la cigarette des jeunes. Un marketing impeccable qui parle d'une manière décalée aux ados et va même jusqu'à leur proposer des paquets de dix pour éviter qu'ils ne tapent dans leur argent de poche. Un véritable deal de proximité sympa et compréhensif... à l'échelle planétaire.

Si la prévention se veut efficace, elle ne doit pas simplement interdire les mini-paquets ou la publicité en France, elle doit diminuer l'attractivité de ces décennies d'images si fortement ciblées et vendeuses. La prévention programmée en milieu scolaire est efficace : se brosser les dents et attacher sa ceinture de sécurité, par exemple, sont devenus aujourd'hui des gestes évidents. Cette prévention doit être aussi capable de ridiculiser le chameau, le cow-boy et Lauren Bacall... Il nous faut faire des clins d'œil sympathiques et pas seulement répressifs à la jeunesse. Proposer aux adolescents une campagne sur le souffle de la vie ou la gestion du patrimoine santé est un truc de vieux. Pour être efficaces contre le tabac, il nous faut être plus créatifs, faire preuve de plus d'imagination... Qui inventera l'anti-chameau ? Peut-être la MILDT (Mission interministérielle de lutte contre les drogues et les toxicomanies) qui, si elle parvient à diminuer l'attractivité du tabac, diminuera dans la foulée l'attrait pour le cannabis fumé. L'Observatoire national du tabac, peut-être, qui donne de plus en plus la parole aux jeunes et diffuse leurs dessins dans les quotidiens nationaux. Ou bien la Journée mondiale contre le tabac, si elle devenait quotidienne, ou encore le paquet à 20 euros...

En attendant, des milliards de cigarettes sont produites chaque année dans le monde.

Toutes tuent, quels que soient leur forme, leurs composants, leur dénomination. Légères ou ultra-légères, avec ou sans filtre, blondes ou brunes, cigarillos ou cigarettes fines, mentholées, anisées ou roulées. Les masques se diversifient, changent, mais le carnaval morbide reste le même. Celui d'un *serial killer* boulimique, capable de tuer 35 millions de personnes par an dans le monde.

À l'exception de l'infarctus cardiaque qui tue un fumeur

rapidement et proprement, les modalités des assassinats sont sans pitié. Le pneumologue que je fus à la fin de mon internat parisien, dans les services des professeurs Jacques Chrétien et Philippe Even à Laennec, et du professeur Lissac, en réanimation à Boucicaut, peut le confirmer : c'est une mort lente et douloureuse que provoque le cancer bronchopulmonaire !

Même mon oncle n'y a pas résisté ! Pourtant, il n'avait peur de rien. Ni des Allemands, ni des lions, ni de sa femme, ni des impôts. Il était un roc de rire et de vie, jusqu'à l'évolution de son cancer pulmonaire et des métastases qui commencèrent à ronger son foie, ses os et son cerveau. Cet homme de 130 kg subit une chirurgie thoracique, l'ablation d'un poumon, plusieurs chimiothérapies vomitives et des radiothérapies épuisantes, sans jamais se plaindre. Parfois, il disait regretter de ne pas savoir naviguer sinon il aurait peut-être fait comme Jacques Brel. Mais, piètre marin, malgré des années d'aviron, il avait accepté le radeau de la méduse hospitalière en espérant vaincre le crabe. Son combat fut un échec et il mourut en pesant le quart de son poids initial. Dans un dernier flot de sang bronchique.

Les autres cancers dus au tabac – aggravés fréquemment par l'abus d'alcool – ont aussi leur terrible évolution : cancer ORL ou cancer de la gorge qui conduisent parfois à des amputations maxillaires plus mutilantes que celle entraînée par l'explosion d'une mine antipersonnel, cancer de l'œsophage qui impose de se nourrir directement par une sonde dans l'estomac, cancer de la vessie qui rend infernale, voire impossible chaque miction.

Il existe un autre versant sombre du tabac : la bronchite chronique et l'insuffisance respiratoire chronique, responsables de 11 000 décès par an. Sonde à oxygène ou trachéotomie qui transforment le quotidien en une lente agonie. Un quotidien où le moindre geste, la moindre phrase trop longue asphyxient... jusqu'au dernier souffle...

Alors, même s'il ne suffit pas de se dire que le tabac tue pour ne pas fumer, essayons au moins de comprendre comment et pourquoi il tue.

Avant toute chose, il est indispensable de savoir que fumer une drogue (quelle qu'elle soit) est le mode d'administration le plus rapide. Beaucoup plus nocif, beaucoup plus rapide, beaucoup plus fort que l'injection même par voie veineuse ou le « sniff » par voie nasale.

La fumée inhalée avec la cigarette parcourt l'autoroute bronchique à toute allure pour passer dans le sang à travers les alvéoles des poumons. La nicotine est rapidement absorbée. Elle est propulsée par la partie gauche du cœur vers les artères carotidiennes et le cerveau, provoquant un « effet flash » à son arrivée. Entre l'inhalation, la première bouffée et l'arrivée au cerveau de la substance, il s'est écoulé moins de dix secondes. Deux fois plus rapide qu'un shoot par voie veineuse, la cigarette est plus forte qu'une seringue de nicotine. Plus les shoots de nicotine se répètent, plus les récepteurs se multiplient et, dans le même temps, deviennent de moins en moins sensibles. Après quelques années, la quantité de nicotine nécessaire à ces récepteurs se stabilise et le fumeur trouve sa consommation de croisière qu'il gardera le plus souvent toute sa vie.

Si la nicotine agit aussi rapidement, c'est parce que notre cerveau possède un grand nombre de récepteurs sur lesquels elle peut venir se fixer au niveau d'une région liée au plaisir, le noyau accumbens. Ce noyau fait partie d'un ensemble de structures cérébrales, reliées entre elles, qui constituent le circuit de la récompense. Il définit à chaque instant l'état de satisfaction physique et psychique de l'individu et est activé par la libération de dopamine.

La dopamine ! Voici peut-être le mot-clé qui permettra

de comprendre pourquoi tant de fumeurs ressentent une telle sensation de plaisir en « tirant sur leur cigarette ». Certains ont surnommé la dopamine « la molécule du plaisir ».

Comme nous l'avons expliqué précédemment, le cerveau humain contient des neurones à dopamine (ou neurones dopaminergiques) impliqués dans le contrôle des conduites affectives et des émotions, dont le plaisir. Quel que soit le produit consommé (tabac, alcool, cocaïne, médicaments comme les tranquillisants, héroïne, cannabis, ecstasy), il détourne à son profit des cibles destinées à accroître la libération ou la concentration de dopamine. Ce qui explique non seulement le plaisir éprouvé lors de chaque prise de drogue mais aussi le besoin irrépressible de consommer afin de continuer à éprouver les effets stimulants, euphorisants et hédoniques.

Dans le cas du tabac, les premières bouffées de cigarette inhalées provoquent une sensation de récompense immédiate et forte, ce qui donne à cette substance un pouvoir addictogène important. Les fabricants l'ont vite et bien compris en essayant de raccourcir le délai entre l'absorption et l'arrivée de la substance au cerveau. Dès 1965, Marlboro faisait progresser le potentiel addictif du tabac en ajoutant de l'ammoniaque dans la cigarette. La fumée rendue plus alcaline libérait ainsi plus vite la nicotine et celle-ci pouvait arroser les cibles du cerveau en sept secondes.

Le tabac est donc une drogue dure au sens addictif du terme, une drogue qui accroche. Pourtant, ce produit est très rarement vécu comme tel, surtout au début de son usage. La raison est simple : le tabac ne « défonce » pas. Il ne modifie pas le comportement social du fumeur. Il ne modifie pas non plus sa conscience, sa relation avec autrui et sa perception du monde environnant, tout en

étant capable d'apporter de la détente ou du soulagement.

Il est en cela bien différent de toutes les autres substances qui, elles, méritent pleinement leur appellation de
substances psychoactives tant elles modifient rapidement
la vie interne psychique et relationnelle de l'usager. La
consommation de tabac n'a aucune conséquence psychiatrique immédiate notable, à l'exception d'effets psychologiques à moyen terme : anxiolytique, antidépresseur et
anorexigène (coupeur d'appétit). Plus contestables pour
certains : les effets dynamisants, propices à la concentration, la mémoire et la vigilance.

Mais une chose est claire, cette substance devient
« psychiatriquement » dangereuse le jour où l'on décide
de ne plus y toucher ! Et là débute une avalanche de
désagréments plus ou moins importants : humeur dépressive, insomnie, irritabilité, sentiment de frustration,
colère, anxiété, difficulté de concentration, fébrilité, augmentation franche et continue de l'appétit, prise de
poids... Les conséquences psychiatriques de la dépendance
au tabac ne se révèlent donc vraiment qu'en cas... de
sevrage ! Injustice des injustices : le fumeur chronique,
bon vivant, travailleur, généreux et optimiste, agréable à
vivre pour son entourage, va se transformer à l'arrêt du
tabac soit en un dépressif égocentrique et insomniaque,
soit en un monstre d'irritabilité dont la prise de kilos
deviendra un sujet familial tabou !

La force, la profondeur de certaines des dépressions
liées au tabac est comparable à mes yeux aux vertiges des
dépressions postamphétaminiques – même si leur installation est beaucoup moins rapide. Si, en plus, le fumeur
a décidé de faire « la totale » en arrêtant le café, le chocolat noir, les boissons alcoolisées et les bons repas (tous
susceptibles de stimuler l'appétence pour le tabac), il ne
faudra surtout pas oublier de préciser à la famille de ce

futur ex-fumeur de lui parler très gentiment et de prévoir de belles vacances, si possible ensoleillées et prolongées, au bord de l'océan Pacifique.

Faut-il pour autant affirmer que tous les fumeurs sont des dépressifs qui s'ignorent ?

Certaines études révèlent, en effet, que 80 % des déprimés avérés sont des fumeurs et qu'il existe 3 à 4 fois plus d'antécédents dépressifs chez les tabacodépendants que chez les non-fumeurs.

En ce qui concerne le premier point (80 % des déprimés fument), cela laisse peu de place à l'idée d'un fort pouvoir antidépresseur du tabac. Ce produit n'aurait donc qu'une efficacité partielle : la grisaille de l'humeur serait limitée le temps de la consommation, la dépression ressurgissant entre les prises ?

L'incertitude de la réponse reste entière même si un médicament initialement testé comme antidépresseur (le bupropion ou Zyban) a trouvé sa place dans le sevrage tabagique en diminuant sans effort l'envie de fumer chez 30 % des accros à la cigarette traités par cette molécule.

Certains mauvais esprits, si peu scientifiques, pourraient aussi rappeler que l'un des plus grands succès médicamenteux de ces dernières années, le Viagra, a été découvert alors qu'il était testé comme antidépresseur. Faut-il en conclure que 80 % des déprimés souffraient de troubles de l'érection ou qu'il existait 3 à 4 fois plus d'antécédents dépressifs chez les impuissants que chez les « puissants » ?

Alors, pourquoi le tabac, considéré pourtant comme une drogue douce, change-t-il à ce point de visage lorsqu'on décide de l'arrêter ? Pourquoi, au bout de quelques semaines de consommation, le fumeur devient-il dépendant ? Pourquoi les traitements de substitution (patchs, gommes, etc.) n'ont-ils qu'une efficacité partielle, à savoir chez seulement 30 % des personnes traitées ?

Avant de répondre à ces questions, je tiens à ouvrir une parenthèse sur les traitements de substitution. En tant qu'addictologue aujourd'hui, mais surtout en tant que médecin ayant eu à se battre pour imposer, avec d'autres collègues et amis, les traitements de substitution aux opiacés en France dès la fin des années 80, pour n'y parvenir qu'à partir des années 1993-1994, je ne cesse de m'étonner de la différence d'acceptation médicale, politique et sociale concernant les traitements de substitution de l'héroïnodépendance d'un côté (méthadone, buprénorphine), et de la tabacodépendance (patchs, gommes, sprays ou comprimés à la nicotine, etc.) de l'autre. Donner un médicament comme la méthadone (expérimentée et évaluée depuis le début des années 60, aux USA et au Canada) pour traiter l'héroïnodépendance revenait, purement et simplement, à « donner de la drogue aux drogués ». Cela transformait les médecins prescripteurs en « dealers en blouse blanche ». En revanche, prescrire des gommes, des patchs de nicotine ou autres traitements de substitution, ne posait aucun problème. Si cette incroyable inégalité de jugement sur des concepts thérapeutiques proches s'était seulement expliquée par une réelle différence de dangerosité secondaire [1], cela aurait été légitime. Non, c'était le principe thérapeutique lui-même qui était mis en cause : on sèvre un héroïnomane, on ne lui prescrit pas un traitement de substitution ! À l'inverse, un fumeur de tabac, lui, peut en bénéficier et ainsi, être aidé à guérir.

Pour les politiques et le grand public, l'adhésion à des traitements de substitution à la nicotine ne fait pas

---

1. Nous ne pouvons comparer, en terme de dangerosité d'abus, les patchs à la nicotine et la méthadone, mais les médecins sont habitués à utiliser des médicaments « à risque », comme l'insuline, les anticoagulants ou les antiarythmiques cardiologiques quand la gravité de la maladie l'impose.

débat : ils ont raison ! Mais ils auraient pu avoir tout autant raison bien plus tôt pour les traitements de substitution à l'héroïne.

Refermons la parenthèse et revenons au problème de la difficulté de décrocher du tabac.

Nous le lisons aujourd'hui sur tous les paquets : fumer tue. Pourtant, nous continuons à consommer, malgré l'augmentation du prix, malgré les mises en garde. Non sans une certaine culpabilité, non sans une certaine crainte car notre cerveau humain est ainsi fait.

Face au danger futur, il est bien démuni. Même à l'âge adulte, il tend à l'immédiateté. Entre prendre du plaisir avec le tabac tout de suite ou souffrir après-demain de la pire des manières, le cerveau choisit mal : il choisit la cigarette à portée de main, la bouffée enflammée et veut ignorer, repousser la menace. La bataille du soulagement immédiat contre le risque futur, même effroyable, est menée par notre cerveau avec un optimisme invraisemblable ! Le « on verra demain, le pire n'est jamais certain » nous coûte cher ! L'optimisme n'est pas seulement l'opium des cons, il est simplement humain dans son immédiateté. Pour le cerveau, le futur est moins important que le présent. Et le présent symbolise la relaxation, la détente, l'apaisement de la cigarette. Un apaisement capable de minimiser sérieusement les méfaits probables de demain, surtout quand demain est dans dix, vingt ou trente ans.

Il faut savoir que le tabac est, avec l'héroïne, l'une des drogues qui accroche le plus. Pourtant, combien de fois avons-nous entendu dire qu'il suffisait de vouloir (arrêter) pour pouvoir ou, pire, qu'il suffisait d'un zeste de motivation ! Je le dis et le répète : les circuits de l'addiction, de la dépendance, de la récompense et de la mémoire du plaisir n'ont plus rien à voir avec la volonté. Comment accepter le discours de certains médecins spécialistes du tabac quand ils évoquent la motivation comme point de départ à l'arrêt de ce produit ? Comment refuser un suivi ou un traitement à ceux ou celles qui entrent dans un cabinet médical en osant préciser : « Je viens pour arrêter la cigarette parce que je sais que c'est nocif, mais je n'en ai pas envie », en d'autres termes, à ceux ou celles que les évaluations font entrer dans la catégorie « pas assez motivés ». J'ai connu cette période, au début de l'épidémie de sida, durant laquelle certains spécialistes en toxicomanie nous expliquaient qu'il fallait évaluer la motivation du malade à arrêter sa consommation d'héroïne. Ils la testaient par des rendez-vous à répétition, à distance, si possible tôt le matin, avec le psychologue, l'assistante sociale, puis l'infirmier. Si le patient résistait à un tel « écrémage », il obtenait enfin le droit de voir le médecin susceptible de lui offrir l'accès à une hospitalisation.

L'histoire a révélé les limites sadiques de ce système : seuls étaient pris en charge les plus obéissants. La grande majorité des toxicomanes, tous ceux qui tardaient à faire vœu d'abstinence n'étaient jamais hospitalisés. Autant leur dire : « Soignez-vous, nous ferons le reste. »

Peut-on accepter une telle approche en addictologie, voire en médecine ?

Je pense que le fumeur non motivé mérite deux fois plus d'attention que le « parfait » futur ex-fumeur très motivé. Je pense que la motivation que nous évoquons n'est pas celle des patients, mais celle des médecins. Face à une absence de motivation du tabacodépendant, c'est au médecin ou à tout autre intervenant sanitaire d'être motivé pour deux !

Même constat pour la volonté. Pourtant, nous avons tous autour de nous des proches qui ont arrêté « du jour au lendemain », qui ont écrasé leur dernière cigarette, jeté cendriers et briquets, et qui n'ont jamais « replongé ». Quelle infime minorité représentent-ils ? Ne serait-il pas utile de se pencher sur les causes miraculeuses d'un arrêt si brutal ? Deux raisons principales se détachent. La première est celle de la maladie grave : infarctus du myocarde, cancer du poumon, accident vasculaire cérébral ou insuffisance respiratoire aiguë. Le « ça n'arrive qu'aux autres » est dénoncé avec douleur et traumatisme chez le fumeur atteint. Son existence est menacée. Son cerveau de survie prend le dessus sur le petit cerveau reptilien et lui intime l'ordre de taire sa mémoire du plaisir. Le fumeur en danger n'a plus le choix. Plus exactement, il ne lui reste qu'une alternative : vivre encore ou mourir rapidement. Le bateau coule, il faut plonger dans l'eau froide du sevrage pour vivre.

La seconde situation est réservée aux futures mères. Sont-ce les bouleversements hormonaux, les millénaires de réflexe de protection, d'instinct maternel ? Hors de question d'intoxiquer son fœtus. La femme enceinte est toute-puissante, impériale en sa grossesse. Elle peut tout et elle fera tout. Elle arrêtera de fumer pendant neuf mois, et, souvent, reprendra sa première cigarette quand son bébé, son bébé à elle, dormira tranquillement dans sa chambre fermée pour ne pas laisser passer la fumée.

Hélas, ces situations extrêmes, ô combien bouleversantes, de menace de mort imminente ou de promesse de vie merveilleuse ne suffisent pas chez toutes et tous à provoquer l'arrêt du tabac. De grands malades fumeront par l'orifice de leur trachéotomie ou à côté de leur bouteille d'oxygène, de futures mamans continueront de fumer jusqu'au terme de leur grossesse...

Si le tabac reste l'une des substances les plus douloureuses à abandonner, c'est parce qu'il crée plusieurs formes de dépendance. Toutes plus ancrées les unes que les autres dans la vie du sujet.

Une dépendance physique, psychologique, comportementale, mais aussi gestuelle.

Commençons par la dépendance physique. Jusqu'à aujourd'hui, la nicotine était pointée du doigt comme seule et unique responsable de notre attachement à la cigarette. La substance addictive dans toute sa splendeur ! Pourquoi pas ? Comment expliquer alors la grande proportion d'échecs des traitements de substitution nicotinique (70 % environ, alors qu'un traitement de l'héroïnodépendance par un médicament de substitution comme la méthadone n'échoue que dans 20 % des cas) ? S'il suffisait d'un patch à la nicotine pour ne plus être accro au tabac, ça se saurait ! Les traitements de substitution à la nicotine existent sous de nombreuses formes d'administration : patchs, gommes à mâcher, comprimés sublinguaux, sprays ou inhalateurs. Le problème ne réside donc pas dans le mode d'administration.

Nous pourrions, bien sûr, incriminer les insuffisances de posologies ou la durée de traitement, néanmoins une autre hypothèse doit être soulevée : et si les traitements de substitution à la nicotine se révélaient peu efficaces, même en apportant au cerveau toute la nicotine nécessaire, tout simplement parce que la plupart des fumeurs sont dépendants d'autres substances addictives contenues dans la cigarette ?

Le professeur Jean-Paul Tassin, neurobiologiste au Collège de France, admettait en décembre 2001 : « Jusqu'à aujourd'hui, le discours officiel consistait à donner à la nicotine l'entière responsabilité de la dépendance au tabac. Or, en privé, de plus en plus de gens reconnaissent que la nicotine est peu addictive... »

Dans le même numéro de *Science et Vie*[1], le président de la Société de tabacologie de l'époque, le professeur Robert Molinard, partageait cette crainte : « Toutes les recherches sur la dépendance au tabac se focalisent sur la

---

1. *Science et Vie*, n° 217, décembre 2001.

nicotine, alors que l'addiction provoquée par la cigarette entière est terriblement supérieure à celle provoquée par la nicotine seulement. »

Ces propos pourraient donc bien expliquer l'insuffisance d'efficacité du sevrage tabagique avec les substituts nicotiniques.

En effet, si l'on soulève l'écran de fumée, on s'aperçoit que la dépendance tabagique ne repose pas sur les seules particularités pharmacologiques de la nicotine. Il apparaît de plus en plus clairement que d'autres substances contenues dans la fumée du tabac tout comme les effets sensoriels (chaleur, odeur, etc.) participent aux mécanismes d'addiction. Ainsi, en plus de la nicotine, des goudrons et du monoxyde de carbone, la cigarette contient plus de quatre mille gaz et substances irritantes, inflammables, toxiques, cancérigènes ou même... radioactives, comme le nickel et le plutonium. En se consumant, le tabac libère donc ces nombreuses substances auxquelles s'ajoutent les produits de combustion des additifs (ces composants savamment introduits dans la cigarette, soit pour accroître la dépendance nicotinique, soit pour améliorer le goût).

Aujourd'hui, aucun traitement de substitution aux gaz, au nickel ou au plutonium n'a encore été découvert...

De plus, s'il suffisait de régler le problème de la dépendance physique (pharmacologique) pour pouvoir décrocher du tabac, la difficulté serait moindre. Ce qu'il y a de plus insidieux avec la cigarette, c'est la dépendance comportementale. La cigarette, l'amie intime et fidèle, présente à tous moments de notre vie. Pour le pire et le meilleur. Elle nous apaise quand nos pensées sont trop lourdes à porter, nous accompagne lors d'un événement heureux, nous aide à communiquer, comble l'ennui... Elle est associée à chaque geste, à chaque moment de notre quotidien. Le fumeur s'habitue à gérer sa vie avec sa cigarette.

En pratique clinique, les patients parlent volontiers de leurs « cigarettes préférées ». Celles qui, dans leur esprit, seront les plus difficiles à éliminer : la cigarette du lever, de l'après petit déjeuner, la cigarette du café, la première que l'on fume en arrivant au bureau, celle qui donne du courage pour travailler, celle que l'on prend dès que le téléphone sonne, la cigarette qui récompense après avoir bien travaillé, celle que l'on fume après l'amour (qui renforce la sensation de bien-être de la jouissance physique et de ses petites morphines cérébrales), etc.

Toutes ces cigarettes « associées » à des conduites dopantes, des conduites de récompense ou des conduites de renforcement de plaisir sont difficiles à abandonner.

Je peux toutefois vous rassurer : toutes vous manqueront ou aucune ! Si le traitement est bien conduit, « l'envie » de fumer disparaîtra. Les cigarettes préférées s'éteindront et s'oublieront aussi facilement que les autres.

Dernier point enfin : la gestuelle. Lorsqu'on interroge les fumeurs sur les motifs de leur tabagisme, presque tous soulignent leur attachement à la gestuelle du tabac. Ils associent le fait de fumer à leur façon de se présenter et de se comporter en public.

Difficile alors de trouver un remède miracle, capable de pallier tous ces manques en même temps...

L'arrêt du tabac est un déménagement qui fait peur et qui n'en finit pas. Pénible. Fatigant. Stressant et déprimant pour ceux qui craignent d'abandonner à tout jamais un lieu de vie, une période heureuse. Ils déménagent à reculons. Certes, le « nouvel appartement » est mieux aéré, moins pollué, plus propre, moins jaunâtre. Mais comment oublier l'« ancien appartement », celui de leur jeunesse, de leur insouciance, de leurs plaisirs sans crainte ? Ils songent, déjà, à y revenir. D'ailleurs, leurs copains fumeurs sont tous restés dans le quartier...

Ce sera à l'addictologue, au médecin, au psychologue, au comportementaliste, d'inverser ces craintes et ces lectures. De diminuer la peur. D'injecter un présent finalement pas si pénible et un avenir souriant, en lieu et place des milliers de molécules tueuses. De retrousser ses manches de professionnel, de mouiller son ordonnance et de donner du temps et un bon coup de main pour ce sacré déménagement qui ne se fera pas en un jour. Ou alors ce sera le jour le plus long et le déménagement se changera en débarquement pour une très belle libération.

Premier temps du traitement : le diagnostic !
Le diagnostic de dépendance doit parler au patient et « coller » à ce qu'il vit :

✔ Fume-t-il (beaucoup) plus ou depuis (beaucoup) plus longtemps qu'il ne l'avait initialement prévu ?

✔ Fait-il des efforts infructueux pour diminuer ou contrôler sa consommation, avec un désir persistant de fumer ?

✔ Ressent-il des signes de sevrage quand il arrête de fumer, des signes de manque tels que : agitation, frustration, insomnie, irritabilité, colère, faim continue, difficultés de concentration et de motivation, humeur dépressive, anxiété, etc. ?

✔ Augmente-t-il sa consommation quand il veut trouver des effets renforçants, notamment dans des situations de stress ou d'hyperactivité ?

✔ Continue-t-il à fumer malgré la certitude de conséquences négatives pour sa santé ?

✔ Réduit-il ses activités sociales ou ludiques (notamment la pratique sportive, les cinémas ou les restaurants non-fumeurs, les voyages en avion) à cause du tabac ?

✔ Passe-t-il de plus en plus de temps à fumer ou à se procurer ses cigarettes, notamment en étant capable de faire des kilomètres à minuit pour aller en chercher ?

Si la réponse est positive à 3 de ces 7 questions, le diagnostic de dépendance est certain. La plupart de mes patients répondent positivement à au moins 6 des 7 questions...

Certains me précisent qu'ils se réveillent deux à trois fois par nuit pour fumer. D'autres avouent qu'ils ne prennent pas la première cigarette de la journée après le petit déjeuner (souvent réduit à une tasse de café) mais bien avant. Quelques-uns ne parlent plus en paquets mais en cartouches (« une cartouche me fait quatre jours, cinq en vacances... »).

Les évaluations scientifiques de la gravité de la dépendance reposent sur la mesure du taux de monoxyde de carbone expiré par le fumeur ou sur la concentration de nicotine dans les urines. Ces mesures sont surtout utiles pour montrer au fumeur l'évaluation positive, l'amélioration chiffrable et objective de son état quand il fait d'immenses efforts pour arrêter. Une façon de l'encourager un peu...

Et soutenir son patient, l'encourager, le féliciter n'est pas inutile, loin de là, tant, nous l'avons dit, les traitements de substitution à la nicotine ne sont pas toujours suffisants, tant l'humeur est grise ou irritable, tant les kilos commencent à gêner ou à inquiéter (plus le tabagisme est important plus la probabilité de surcharge pondérale est à prévoir lors du sevrage).

Quelques précisions peuvent aider :

✔ Le patient ne peut attendre des patchs, des gommes ou des comprimés l'effet shoot ultrarapide qu'il obtenait avec les cigarettes.

✔ Fumer une cigarette quand on est « patché », n'est pas dangereux. L'industrie du tabac avait fait paraître dans un journal new-yorkais, en 1992, de fausses rumeurs sur les risques élevés des patchs à la nicotine.

✔ Si c'est nécessaire et bien toléré, il vaut mieux mettre deux patchs fortement dosés en même temps qu'un patch insuffisamment dosé. C'est au fumeur de trouver la posologie qui lui convient.

✔ Il n'y a pas d'urgence à diminuer ou à enlever les patchs, sauf, bien sûr, quand ils sont à l'origine d'effets secondaires négatifs (brûlures, nausées ou céphalées).

✔ L'association des traitements oraux avec des patchs est possible et peut répondre aux besoins les plus impérieux : gommes à mâcher (à 2 mg ou 4 mg), pastilles à sucer (Niquitin 2 mg ou 4 mg) ou inhalateur (cartouche de 10 mg qui entraîne une absorption orale rapide... et non une absorption pulmonaire comme beaucoup de patients le croient en inhalant ce produit). Le choix de la forme orale là aussi revient au patient.

✔ Plusieurs formes orales peuvent être associées.

Le Zyban (bupropion) est un traitement original dans le sevrage du tabac : il diminue à la fois l'envie et le besoin de fumer. Cependant, ce médicament a presque la même structure moléculaire que l'ampréfamone, une amphétamine retirée du marché français (comme toutes les amphétamines) il y a quelques années. De ce fait, le Zyban, comme les amphétamines jadis, peut entraîner des déstabilisations et des agitations psychiatriques graves. L'une de mes premières prescriptions de bupropion concerna le fils de l'un de mes amis, directeur d'un hôpital parisien. Quand il éleva la posologie quotidienne à deux comprimés, comme cela lui était conseillé, cet homme de 30 ans, cadre supérieur des plus respectable et responsable, sans antécédent psychiatrique connu, devint incontrôlable. Une nuit, son père m'appela pour me demander une prise en charge d'urgence de sa progéniture qui l'insultait et le menaçait des pires atrocités ! L'arrêt du bupropion permit de retrouver un fils prodigue et civilisé. Il resta cependant consterné par l'état psychique dans lequel il s'était retrouvé et par les insanités qu'il avait proférées... à cause de ce médicament. Depuis ce jour, outre le fait de voir moins souvent mon ami directeur d'hôpital, je ne prescris plus le Zyban qu'à un comprimé par jour ou alors je préviens longuement le patient et ses proches des possibles effets psychiatriques secondaires. De plus, je m'abstiens d'une telle prescription en cas d'antécédents de cocaïnomanie, d'abus d'alcool et a fortiori d'usage d'amphétamines.

Malgré ces précisions et ces précautions, malgré une approche comportementaliste ou un soutien psychologique associé à l'approche pharmacologique, je trouve l'ensemble des résultats du sevrage tabagique encore peu satisfaisant. Le succès commercial récent, et forcément transitoire, de méthodes pour arrêter de fumer, de coaching ou de stages de pensée positive est d'ailleurs tristement indicateur de nos insuffisances thérapeutiques actuelles. Quand la médecine propose des traitements efficaces, les méthodes « miracles » tendent à disparaître. De nouveaux médicaments doivent d'ailleurs arriver. Il le faut. L'un des plus prometteurs est le Rimonabant. Ce médicament, inhibiteur des récepteurs des cannabinoïdes, devrait permettre d'arrêter de fumer sans grossir ou si peu. Bonne nouvelle pour les tabacodépendantes...

L'addiction au tabac bénéficie, en théorie, d'un nombre de traitements pharmacologiques exceptionnels par rapport aux autres addictions : nicotine sous toutes ses formes ou presque, pour lutter contre le besoin, et bupropion pour combattre l'envie. Ils permettent de bons résultats dans un quart à un tiers des cas selon les études. Pour un individu dépendant, il est décevant de savoir que l'échec est 2 ou 3 fois plus probable que la réussite. Mais en termes de santé publique, cela représentera 15 000 à 20 000 vies sauvées par an.

4

Médicaments :
le dopage au quotidien

D'un côté, un peuple réputé pour son art de vivre, son goût pour la bonne chère, son romantisme et son amour de la liberté. De l'autre, le plus grand consommateur mondial de médicaments (tranquillisants, somnifères, antidépresseurs et stimulants).

Ce peuple est, bien sûr, le même. Celui des descendants d'Astérix (qui avait besoin de potion magique) et d'Obélix (qui n'en avait pas besoin puisque – comme chacun sait – il était tombé dedans quand il était petit...).

Notre lointaine et hypothétique filiation avec ces sympathiques Gaulois suffit-elle à expliquer notre penchant pour les nouvelles potions magiques ? Est-ce dû à notre peur ancestrale que le ciel de l'angoisse, de la mélancolie ou de l'insomnie nous tombe sur la tête ? Nos fières racines méditerranéennes, entremêlées depuis peu à une folle culture de la « gagne », nous incitent-elles à nous « doper » pour éviter la fatigue, les incertitudes, les peines et les larmes ? Toujours est-il que nous cherchons désespérément à masquer nos faiblesses psychiques par une anesthésie cotonneuse !

Les Français sont, sans aucun doute, les champions de

la consommation de médicaments, mais suivis de près par d'autres pays. Des tonnes de psychotropes sont distribués annuellement et mondialement à des peuples différents, tous avides de tranquillité, de bonheur, de bonne humeur ou de sommeil profond. À ce rythme de vie chimique, les antidépresseurs et les anxiolytiques deviendront, dans vingt ans, les médicaments les plus vendus de la planète !

Faut-il, alors, en conclure que nous sommes tous des anxieux, des insomniaques et des dépressifs en puissance ? L'industrie pharmaceutique répond : oui. De toute façon, si nous ne le sommes pas, elle nous aidera à le devenir en nous promettant monts et merveilles pour améliorer notre moral, notre humeur et notre sommeil. Bref, notre tranquillité de vie. Elle ira même jusqu'à créer de nouvelles maladies, ou à les simplifier à l'extrême, pour que nous puissions trouver LA solution avec LE médicament du mieux-être correspondant. Inutile de perdre son temps dans de longues explorations psychiatriques ou de plonger dans une encyclopédie à la recherche des mots « asthénie » ou « névrose ». Le diagnostic est unique : nous sommes déprimés ! Oui : dé-pri-més !

Surfez sur Internet, tapez le nom d'un anxiolytique connu, vous trouverez une réponse miracle à chacun de vos problèmes. Vous dormez mal ? N'hésitez pas à en prendre un et votre sommeil sera doux et profond ! Vous avez des angoisses existentielles ? Avalez un antidépresseur et la vie vaudra à nouveau la peine d'être vécue !

En France, près d'1 adulte sur 10 se laisse volontiers tenter par les tranquillisants, les femmes 2 fois plus souvent que les hommes. Ces usages se révèlent relativement fréquents au sein des générations plus âgées : ils concernent 1 femme sur 5 et 1 homme sur 10 parmi les 55-75 ans. La proportion de consommateurs exposés au risque d'addiction avec une prise régulière est estimée à 7 %.

Antidépresseurs, anxiolytiques, hypnotiques, et autres psychotropes : ces familles de médicaments ont pesé près de 1 milliard d'euros dans les revenus des officines françaises en 2000.

Les conséquences sont graves puisque près de 128 000 personnes sont hospitalisées chaque année suite à une surconsommation de médicaments. Le professeur Bernard Roques, expert en pharmacochimie moléculaire et membre de l'Académie des sciences, déclarait à ce propos dans son rapport au secrétaire à la Santé : « Ce n'est pas parce qu'une substance est licite qu'elle ne présente aucun danger. »

Quelles sont donc ces pilules miracles qui nous font rire et dormir, ces cocktails « explosifs » qui nous rendent si performants et si heureux de vivre ?

Ce sont des médicaments psychotropes (ou psychoactifs), c'est-à-dire qu'ils agissent sur notre cerveau.

Leurs effets diffèrent selon leur composition chimique, les doses administrées, la sensibilité individuelle du patient et la catégorie à laquelle ils appartiennent.

Les plus utilisés sont :

✔ les anxiolytiques (Temesta, Lexomil, Valium, Xanax,...), prescrits pour diminuer l'angoisse ;

✔ les hypnotiques (Stilnox, Imovane, Mogadon,...), qui facilitent l'endormissement ou permettent de lutter contre les insomnies ;

✔ les stimulants (Guronsan, Modiodal,...). Ils renforcent la vigilance, favorisent la concentration et diminuent la sensation de fatigue. La plupart des stimulants sont en vente libre, à l'exception du Modiodal. Ce dernier est prescrit sur ordonnance en raison des conséquences dangereuses qu'une mauvaise utilisation ou un abus pourrait entraîner ;

✔ les amphétamines et leurs dérivés (Ritaline, Sibutral,...), qui provoquent des effets euphorisants et excitants ;

✔ les antidépresseurs (Prozac, Deroxat, Zoloft, Seropram,...), indiqués dans le traitement de la dépression. Ils corrigent les troubles de l'humeur, de l'idéal de soi et l'altérité défaillante.

Un nombre important d'individus les utilisent, avec ou sans prescription, pour faire face, le plus souvent, à des difficultés quotidiennes. Parmi eux, nous pouvons citer les personnes âgées confrontées à la solitude, les personnes exposées au stress ou traversant une épreuve (deuil, rupture, chômage, etc.). Les cadres d'entreprises sont particulièrement touchés. Le salarié désireux de réduire ses états de nervosité consomme des anxiolytiques ou des bêtabloquants. Il recourt ensuite à des excitants afin d'augmenter ses performances. Cette utilisation est suivie de la prise d'hypnotiques permettant de limiter les risques d'insomnie.

Une véritable spirale qui pousse à l'abus et à l'usage contre-indiqué. Cette pratique est semblable à celle des drogues (cocaïne, héroïne, alcool, etc.) : la vie de l'usager est centrée sur son produit et des périodes de consommation contrôlée alternent avec des périodes de besoin impérieux et de consommation excessive.

Il est souvent difficile de distinguer la recherche de l'oubli de celle du sommeil, du soulagement, de l'anxiété de la recherche de sensations voluptueuses, du plaisir de se retrouver dans un « état second », voire de l'ivresse que provoquent certains médicaments, pour comprendre les motivations des pharmacodépendants.

« Au début, on prend un comprimé, puis deux, puis trois, dans le but de maintenir une apparence, et de pouvoir donner le change en société », m'expliquait Françoise, lors d'une consultation. Tout a commencé lorsqu'elle était étudiante : « Il fallait que je tienne le rythme. J'étais embringuée dans une sorte de surenchère permanente. Entre les coupe-faim et les excitants, je passais mes journées et mes soirées à réviser mes cours tout en me bourrant de gélules. En entrant dans la vie active, j'ai gardé cette habitude. » Quelques mois plus tard, l'habitude s'est transformée en dépendance.

Le quotidien, dans sa diversité et ses difficultés, multiplie les raisons de recourir aux médicaments, devenus aujourd'hui des produits de consommation courante.

Pour résister au manque de tabac lors de vols long-courriers, une avocate, grosse fumeuse, ingurgitait du Rivotril, un tranquillisant antiépileptique. Un agent commercial, traité dans son enfance à la Ritaline (une amphétamine) pour calmer son « hyperactivité », continue d'en consommer pour « tenir ses délais ».

Les travaux sociologiques, anthropologiques ainsi que les études de santé publique ou de macroéconomie médicale se penchent, depuis plus de vingt ans, sur notre folle surconsommation de ces « molécules de l'esprit ». Les réponses proposées renvoient le plus souvent à la pression sociale et à nos conditions de vie modernes pour le moins stressantes et exigeantes. Dès le plus jeune âge, le rouleau compresseur élitiste sélectionne, promeut, exclut et désigne ses élus au nom du culte du *winner* (celui qui gagne parce qu'il « en veut »), de la réussite professionnelle (bien plus que personnelle) ou de la religion. Religion du dollar ou de l'euro « forts ». Mais aussi, religion de la beauté, de la jeunesse, du mouvement et de l'énergie de vie. De nouveaux cultes sacrés que la télévision et la publicité s'emploient à glorifier, laissant bien peu de place aux tristes, aux angoissés, aux perdants ou aux indécis du combat de la réussite à tout prix ! Le chômage ou l'inactivité, la pauvreté, la laideur, la vieillesse et la fatigue de la vie sont devenus des blessures à cacher. Un enfer à taire.

Ce que la pratique médicale nous montre est bien plus prosaïque : l'homme se rêve un destin, mais sa vie reste faite de quotidien. Et pour réduire le fossé existant entre ce qu'il voudrait être et ce qu'il est, entre ce qu'il vit et ce qu'il ambitionne de vivre, l'homme moderne cherche dans les médicaments une efficacité qu'il n'a pas ou qu'il n'aura jamais. Il me semble que, tout comme pour les autres drogues, le succès commercial actuel des tranquillisants, des somnifères ou des antidépresseurs réside dans l'illusion, la folle promesse de gommer nos difficultés ou nos limites.

Isabelle, l'une de mes premières patientes pharmacodépendantes, avait tout essayé. Le Sibutral pour ne pas avoir faim, le Modiodal pour augmenter ses performances au bureau, le Tranxène pour éviter de s'énerver sur ses collaborateurs, l'Isoméride ou l'Avlocardyl pour affronter les situations de stress, le Valium quand elle prenait le train ou l'avion, l'Olmifon pour tenir le coup quand elle sortait le soir, sans oublier les Rohypnol et Stilnox pour s'assurer une bonne nuit de sommeil.

Comme près de 6 millions de Français, cette jeune femme se dopait aux médicaments. Elle aurait pu tout aussi bien se réfugier dans un usage de drogues pour obtenir des effets stimulants ou apaisants, mais l'accès aux médicaments est beaucoup plus facile. Incontournable, voire même obligatoire. Nous avons tous, plusieurs fois dans notre vie, été victimes d'une fatigue passagère ou d'une grippe, d'une crise de foie ou d'une maladie plus importante qui nous a contraints à « faire connaissance » avec un traitement pharmacologique. Bien heureusement, pour la majorité d'entre nous, l'utilisation de médicaments demeure et demeurera strictement thérapeutique (donc ponctuelle), alors que pour d'autres, elle deviendra nécessaire pour mieux vivre. Ces derniers seront alors tentés d'aller au-delà des posologies prescrites, de détourner certains médicaments de leur usage initial ou de consommer à l'excès sans aucun diagnostic médical !

Le premier contact avec les tranquillisants ou les hypnotiques peut survenir de façon beaucoup plus précoce qu'on ne l'imagine. Une étude menée dans le XVIᵉ arrondissement de Paris montre que 7 % des nourrissons de 3 mois avalent régulièrement du Théralène (le bon vieux sirop de nos grands-mères) avant de dormir. Il est légitime de penser que ces jeunes enfants seront susceptibles de souffrir par la suite de troubles du sommeil sans leur dose nocturne...

L'intimité du cabinet médical favorise également la rencontre avec certains types de médicaments. Il arrive de plus en plus fréquemment qu'un médecin initialement consulté pour soigner un rhume, s'entende dire innocemment par son patient : « Vous n'auriez pas un petit quelque chose contre le stress, docteur ? » C'est ainsi que le Lexomil ou le Lysanxia s'inscrivent en bas de l'ordonnance. Bien que le prescripteur renouvelle les conseils de prudence (pas d'abus ni de mélange avec l'alcool), l'empreinte du comprimé se révèle si efficace sur le sommeil, l'humeur ou l'état anxieux que le cerveau intimera l'ordre de répéter les prises. Le patient risquera alors de devenir un consommateur chronique.

Les phénomènes de mode ne sont pas étrangers à la surprescription. Mode ou tendance dans lesquelles le corps médical et les patients s'égarent parfois au risque d'erreurs de diagnostic. Je m'explique : il est toujours difficile pour un médecin de ne pas prescrire « quelque chose ». Une consultation sans ordonnance est une consultation incomplète, suspecte. En l'absence de maladie mais face à la plainte dudit malade, le médecin se sentait, hier, obligé de prescrire du magnésium contre la nervosité, de l'aspirine contre les jambes lourdes ou encore des vitamines contre la fatigue. Aujourd'hui, la pression s'est déplacée sur quelques molécules devenues incontournables : le Prozac ou « pilule du bonheur » et le Zoloft, antidépresseur « spécialisé » dans les troubles obsessionnels compulsifs, par exemple. Or, il n'est pas certain que le Prozac possède sur l'humeur le pouvoir magique qu'on lui prête : la moitié des études initiales ne trouvait à cette molécule qu'une efficacité légèrement supérieure à celle d'un placebo ! D'autre part, aux yeux de certains psychiatres français, d'expérience et de qualité, les TOC (Troubles obsessionnels compulsifs) représenteraient davantage une trouvaille commerciale américaine qu'une découverte diagnostique médicale récente.

C'est ainsi que nous voyons régulièrement apparaître de nouvelles maladies, le plus souvent aux États-Unis. Peu de temps après ces « terribles découvertes », un médicament salvateur est lancé sur le marché...

Récemment, une tentative de création d'un « nouveau mal » stupéfia un grand nombre de médecins européens, psychiatres et sexologues. L'idée semblait, pourtant, bien pensée : l'analyse de multiples pseudo-questionnaires mettait en évidence l'apparition d'un nouveau trouble, l'« impuissance féminine ». Plus répandu qu'il ne l'était dit jusqu'à ce jour, ce mal concernait des milliers de femmes, surtout dans ses (nombreuses) formes atypiques... Par un heureux hasard, le « Viagra féminin » venait d'être synthétisé et les femmes touchées par cette terrible maladie ne craignaient plus de rester longtemps incurables. Un traitement efficace venait de voir le jour... Seul bémol :

l'impuissance féminine n'existe pas, contrairement à la frigidité dont le traitement reste complexe, et parfaitement insensible au « Viagra féminin ».

Il en va de même avec la dépression. Plus de tristesse, plus de vague à l'âme, plus de difficultés existentielles sans que surgisse le spectre de cette terrible maladie, surnommée depuis quelque temps « le mal du siècle ». Toute déception amoureuse, tout ras-le-bol professionnel, toute difficulté à se lever, toute rumination grise, toute cogitation colorée de chagrin, toute lassitude à sortir ou à supporter autrui, bref tout vague ou bleu à l'âme est aujourd'hui qualifié de dépression ! Je n'entrerai pas dans la définition de cette pathologie mais il faut savoir qu'elle se manifeste par des symptômes graves, profonds, durables et bien définis que seul un traitement adapté et soigneusement surveillé peut soigner. Dans une telle situation, le médecin ne doit pas se contenter de donner une ordonnance à son patient en lui demandant de revenir le voir le mois suivant. Non, un « vrai » déprimé a besoin d'un « vrai » suivi.

Cependant, il ne faut pas confondre déprimé et malheureux ! Lorsqu'un sujet traverse une épreuve pénible, il est courant que des syndromes similaires à ceux de la dépression apparaissent (crises de larmes, crises d'angoisse, insomnies, prostration...). Syndromes, je dirais, tout à fait normaux lorsqu'il s'agit simplement d'un profond mal-être engendré par un événement particulier. « Le malheureux » ressent, en effet, une douleur liée à la perte d'un emploi, d'un être cher, d'une relation importante... et son esprit doit en faire le deuil et se réadapter à la nouvelle situation. En d'autres termes, il doit faire face à la réalité, puis l'accepter. Cela risque de durer un certain temps et la prise ponctuelle d'un anxiolytique et/ou d'un neuroleptique peut l'aider à calmer ses angoisses et à retrouver le sommeil. En aucun cas cette souffrance passagère ne nécessite la prescription d'un antidépresseur, car la personne n'en subira que les effets secondaires sans les bénéfices. Et qui dit effets secondaires, dit modification du comportement, émoussement affectif, désintérêt pour l'entourage ou pour l'activité professionnelle, etc. Des passages à l'acte (suicides ou violences), notamment chez les adolescents, ont été rapportés chez des personnes traitées par la dernière génération d'antidépresseurs.

Il est important de savoir que ces psychotropes deviennent efficaces après dix à quinze jours. Si au bout de cette première période, le résultat est insatisfaisant, la dose quotidienne est augmentée. Il faut patienter à nouveau, au moins deux semaines, pour juger de l'évolution thérapeutique. Si, à la suite de ce premier mois, aucun résultat positif n'apparaît, certains médecins conseilleront d'essayer un autre antidépresseur. Ainsi, beaucoup de patients reçoivent six mois de traitement (la durée minimale conseillée) pour une difficulté provisoire qui a peu à voir avec la dépression. S'ils se sentent mieux, cette amélioration sera attribuée au médicament qu'il faudra alors prescrire pendant quelques semestres encore. Dans le cas contraire, ils s'entendront dire que cela aurait pu être pire sans antidépresseur et qu'il est donc plus prudent de ne pas l'arrêter. C'est ainsi que s'installe la dépendance. Une dépendance, si je puis dire, seulement psychologique et due essentiellement à la fonction rassurante des médicaments.

Rassurant ; voilà peut-être l'explication de notre engouement pour ces médicaments. Oui, nous avons besoin d'être rassurés. Aujourd'hui plus qu'hier. « Cocoonés », protégés, aidés pour affronter le monde moderne et ses obstacles de plus en plus nombreux. Pour surmonter le mieux possible ce sentiment d'insécurité qui nous submerge dans tous les domaines : affectif, professionnel et financier. L'éphémère nous fait peur, nous fragilise. La crainte que

« tout s'arrête » du jour au lendemain est facteur d'angoisses et d'insomnies. Alors, pour anticiper l'inévitable déprime (sans aller jusqu'à la dépression) ou pour la chasser, rien de tel qu'un anxiolytique (tranquillisant) ou un hypnotique (somnifère). Ils feront disparaître, comme par magie, le nœud au ventre qui nous empêche de manger ou bien les idées noires qui nous tiennent éveillés des nuits entières.

Mais nous avons tendance à oublier que ces « stars » du mieux-être sont des produits chimiques à consommer avec modération. Ils font partie de la famille des benzodiazépines. Prescrits pour apaiser les manifestations de l'angoisse ou de l'anxiété, pour leurs qualités sédatives et pour faciliter la relaxation musculaire, ces comprimés sont trop souvent pris à tort et à travers et, la plupart du temps, à fortes doses. Ils peuvent être à l'origine de troubles de la mémoire (c'est d'ailleurs l'une des caractéristiques constitutionnelles de cette classe médicamenteuse dite « à potentiel amnésiant »). Ils sont également susceptibles d'occasionner des *binge eating*, c'est-à-dire des bouffées boulimiques nocturnes incontrôlables, aussi bien chez les hommes que chez les femmes. De plus, une utilisation excessive induit une véritable dépendance physique et psychique.

Malgré les multiples mises en garde contre le potentiel d'accoutumance et de tolérance, la consommation de tranquillisants en France est trois fois supérieure à la moyenne européenne. Comme les accros du chocolat qui recherchent compulsivement un plus fort pourcentage de cacao dans chaque plaquette, les accros d'anxiolytiques augmentent, eux, la quantité de principe actif au fil des années : Tranxène 5 mg, puis Tranxène 10 mg, puis un demi-comprimé de Tranxène 50 mg, puis un comprimé entier, puis deux, puis trois... De la même façon qu'avec toutes les drogues, une tolérance finit par s'installer. Elle est, certes, très progressive, mais nécessite une augmentation de la quantité prise dans le but d'obtenir les mêmes effets. Le sujet angoissé découvre les « bienfaits » du Lexomil, par exemple, à l'occasion d'une courte période de stress. Il va le consommer modérément au début sans imaginer qu'il ne pourra bientôt plus s'en passer. Car, si l'efficacité initiale du médicament est indiscutable, il faut cependant préciser que « l'accalmie » ne dure que le temps d'action de la molécule. Une fois l'effet passé, l'angoisse revient... et la nécessité de reprendre un quart ou une demi-barette de médicament également ! Après quelques semaines de ce yo-yo pseudo-thérapeutique, un début de dépendance apparaît et le traitement devient plus difficile à arrêter car le consommateur chronique de tranquillisants s'expose alors à des signes de manque : impatience anxieuse, irritabilité, rebond insomniaque, et parfois même une sensation de confusion avec désorientation temporelle ou spatiale. Dans les cas de dépendance lourde, un sevrage brutal entraîne des crises d'épilepsie ou des poussées hypertensives sévères.

Efficaces également, mais loin d'être anodins, les somnifères. Ils agissent sur l'insomnie sans aucun effet sur la cause de celle-ci et présentent, comme les tranquillisants, le risque d'engendrer une accoutumance, une dépendance physique et psychique. À l'arrêt du traitement, des syndromes de sevrage surgissent, dont les principaux symptômes de manque sont l'insomnie, les douleurs musculaires, l'anxiété, l'irritabilité et l'agitation. Seul un arrêt progressif permet d'éviter ces troubles.

Notre pays détient, là aussi, le record d'utilisation de somnifères. Chaque jour, environ 10 millions de médicaments contre l'insomnie sont consommés : 9 % des femmes et 4 % des hommes en absorbent chaque nuit. Les hypnotiques les plus puissants sont fréquemment utilisés (à doses massives) par les toxicomanes pour pallier le manque d'héroïne, et par divers amateurs de sensations fortes qui les mélangent à de l'alcool. Les effets peuvent être si dangereux que certains somnifères comme le Rohypnol sont, aujourd'hui, en prescription très surveillée et sur ordonnance sécurisée. Cela n'a pas toujours été le cas. Il y a quelques années, ce comprimé réservé au traitement des insomnies rebelles se prescrivait facilement, se vendait au marché noir et faisait l'objet d'un usage détourné en étant fumé, inhalé ou injecté. Son mésusage servait parfois à se « mettre en roche » (du nom du laboratoire fabricant) et entraînait deux effets contraires. Si l'usager le consommait en connaissance de cause, il éprouvait une sensation de toute-puissance physique. En effet, la diminution de la perception du risque et l'anesthésie des douleurs favorisées par ce médicament donnaient au consommateur l'impression de se transformer en un « Rambo » invincible. À l'inverse, si le même comprimé était absorbé dissous dans un verre, à l'insu de l'individu (grâce à sa présentation incolore et sans saveur), ce dernier se retrouvait rapidement désorienté, perdait la maîtrise de sa conscience ainsi que tous ses souvenirs au réveil. Au cours des années 1990, des dons, des signatures de chèques, des abus sexuels pratiqués sous Rohypnol furent ainsi rapportés sous les termes de « cambriolage sexuel » ou « pilule du violeur ».

Je conseille donc à tous les consommateurs de benzodiazépines (tranquillisants et somnifères, entre autres) la plus grande prudence. Je ne conteste en aucun cas l'efficacité ni l'utilité de ces médicaments, mais je me dois de mettre en garde leurs utilisateurs contre leur pouvoir particulièrement addictogène. La dépendance psychologique existe d'autant plus que la prise de ces psychotropes est liée à des horaires, des lieux ou des circonstances bien précis qui engendrent le besoin du produit. Toutefois, les

benzodiazépines n'entraînent pas directement de pathologie organique (cancer ou cirrhose), à l'inverse du tabac
ou de l'alcool. Encore faut-il que les doses soient raisonnables, respectées par le patient et absorbées sans
mélange explosif, ce qui représente malheureusement le
problème principal de ces médicaments. En pratique, ces
produits sont exclusivement réservés à la crise anxieuse et
la durée du traitement doit être la plus réduite possible.

Tous les médicaments ne présentent pas la même
menace de dépendance que les tranquillisants, les somnifères ou les stimulants. Cependant, dans toute règle, il y
a des exceptions. Chacun connaît le risque de perte de
contrôle induit par la prise répétée de comprimés ou de
sirops antitussifs contenant de la codéine (un dérivé de
l'opium présent dans le Néo-codion ou le Co-dolipranе).
Les dépendances secondaires à des traitements prolongés
par les corticoïdes (anti-inflammatoires puissants) sont,
elles aussi, bien connues des médecins et des patients.
Mais il existe d'autres exemples plus étonnants : les accros
à l'aspirine !

Les quelques personnes que j'ai rencontrées dans ce cas
étaient, plus précisément, addicts à l'Aspégic 1 000. Elles
avalaient quotidiennement de trois grammes à six
grammes par jour (soit trois à six sachets), non pas pour
calmer un mal de dents ou de dos, mais parce que cela
leur faisait « du bien », les mettait « de bonne humeur »
ou parce qu'elles se sentaient « mieux avec » (le comprimé
renforçait, en quelque sorte, leur niveau d'éveil). Ces
consommateurs n'ignoraient rien de la composition de ce
médicament (l'acetylsalicylate de lysine ou Aspégic) qui,
à fortes doses (par prise d'un gramme) stimule la sécrétion de nos petites morphines cérébrales. Une sorte de
toute petite héroïne naturelle ? Cela est fort possible !
Bien que la dépendance à l'Aspégic entraîne des consé-

quences très légères, il est, malgré tout, déconseillé d'en abuser de façon chronique.

Les médicaments susceptibles de rendre le maximum de patients dépendants demeurent, sans aucun doute, les barbituriques et les amphétamines (tous deux retirés de la prescription).

Les barbituriques (essentiellement prescrits dans le traitement de l'épilepsie), somnifères à longue durée d'action, possèdent un potentiel addictogène impressionnant : quelques semaines de prises avant le coucher et le patient signe pour des décennies l'impossibilité de s'endormir sans l'aide de ce médicament.

Insistons plus longuement sur les amphétamines (et leurs dérivés comme la Ritaline ou le Sibutral) dont les dépendances les plus caricaturales et les plus dramatiques furent longtemps observées dans notre pays. Ces médicaments étaient absorbés pour leur pouvoir anorexigène (coupe-faim) ou pour leur potentiel dopant, particulièrement recherché par les sportifs professionnels, les chauffeurs routiers longues distances, les étudiants, les architectes « charrette » ou encore par les écrivains en mal d'inspiration ou de concentration. Les effets principaux de ces molécules ressemblaient à ceux d'une « cocaïne » à libération prolongée : disparition de la fatigue, amélioration de l'estime de soi, de la vigilance, de la concentration, diminution du champ de la pensée et de son risque de dispersion, désinhibition du comportement... En cas d'arrêt, les syndromes de sevrage se révélaient violents et se manifestaient par une fatigue profonde et une humeur dépressive. Des tendances mégalomaniaques et paranoïaques, des hallucinations et une hétéroagressivité en cas d'abus ou de vulnérabilité individuelle risquaient également de faire leur apparition. La probabilité de maladie cardiaque (l'hypertension artérielle pulmonaire) dont le seul traitement susceptible d'éviter la mort était la transplantation cardio-pulmonaire, s'ajoutait à cet important risque de dépendance. Après avoir causé le décès de centaines de personnes, les amphétamines sont, aujourd'hui, logiquement interdites de prescription en France. Ces médicaments continuent de circuler dans certains pays d'Europe et davantage encore sur Internet.

J'ai reçu, en consultation, de nombreuses femmes dont le parcours addictif avait commencé par les amphétamines, il y a quinze ou vingt ans. Elles en abusaient d'abord pour garder la ligne et notaient ensuite rapidement deux modifications majeures : leur quotidien et leurs relations aux autres devenaient plus faciles sous l'effet de ces stimulants, puis ennuyeuses, lourdes et pénibles lorsqu'elles tentaient de s'en passer. Au retrait du commerce de ces pilules dopantes, certaines s'étaient rabattues sur l'alcool ou la cocaïne, ou encore sur l'alcool ET la cocaïne ; d'autres avaient opté pour un antidépresseur qui, à fortes doses, possédait des « vertus » amphétaminiques : le Survector. Ce médicament, également très apprécié des écrivains ou des chercheurs, à la posologie de quatre à huit comprimés par jour (pour un maximum conseillé de deux à trois comprimés quotidiens), entraînait des hépatites fulminantes et des acnés turgescentes dignes du célèbre « Elephant Man ». Il fallut plusieurs morts, des publications scientifiques d'alerte et un véritable combat pour que ce dangereux stimulant soit retiré du commerce.

Malgré tout, les séquelles persistent chez certain(e)s. Parfois deux ou trois décennies après l'arrêt de leur intoxication amphétaminique, ces personnes se remémorent encore avec tristesse et nostalgie la légèreté et l'énergie de leur vie d'antan... comme si les mois ou les années d'abus chroniques d'« amphet' » avaient modifié le commandement génétique de leurs cellules cérébrales et leur avaient coûté, à tout jamais ou presque, la sensation de bonheur.

Fort heureusement, le soin des pharmacodépendances n'est pas aussi lourd que celui des dépendances aux amphétamines.

Dans bien des cas, une fois le diagnostic posé, plusieurs schémas thérapeutiques existent en fonction de l'intensité de l'addiction.

En ce qui concerne la dépendance aux tranquillisants et aux somnifères, une voie de soin « élégante » permet de favoriser un sevrage progressif et confortable en usant de molécules moins addictogènes, à plus longue demi-vie, et par là même d'assurer une cinétique harmonieuse chez le patient.

Il est aussi possible d'utiliser un placebo pour prévenir ou traiter une dépendance. Cet usage nécessite des explications précises avec les équipes médicales et paramédicales ainsi qu'une cohérence sans failles de celles-ci. Ce « comprimé sans principe actif » n'est pas utilisé pour duper le patient mais pour l'aider, avec respect. L'ingestion ou l'injection de ce « faux médicament » peut provoquer (malgré l'absence de toute molécule active) de véritables réactions biochimiques (voire des effets indésirables) dans 20 % à 30 % des cas ! Pourquoi chez certains et pas chez d'autres ? Nul ne peut le dire, nul ne peut le prédire.

Il existe, en médecine, un aphorisme célèbre que nous devons à l'un des fondateurs de l'hématologie, Professeur Dreyfus : « La science est là pour édicter des lois générales, mais en médecine, il y a autant de cas que d'individus. »

Plus étonnant encore : lors d'un sevrage aux anxiolytiques ou aux hypnotiques, le patient est invité à préparer lui-même des gélules vides qu'il remplit d'amidon ou de lactose, puis les mélange de façon aléatoire avec de vraies gélules dans la proportion de une sur quatre durant le premier mois, puis de deux sur trois, pour finir par un sevrage complet. La formule a déjà fait ses preuves...

Ainsi, les médicaments représentent un progrès considérable dans notre vie, mais ne confondons pas indications médicales et automédication ; le mieux est l'ennemi du bien.

Quelques petits conseils pour éviter de vous jeter sur les médicaments :

✔ n'oubliez pas que la fatigue, l'anxiété et les nuits difficiles, si elles ne sont qu'occasionnelles, font partie de la vie. Nul besoin de prescriptions médicamenteuses pour faire disparaître ces inconforts ponctuels. Les accepter et les respecter sont la meilleure garantie de les traiter. Si ces symptômes persistent, se répercutent négativement et durablement sur votre quotidien et votre activité sociale, ils peuvent alors justifier un traitement adapté ;

✔ plus court dans le temps sera ce traitement, moins le risque de dépendance secondaire et d'effets paradoxaux à celui-ci augmentera. Évitez l'automédication : c'est le meilleur moyen de vous exposer au danger de la prise répétée et prolongée, puis de glisser vers l'abus ;

✔ si votre médecin ne vous prescrit pas le somnifère que vous lui suggérez, ce n'est pas par cruauté, mais par protection. Sachez l'entendre ;

✔ la plupart de ces molécules entraînent des troubles de la mémoire et de la concentration, ne conseillez pas ces médicaments à vos enfants si vous les sentez angoissés avant leur examen. Rien de plus normal ! Sauf pathologie sous-jacente, le stress stimule.

5

La folie cocaïne

Thierry, les yeux dilatés, cherche désespérément, compulsivement, quelques cristaux sur la moquette. Depuis deux nuits et un jour, sa carte « fréquence plus » lui sert à éclater et écraser la cocaïne, avant de la sniffer avec sa paille McDonald's. Il lui arrive d'utiliser un billet de 100 euros, en raison des agglomérats sanguinolents qui ont fini par obstruer sa paille. 20 grammes en tout. Une petite fortune : l'équivalent de 2 000 euros. Thierry était un violoniste de grand talent. Ce qu'il avait gagné en huit ans de concerts et de disques, il le consommait en une année, par chaque narine. Son cerveau en hyperactivité obsessionnelle depuis cinquante heures consécutives lui réclamait des « encore et encore ». Avec toutes les lignes sniffées sur la table basse, sur la télé, sur le mini-bar, il espérait retrouver quelques pauvres cristaux de cocaïne tombés en résidus sur la moquette. Éviter ainsi les effets du manque qu'il connaissait si bien : l'angoisse, la paranoïa, le sentiment de culpabilité.

Il avait l'impression de devenir fou pendant ses abus de cocaïne. Le plaisir ne durait, en fait, que trois lignes. Les heures suivantes, Thierry ne sniffait que pour courir après ce plaisir initial et ne pas être mal. Les descentes devenaient de plus en plus terrorisantes, avec des angoisses de mort et des pensées de suicide. Il cauchemardait éveillé et dans ses délires, imaginait des mètres de cordes à violon et lui, pendu, au bout. Ses longues années de consommation finissaient par atténuer les effets dopants et euphorisants de la substance. Son corps et sa tête s'étaient accoutumés, son cerveau et sa conscience, considérablement modifiés. En sniffant sa poudre blanche, il touchait du doigt la sensation d'être le roi du monde. Aujourd'hui, il continue, dans le seul but de ne pas sombrer dans la dépression, la fatigue et l'inhibition. Au départ, la coke lui donnait l'impression de voler ; à l'arrivée, elle l'aide à peine à marcher... Au terme de plusieurs années d'abus, Thierry décida de décrocher et de se faire hospitaliser. Depuis son entrée dans notre service, il passe son temps à dormir et à récupérer de ses derniers marathons fous.

La cocaïne rend fou, oui ! La cocaïne rend beau, fort, intelligent, maître de l'univers ! Elle apporte une certitude insolente, une euphorie toute-puissante. Elle décuple le désir sexuel, gomme la fatigue, canalise la pensée, facilite miraculeusement les décisions et la relation aux autres ! Et, comble du bonheur (!), le manque ne survient seulement que quatre ou cinq jours après la dernière prise. D'où l'illusion, l'espoir de ne pas être accro puisqu'il n'est pas nécessaire d'en prendre tous les jours. La cocaïne ne ressemble ni à l'alcool, ni à l'héroïne, ni au tabac : pas de dépendance immédiate ni de signes physiques apparents. Les consommateurs hebdomadaires, les « festifs » de la cocaïne du week-end se trompent. Ils se croient libres alors qu'ils sont déjà dépendants, même s'ils n'en abusent « que » deux fois par semaine... tous les sept jours.

Or, l'ivresse cocaïnée ne dure que le temps des trois ou quatre premières lignes ! La suite ressemble à une course, une recherche éperdue des premières sensations ! L'effet *craving* apparaît alors : cette envie irrépressible et compulsive du produit pour éviter ce qu'on appelle « la descente » de cocaïne. Cette descente morbide où les palpitations du cœur s'accélèrent, la pression artérielle s'élève, le ventre s'agite, les extrémités (toutes les extrémités !) se refroidissent sous l'effet de la vasoconstriction induite par le produit, les mâchoires se serrent ou les dents grincent d'elles-mêmes, les muscles s'agitent et il devient impossible de rester sans bouger. Les envies sexuelles si folles, si fortes, si désinhibées soient-elles se heurtent à une impuissance paradoxale. Troubles de l'érection ! Le sexe semble congelé. L'optimisme cannibale du début se transforme en hyperinterprétation, en agressivité, en paranoïa. Thierry en fit l'expérience. Lorsqu'il consommait à outrance, le moindre bruit devenait pour lui celui d'un vigile l'espionnant ou celui d'un voisin détective, chargé de l'empêcher de signer un contrat avec sa nouvelle maison de disques. Quand la sonnerie du téléphone retentissait, il était alors convaincu d'avoir été repéré. Il restait tétanisé, incapable de répondre. Cette paranoïa secondaire, cette folie induite par la substance, Thierry ne pouvait la critiquer que trois ou quatre jours après la dernière prise. Marco Pantani, le célèbre cycliste, cocaïnomane, incarne l'exemple de mort brutale, dans la solitude d'une chambre d'hôtel anonyme. Enfermé trois jours à triple tour, il se « protégeait de l'ennemi » par quelques meubles qu'il avait lui-même bloqués derrière sa porte. Après sa mort, on découvrit un bloc-notes sur lequel il avait écrit ses dernières pensées, ses dernières douleurs morales, l'incompréhension des autres à son égard et surtout la persécution imaginaire dont il se croyait l'objet.

Pour amortir les descentes de plus en plus terrorisantes, la plupart des consommateurs de cocaïne utilisent le

« parachute » alcool. En effet, le mélange simultané d'alcool et de cocaïne crée une nouvelle molécule, le coca-éthylène, plus lourde, avec une diffusion plus lente et plus longue dans le corps et le cerveau. Cette modalité de consommation adoucit les pics, la brutalité des *up and down* provoquée par la seule prise de cocaïne : les descentes sont, ainsi, moins brutales et moins anxiogènes. Une autre conséquence de cette association de molécules est d'atténuer l'ébriété de l'alcool : quelques lignes permettent d'ingérer et de supporter de plus fortes doses d'alcool sans être totalement ivre ou dans le coma.

Un de mes premiers patients, ancien rugbyman catalogué cocaïnomane invétéré, se trouvait être une personne fortement dépendante à l'alcool qui, « grâce » à la cocaïne, pouvait boire follement jusqu'à deux bouteilles de vodka par nuit sans être ivre. Il voyait alors ses partenaires de beuverie s'écrouler (sans cocaïne) les uns après les autres et en tirait l'irresponsable fierté d'être « le plus résistant à l'alcool de toute la bande » ! Autres « solutions », pour éviter les gouffres de l'angoisse : l'héroïne, les tranquillisants ou les somnifères.

La folie cocaïne bouleverse très profondément et rapidement notre système de récompense, notre conscience et notre altérité. Et pour cause : cette drogue essore la dopamine (molécule euphorisante et mégalomaniaque) et empêche sa recapture intracérébrale. Le pic dopaminergique qu'elle entraîne lors des premiers usages est toujours suivi d'une dépression dans notre cerveau, plus ou moins forte selon la quantité de poudre consommée. Privé de dopamine – le chef d'orchestre et le décodeur chimique de ses émotions, de son dynamisme mais aussi de sa locomotion –, le cocaïnomane devient alors un sprinter immobile, fébrile dans ses starting-blocks. Comme il n'a plus de dopamine dans son cerveau, il ne peut courir à nouveau que s'il reconsomme. Nouvelle ligne de cocaïne ou nouvelle bouffée de crack et le voilà reparti pour un nouveau 100 mètres. Il est de ce fait difficile, non pour des raisons psychologiques, mais bien pour des raisons « mécaniques » neurobiologiques, d'arrêter la cocaïne au bout de quelques lignes !

À l'inverse d'un héroïnomane qui garde du produit pour le lendemain ou le surlendemain, le cocaïnomane consomme tout ce qu'il a sous la main ou le nez, et même plus si possible ! Que le stock de cocaïne soit de deux, cinq ou trente grammes, l'usager finit par tout consommer et ne s'arrête que faute de marchandise : plus de cocaïne, plus de possibilité de se mouvoir pour s'en procurer. Ces abus correspondent à de vraies boulimies et marathons dopaminergiques, épuisants pour le cerveau et le corps.

Les discussions avec mes patients m'ont permis de cerner une évolution bien particulière de la pensée sous cocaïne. La plupart d'entre eux sont la proie de pensées incessantes, désordonnées, épuisantes dont ils sont incapables de se défaire. Thierry faisait partie de ceux-là. Avec la cocaïne, il avait trouvé le moyen de ralentir son « trafic aérien », disait-il, de transformer l'hyperactivité de son esprit qu'il comparait à « Roissy-Charles-de-Gaulle » en petit « aéroport de province ». Car, au fil des grammes, la pensée ne subit pas seulement une simple accélération, elle se réduit également ! Plus précisément, le champ de la pensée se rétrécit. Celle-ci se focalise sur une idée, pas deux, sur une volonté, pas deux, sur une envie, pas deux. Elle devient monofocale, zoomant sans fin sur le même et unique objet. Cela présente tout son intérêt, pour certains, quand il faut concentrer l'énergie et la pensée sur une création ou une production (exemple de l'écriture). Cela constitue aussi tout son sens pour d'autres, quand l'objectif délirant – plus ou moins conscient – est celui du sexe ou de la violence, en des profondeurs habituellement inaccessibles sans abus de cocaïne.

Ce fut une patiente, Dorothée, qui me l'expliqua clairement. Telle l'héroïne de *China Blue*, elle était, le jour, une infirmière compétente, attentive et dévouée. Le soir, chez elle, après deux ou trois grammes de cocaïne sniffée, elle endossait, pour son partenaire disait-elle, sa tenue de « Cruella » et devenait toute la nuit une maîtresse d'un sadisme inimaginable. Plus la nuit avançait, plus elle sniffait, plus sa pensée se tendait vers un seul et unique objectif : torturer l'homme ! Torturer, encore et encore, toujours plus et toujours plus loin. Elle se disait obsédée, incapable de limites dans la cruauté. Elle se faisait peur et voulait définitivement arrêter la cocaïne, effrayée de « tutoyer » ainsi la folie, de se transformer, d'« être une autre », quand elle abusait du produit.

Après consultation, elle retrouva son calme et admit que la cocaïne ne la menait pas à la folie, mais faisait émerger en elle des idées, ou des envies folles ! Envies qu'elle avait pu et su refouler jusqu'alors, jusqu'aux prises désinhibitrices de coke. Pour d'autres personnes qui ne sont pas névrosées mais psychotiques, les modifications de la relation avec le temps, avec les autres, avec la mégalomanie qu'entraîne la cocaïne, sont vécues, du moins dans un premier temps, comme réconfortantes, voire soulageantes : « C'est quand même plus facile d'entendre des voix avec des produits que de les subir sans produit ! » C'est ce que me rapportait un patient schizophrène, hospitalisé à la clinique. Ce n'est qu'une fois traité, stabilisé depuis des mois avec deux médicaments antipsychotiques, que cet homme, ayant repris de la cocaïne pour « voir ce que ça [faisait] maintenant qu'il [était] guéri », revint en consultation et m'annonça : « La cocaïne : c'est fou ! »

Les histoires de Thierry et de Dorothée sont, somme toute, des exemples assez classiques de la consommation de cocaïne. Longtemps, l'usage de cette substance fut réservé à une certaine élite, du moins en Europe. Intellectuels, écrivains, cinéastes, producteurs ou musiciens, journalistes ou reporters, golden boys (ou girls), publicistes, P-DG ou cadres supérieurs, antiquaires ou galeristes, joueurs ou bookmakers, avocats ou médecins, coiffeurs branchés, mannequins, champions sportifs, personnel naviguant et jet-set constituaient l'essentiel des consommateurs. Leurs points communs : l'argent, la vie publique incontournable ou la notoriété, les responsabilités et le poids des décisions, de la production ou de la créativité, de la réussite aussi, l'hyperactivité physique, psychique ou sexuelle. Une tête ou une vie trop remplie, trop rapide. Avec trop d'échéances ou de challenges. Une vie palpitante, sans bande d'arrêt d'urgence, dans laquelle le dealer de coke, mobilisable sur son « bipper » puis sur son portable, devient un « ami » irremplaçable.

Aujourd'hui, ou plus précisément depuis environ dix ans, la cocaïne s'est démocratisée. Elle a progressivement emprunté les chemins de l'héroïne en perte de vitesse à cause du sida et en raison de l'efficacité des traitements de substitution aux opiacés. Le recrutement devint moins « élitiste » et les dealers d'héroïne des derniers points chauds de Paris et des cités élargirent leur activité en proposant un nouveau produit, moins cher au détail (deux à cinq fois moins que l'héro) qui, lui, n'accrocherait pas et pouvait être fumé et non plus injecté. Le crack fit ainsi son apparition, notamment dans le quartier de la place Stalingrad à Paris, presque vingt ans après l'épidémie américaine qui avait ravagé le Bronx. Ses « avantages » : la cocaïne pouvait être gonflée avec du bicarbonate (ou de l'ammoniac, comme pour les cigarettes de tabac...) et être fumable, la rapidité d'action étant alors des plus violentes. Avec le crack surgirent des problèmes de communauté et de violence. L'enjeu financier de la vente, la boulimie (le *craving*) entraînée par le produit et ses effets paranoïdes déstabilisèrent les quartiers où se concentrait le deal. La réponse policière et non sanitaire, consista à donner un grand coup de matraque dans la fourmilière et à faire essaimer, ainsi, les lieux de deal et de consommation de l'autre côté du périphérique parisien.

Ce que les anciens héroïnomanes ou nouveaux usagers de cocaïne ou de crack ne savaient pas, c'est que la cocaïne les déstabiliserait beaucoup plus vite, beaucoup plus profondément et beaucoup plus chèrement que l'héroïne. À l'hôpital Laennec, je me souviens avoir vu des patients, anciens héroïnomanes, voler en éclats. En quelques mois de cocaïne ou de crack, ils « disjonctaient », perdaient leur travail, leurs relations familiales et leur argent alors que pendant dix ou vingt ans de consommation d'héroïne, un grand nombre avait su, tant bien que mal, sauvegarder tout cela. Chez eux, comme dans l'ensemble de la population française, la cocaïne avait une bonne image ! L'héroïne était la drogue du *looser*, replié sur son nombril ou sur sa seringue. La cocaïne était celle du *winner*. Tragique lecture.

Comparée à d'autres substances psychoactives, la cocaïne possède une seule qualité – si je puis m'exprimer ainsi – : son potentiel amnésique est modéré par rapport à d'autres substances.

Dès l'instant qu'un héroïnomane, un alcoolodépendant ou un tabacodépendant décide de stopper sa consommation, il n'échappe pas à la hantise de rechuter. Ni les années, ni même les décennies ne sont une garantie de guérison définitive car la volonté d'arrêter ne supprime pas la mémoire du plaisir, prête à resurgir à une nouvelle prise, à une association de pensée, à une situation. À l'inverse, après des mois d'arrêt et de traitement parfois, un ancien cocaïnomane ne sera pas confronté avec la même prégnance à cette mémoire omniprésente et menaçante : il pourra revoir des amis ou des lieux associés à son ancienne consommation sans éprouver aussitôt l'impérieux besoin de consommer. Les perturbations induites par la cocaïne dans le circuit de la mémoire se réparent au fil des ans, plus précisément sans doute, la « fiche mémoire » cocaïne s'efface sans empreinte résiduelle. À travers mon expérience clinique, j'ai pu remarquer que la folie cocaïne est très difficile à stopper, mais dans la majorité des cas, quand elle est finie, elle est finie ! En d'autres termes, au contraire de l'héroïne, de l'alcool ou du tabac, la consommation intense de cocaïne peut être vue comme un déséquilibre aigu, violent durant quelques années mais qui ne tourne que rarement à la chronicité sur des décennies quand une période d'arrêt de plus de six mois a été obtenue grâce à un traitement pharmacologique.

Nos approches thérapeutiques sont fondées sur les dernières connaissances apportées par les neurosciences : l'hyperdopaminergie (l'emballement du circuit de la dopamine) induite par l'abus de cocaïne déséquilibre directement le fonctionnement du cerveau et du circuit des émotions. Le comportement sentimental et relationnel s'en trouve alors totalement perturbé, comme pour Thierry ou Dorothée, ces patients « Dr. Jekill et Mister Hyde ». Ils pensaient être « autres » sous cocaïne, faisaient des « trucs dingues », des actes qu'ils n'auraient jamais commis sans cette substance.

Nos traitements se donnent donc pour objectifs de réduire, le temps nécessaire, cette « schizophrénie induite ». Certes, ce déséquilibre est parfois réversible spontanément. Mais beaucoup plus fréquemment et surtout plus rapidement, il peut être corrigé par la prescription de neuroleptiques dopaminergiques. Ces médicaments permettent un retour à un fonctionnement cérébral antérieur, d'avant la cocaïne, et sont susceptibles en quelques jours ou semaines de calmer le cerveau en manque et de lui éviter le besoin irrépressible de consommer, encore et encore.

C'est de cette façon que nous avons traité Thierry. En une quinzaine de jours à peine, il se sentait déjà soulagé. Quelques mois après sa sortie, il « s'offrit » deux ou trois dérapages. Il arrêtait son traitement une semaine avant, puis le reprenait, dès l'abus terminé. Depuis un an, il n'éprouve plus le besoin de consommer. Dernièrement, il nous a envoyé une lettre de Montevideo, en Uruguay, où il écrit qu'on ne s'inquiète pas pour lui : la folie cocaïne l'a définitivement quitté.

6

Héroïne : le monde du silence

Avez-vous vu un nourrisson dans les bras de sa mère ? La petite tête, jouisseuse, blottie à portée du sein. Le monde entier peut s'écrouler autour de lui, il ne craint rien. Même pas peur ! Ni des autres, ni de lui-même, ni de la faim ou de la mort.

L'héroïne, c'est ça. Du moins dans un premier temps. Une « maman chimique » toute-puissante et protectrice. Une force qui offre la tranquillité suprême, la peur de rien. Peur de rien, si ce n'est du manque... Que « maman héroïne » s'éloigne, vienne à disparaître et le manque se révélera à la hauteur du bien-être perdu. Le monde redeviendra cruel, la pensée douloureuse, l'idéal tyrannique, la relation à l'autre sans distance, les jambes sans repos et le sommeil impossible. L'apaisement ne sera alors possible que si maman héroïne revient à proximité.

Mes nuits sont plus belles que vos jours. Tel est le titre d'un livre dans lequel l'auteur accable la mère de Staline, celle de Hitler, de Pol Pot ou de Landru. Ils sont morts, et leur mère court toujours, écrit Raphaëlle Billetdoux. Beaucoup d'héroïnomanes sont morts. D'overdoses, de suicides, de septicémies ou du sida. Mais maman héroïne court toujours...

Elle court toujours car son « efficacité » est grande.

L'héroïne, cet opiacé puissant, obtenu à partir de la morphine, offre un sentiment de quiétude, d'euphorie, une sensation d'extase. Elle agit comme un anxiolytique puissant, un antidépresseur. Ses effets sont immédiats, de type orgasmique, tout aussi intenses mais plus calmes.

Grâce à elle, les craintes s'estompent, les souffrances disparaissent. Besoin de rien ni de personne. L'héroïne a ce pouvoir magique d'anesthésier la pensée douloureuse.

Comme pour les autres drogues, le plaisir extrême des premières consommations ne dure pas. Quelques semaines à quelques mois à peine. Puis s'ensuit le temps du *craving*, l'impérieuse nécessité de reconsommer pour ne pas être mal. Il peut alors être indispensable d'augmenter les doses et les prises pour ressentir les effets initiaux, pour replonger dans ce doux état de torpeur, ce cocon enveloppant et fuir la réalité le temps d'un shoot. La place accordée à cette substance est si importante qu'elle modifie la vie quotidienne de l'usager en entraînant de sérieux risques sociaux. Elle enclenche un processus de marginalisation, notamment lorsque la dépendance s'installe. Sous l'effet de la substance, l'héroïnomane oscille entre des états de soulagement euphorique et des états de manque. La privation du produit provoque alors un malaise physique : sueurs, courbatures, tremblements, nausées, insomnies, et un mal-être psychologique accompagné de crises d'angoisse.

Dans l'imaginaire collectif, la poudre blanche est LA drogue, la plus terrible de toutes.

Elle incarne la dépendance jusqu'à la mort. Par overdose ou par déchéance.

Elle mêle les images de junky comateux, la seringue

dans le bras, le corps avachi dans la rue, les fantasmes de geishas glissant entre les volutes des fumeries d'opium. L'interdit occidental du plaisir et les pièges sensuels et profonds de l'Asie.

Une enquête de l'Observatoire français des drogues et toxicomanies (OFDT), réalisée au téléphone en 1999 auprès de 2 000 personnes sur une population générale âgée de 15 ans à 75 ans, montrait que l'héroïne était considérée comme le produit le plus dangereux par 41 % des personnes interrogées. Loin devant la cocaïne (produit le plus dangereux pour 20 %), l'ecstasy (17 %), l'alcool (6 %), le cannabis (3 %), le tabac (2 %) et... les « médicaments pour les nerfs » (2 %).

En France, ainsi que dans beaucoup de pays du Nord, l'héroïne tire son image macabre de deux périodes aussi fortes que bouleversantes : les « années 68 » (qui iront jusqu'à la fin des années 70) d'une part, et les années sida, 1983-1995 d'autre part.

En 1969, le quotidien *France Soir* ouvrait sur le décès par surdose d'une jeune fille, au bord de la Méditerranée, sur une plage de Bandol. Plus d'un an auparavant, la fameuse poudre blanche avait infiltré les mouvements contestataires, tout autant que l'idéologie hippie. Elle avait rejoint le cannabis et le LSD dans l'arsenal de la « nouvelle Révolution française ».

Le journal *France Soir*, qui avait compris que cette overdose en annonçait d'autres, promut la rhétorique du « fléau » de la drogue. Peu importait qu'à cette époque déjà, l'alcool tuât dix mille fois plus... Il était hors de question de comparer le liquide rouge à l'héroïne !

Par sa brutalité d'action, par son usage intraveineux, par son risque de dépendance beaucoup plus rapide, cette substance incarnait l'enfer de la drogue. Une drogue, qui plus est, venant d'ailleurs. Mystérieuse, attractive, donc redoutable. Une drogue de « l'étranger » dont notre pays s'est immédiatement méfié. Réflexe xénophobe !

Chaque société a besoin de temps, de siècles souvent, pour civiliser, pour pacifier sa relation avec une drogue. À condition qu'elle soit de son terroir, qu'elle fasse, peu à peu, partie de ses traditions, de son patrimoine. Le vin en France, la bière en Allemagne, le whisky au Royaume-Uni, le cannabis au Maghreb, ou la coca en Amérique du Sud.

L'héroïne avait débarqué en France, comme une immigrée clandestine et joyeuse, poudrée à mort. Elle était une prostituée fatale, vendue par des proxénètes mafieux à une jeunesse qui rêvait de se dépuceler. Les morts par overdoses se succédèrent. Le flash que procurait, soi-disant, le shoot d'héroïne faisait davantage l'objet de commentaires exotiques ou psychologisants que d'analyses pharmacologiques. La jeunesse française était en danger mais la démocratie aussi. La French Connection sévissait à coups de laboratoires dans le sud-est de notre beau pays. La pieuvre s'installait. Réellement et fortement.

Pour faire face à cette double menace, sanitaire et démocratique, la France se dota d'une loi originale, d'une loi à double versant : sanitaire et répressive. La loi du 31 décembre 1970, qui continue de gouverner, aujourd'hui encore, notre politique des drogues ou plus exactement notre absence de politique des drogues.

Cette loi fut, assez rapidement, efficace pour lutter contre la mafia, ses laboratoires et ses trafics. Elle le fut beaucoup moins pour prévenir notre population des risques physiques, psychiques et sociaux de la poudre blanche (ou brune, selon sa provenance et son raffinage). La French Connection fut vaincue, mais l'épidémie d'héroïne s'installa.

À cette époque, deux mesures principales prétendaient

limiter les dégâts sur le plan sanitaire : l'injonction thérapeutique et le retrait de la vente libre du matériel d'injection.

L'injonction thérapeutique permettait à l'héroïnomane
de choisir entre se soigner ou aller en prison. L'usager
choisissait la voie du soin plutôt que celle de la Santé ou
de Fresnes. Du moins, le toxicomane assurait le juge de
« choisir » cette possibilité offerte (anonyme et gratuite)
de guérison. Évidemment. En de telles circonstances... Il
devait alors se rendre dans un centre de soins spécialisés
en toxicomanie (CSST). Un médecin de ce centre, le plus
souvent un psychiatre, devait témoigner du suivi et de
l'évolution de la thérapeutique en renvoyant trois ou
quatre certificats par an. Cette stratégie, cette volonté
d'articulation entre la justice et le soin, se révéla un échec
douloureux et complet. Les tribunaux prononcèrent de
moins en moins d'injonctions thérapeutiques au fil des
ans (une fois sur dix, d'après une étude de 1994). Le personnel des CSST, idéologiquement dans la continuité de
1968, était généralement opposé à une collaboration avec
l'institution judiciaire et de plus, très réticent à toute
approche médicale thérapeutique.

Dans le même esprit, la loi de 1970 permettait à l'héroïnomane de choisir entre le « statut » de délinquant ou
de malade. Le système qui s'y associa rendit l'héroïnomane délinquant ET malade.

Le retrait de la vente fut promulguée en 1972, et
entraîna le retrait de la vente libre des seringues et des
aiguilles. Cette décision, prise dans le seul but de lutter
contre la multiplication des overdoses par voie veineuse,
n'en diminua, hélas, pas le nombre. De plus, elle habitua
les héroïnomanes injecteurs à partager leur seringue. Elle
se révéla, alors, être la principale cause, dix ans plus tard,
de la dissémination du virus du sida dans la population
des injecteurs de drogues. Le partage du matériel d'injec-

tion et du sang contaminé permit une diffusion extrêmement rapide du virus : en trois à quatre ans (de 1982 à 1986), le virus du sida infecta par voie veineuse près de la moitié des héroïnomanes des grandes villes françaises. À cette époque, je travaillais dans le service de médecine interne de l'hôpital Laennec à Paris où nous accueillions les premiers cas de sida chez des usagers de drogue. Tous mouraient sans que nous puissions faire quoi que ce soit. En 1985, j'écrivis un article sur cette tragique diffusion du virus chez les héroïnomanes par voie veineuse. L'article parut dans *La Presse médicale*, un an plus tard. Entre-temps, j'avais rencontré certains leaders charismatiques du soin aux toxicomanes en France. Leur méfiance envers la médecine des addictions et l'hôpital universitaire traditionnel m'avait choqué. Ils craignaient le risque d'une intrusion « médicale classique » dans leurs institutions et dans leurs méthodes « douces » et psychologiques de traitement des toxicomanies. Ils ne considéraient pas la menace du sida chez leurs usagers de drogue comme une priorité, une urgence absolue. Ils ne furent donc pas d'un grand secours face à cette hécatombe virale.

Pourtant, à l'hôpital ou en médecine de ville, et pour tous ceux qui étaient confrontés à ces premiers patients sidéens, il était urgent de freiner l'épidémie en informant les héroïnomanes du risque d'infection et en les aidant à ne plus partager la ou les seringues. Tous n'étaient pas du même avis. Ainsi, un psychiatre qui faisait autorité, en ce temps, en matière d'écoute des toxicomanes, assurait, résultats d'une étude personnelle sur quelques-uns de ses patients à l'appui, que les toxicomanes ne changeraient pas leur comportement et qu'ils continueraient de partager leur seringue... « parce qu'ils étaient comme ça » ! Il ironisait, dans un article paru le 3 mars 1986 dans *Le Quotidien du médecin* : « Quand on est prêt à jouer avec la prison, la folie, la mort, on peut, tout autant, jouer avec le sida ! » Quelle méprise ! Quel mépris ! À sa décharge, il faut dire que la littérature des années 70 analysait le partage des seringues en décrivant des attitudes « tribales » ou révélatrices d'une « homosexualité inconsciente » ! Bref, vraisemblablement multiples, les causes étaient motifs à interprétations plus géniales et savantes les unes que les autres. Mais jamais personne n'écrivit cette seule et unique réalité : les héroïnomanes échangeaient leurs seringues parce qu'elles étaient difficiles à trouver !

Il fallut le courage et la lucidité d'une femme, médecin, ministre au cabinet de Jacques Chirac, pour arrêter le massacre. Le docteur Michèle Barzach restera, je l'espère, dans l'histoire. Malgré l'avis contraire de ces quelques experts en toxicomanie de l'époque, elle imposa, en 1987, la (re)mise en vente libre du matériel d'injection. En un an, comme le prouva l'étude multicentrique à laquelle j'eus l'honneur de participer sous la direction du docteur François-Rodolphe Ingold, les deux tiers des usagers d'héroïne par voie intraveineuse avaient changé leur comportement vis-à-vis du matériel d'injection ; ainsi, lorsqu'on leur en donnait les moyens, les héroïnomanes se révélaient tout à fait capables de prendre soin de leur santé. La première mesure de réduction des risques liés aux usages de drogues venait de voir le jour en France. Avec, au moins, deux ans de retard.

Lorsque je repense à cette période tragique, si mal comprise par certains spécialistes, lorsque ma colère s'apaise – encore difficilement aujourd'hui –, je revois des visages creusés, des corps décharnés bleuis par les hématomes aux points d'injection. J'entends encore des souffles courts causés par des pneumocystoses pulmonaires (principale infection opportuniste révélatrice du sida dans les années 80) ou des propos délirants liés à des toxoplasmoses cérébrales. Ces visages, ces corps, ces voix appartenaient à des personnes de mon âge. Elles souffraient du sida, au nom de leur rencontre avec l'héroïne. Elles l'avaient injectée avec d'autres personnes et avec la même seringue. L'héroïne ne les tuait pas mais la façon dont elles la consommaient, faute de matériel d'injection à usage unique, allait le faire. Souvent le partage avait lieu entre mari et femme, entre amis. Les uns après les autres, ils s'infectaient, puis devenaient malades et étaient hospitalisés sans autre issue que la mort. Parfois dans la même chambre, parfois dans le même lit d'hôpital où s'étaient éteints, quelques mois ou quelques années plus tôt, le conjoint ou l'ami.

L'histoire d'Yves, un patient de 38 ans, me revient en mémoire. C'était en 1985. Sa femme venait de mourir du sida, quelques mois auparavant, dans notre service. Une infection à cytomégalovirus (CMV) qui l'avait d'abord rendue aveugle, pour atteindre par la suite le cerveau, les méninges et le tube digestif. Des semaines de confusion, de terreur et de diarrhée profuses. Yves était présent, à ses côtés. Il s'injectait de l'héroïne dans la chambre de l'hôpital et nous le soupçonnions d'en injecter aussi à sa femme. Quelques jours après la mort de sa complice de toujours, il entra dans mon bureau et me demanda pour combien de temps « il en avait encore ». Face à mon silence embarrassé, il précisa la raison de sa question. Il manquait d'héroïne. Il en consommait deux à trois grammes par jour. De l'héroïne blanche, presque pure, car depuis des années, pour sa consommation personnelle et celle de sa femme, il allait s'approvisionner au nord de la Thaïlande, à quelques kilomètres de la frontière birmane. Ses contacts privilégiés l'assuraient d'une acquisition de qualité. Le retour en France et le passage des douanes ne lui posaient pas de problèmes. En revanche, sa maladie, un sarcome de Kaposi (prolifération tumorale d'origine vasculaire) qui commençait à envahir ses ganglions inguinaux[1] et bloquer les retours veineux et lymphatiques de ses membres inférieurs, rendait chaque jour sa marche plus difficile. Il allait mourir, il le savait. Moi aussi. Mes promesses de ne pas le laisser souffrir, quelles que soient les doses de morphine nécessaires, ne lui convenaient pas. Il voulait mourir comme il avait vécu : avec de l'héroïne de qualité. Et non de la morphine médicalisée. Lui restait-il un peu de temps pour faire l'aller-retour en Thaïlande ? Je le rassurai.

Trois mois après cette consultation, je l'hospitalisai. Son sarcome de Kaposi s'étendait aux poumons, aux muqueuses et aussi à la peau : de multiples taches violacées, épaisses parcheminaient son thorax, son visage et ses bras. Ses jambes devenaient éléphantesques. Sa langue et son œsophage, envahis par une candidose sévère, lui interdisaient de manger, tant chaque déglutition était source d'intense douleur. Pour pouvoir boire, pour pouvoir avaler un peu de liquide, il devait s'injecter de l'héroïne. Sa précieuse héroïne blanche, *made in Birmania*. Mais les accès veineux se faisaient rares. Il devait s'administrer de plus en plus de poudre, diluée en intramusculaire ou en sous-cutané. Les abcès et les kystes infectés proliféraient. Il n'avait accepté l'hospitalisation qu'à une seule condition : qu'il puisse continuer de consommer son produit. Après discussion avec la surveillante générale, pourtant élevée à l'école pure et dure de l'Assistance publique, je pris la décision d'accepter et... de ne rien dire à notre chef de service, le professeur Hervé Durand. Celui-ci ne tarda pas à découvrir le pot aux roses ou plus exactement le pot stérile transparent dans lequel nous avions mis les deux cents grammes d'héroïne. Ce pot, initialement prévu pour recueillir les selles à fin d'examen coprologique ou parasitologique, avait une

---

1. De l'aine.

taille et un couvercle rouge caractéristiques. Lors d'une visite suffisamment impromptue pour que nous n'ayons pas eu le temps, ma surveillante ou moi, de cacher le pot, Hervé Durand le trouva sur le ventre d'Yves, lequel était profondément et calmement endormi. Le chef de service comprit, sans peine, ce que le pot contenait et nous convoqua dans la foulée. Il écouta nos tentatives d'explications. Puis, après un long silence, nous reprocha le manque de confiance à son égard. Il nous rappela, bien sûr, toutes les interdictions que nous dépassions, espéra que nous avions autorisé cela en notre âme et conscience de personnel médical responsable, et qu'à partir de maintenant, tout serait fait pour que le patient ne souffre pas en sa fin de vie, et ce, avec des moyens... plus conventionnels. Deux jours après cette discussion, Yves décédait. Je retrouvai ma surveillante dans la chambre. Nos regards passaient du visage éteint de notre patient, presque encore vivant, au pot d'héroïne, presque encore plein. La porte de la chambre s'ouvrit. C'était le frère d'Yves, héroïnomane lui aussi. Il n'avait pas encore été informé de sa mort. Il comprit immédiatement et ne dit rien. Son regard se porta à son tour sur l'héroïne. Puis sur nous. Puis une dernière fois sur son frère, puis il prit, toujours sans un mot, le pot transparent et s'en alla.

Grâce à cette période, nous avons appris à faire alliance avec nos patients et, comme Hervé Durand tentait de nous l'expliquer, à faire attention à bien différencier alliance et complicité. Sans essayer de nous justifier, de trouver des excuses à notre apparente légèreté ou irresponsabilité du moment, je dirai que notre comportement n'exprimait qu'une impuissance terrible face à ce tourbillon morbide et mortel des années 1984, 1985 et 1986. Nous étions démunis. Nous savions peu de chose sur cette maladie émergente, nous ne possédions que très peu de médicaments efficaces et les spécialistes de la toxicomanie ne nous apportaient aucun savoir utile à ce stade. Chaque semaine, l'un de nos patients mourait. Nous voulions fermer la chambre dans laquelle il avait rendu son dernier souffle, non seulement pour la désinfecter, mais aussi pour respecter un temps de deuil. Un jour au moins ou deux. Mais le temps nous manquait : un nouveau malade prenait la place. Nos tentatives désespérées pour sauver le nouvel entrant repoussaient alors notre tristesse. L'espoir de vie, le combat chassaient la mort. Et le cycle recommençait. Infernal.

Entre-temps, les congrès internationaux sur le sida nous donnaient l'occasion de rencontrer des spécialistes étrangers en toxicomanie, bien différents de nos spécimens hexagonaux. Ces collègues suisses, belges, allemands, américains, canadiens nous permettaient de découvrir des approches médicales et thérapeutiques bien plus efficaces pour les héroïnomanes que la « soupe » psychosociologique tiède qui leur était réservée en France.

C'est alors que de nouveaux traitements pharmacologiques comme la méthadone ou la buprénorphine firent leur apparition, freinant ainsi de façon spectaculaire les ravages de l'héroïne.

Ces médicaments de substitution prescrits, le plus souvent, durant des années, permettent l'arrêt de la consommation d'héroïne et un retour à l'équilibre neurologique dans 70 % à 80 % des cas, avec une qualité de vie physique et psychique comparable à celle d'une population n'ayant jamais usé d'héroïne. Dans 20 % à 30 % des cas, le simple traitement par méthadone ou buprénorphine ne suffit pas. Il s'agit de cas d'héroïnodépendance associée à des pathologies psychiatriques (schizophrénie, paranoïa, maniaco-dépression...) préexistantes ou induites par les années d'abus et/ou à des situations sociales très fragilisantes (prostitution, délinquance avérée, violences familiales). Ces polypathologies nécessitent alors des

diagnostics et des traitements spécifiques de l'héroïnodépendance. Dans de tels cas, il ne faut pas demander aux
traitements de substitution ce qu'ils ne peuvent pas
apporter, à savoir une vie sociale ou le rétablissement
d'un déséquilibre neuropsychiatrique important.

Cette efficacité, et notamment celle des traitements
avec de la méthadone, fut cependant combattue par les
partisans de la guérison « sans médicament » au nom de
la toute-puissante liberté de choix. Ce qui, dans le cadre
d'une dépendance aussi sévère que celle induite par l'héroïne, ne manquait ni de cynisme, ni d'ignorance. Ceux qui
s'étaient opposés à la remise à disposition du matériel d'injection trouvèrent là un nouveau terrain de « révolte ». Ils
furent rejoints, dans leurs oppositions virulentes, par
quelques collègues ou confrères qui écrivirent, dans le
journal *Le Monde* du 23 septembre 1992, un article intitulé : « Les médecins : docteurs ou fournisseurs ? » Le mot
dealer n'avait pas été prononcé, mais l'esprit de l'article
allait en ce sens. Une phrase de cette publication était un
gouffre d'aberration médicale, exemplaire de l'incroyable
approche des dépendances par certains spécialistes :
« Prescrire des opiacés à un toxicomane, c'est anesthésier
son cri. » Ils ajoutaient : « Envisagerait-on, dans cette
même logique, de prescrire de l'alcool aux alcooliques,
des hallucinogènes aux psychotiques délirants et d'inciter
à la violence des psychopathes dangereux ? » Dans leur
élan comparatif précis, les auteurs avaient-ils oublié de
dire « [...] et de donner des patchs nicotiniques aux tabacodépendants » ? C'eût été, sans doute, trop insupportable, intolérable, d'anesthésier le râle bronchique du
fumeur !

Heureusement, des politiques, aussi humains que remar-
quables, furent sensibles à notre discours. Mme Simone Veil,
ministre d'État, aidée de sa conseillère Agnès Audier,
organisa de façon pragmatique et administrative ce que

Bernard Kouchner, avant tout le monde, puis Philippe Douste-Blazy, avaient compris et conseillé : une approche médicale et médicamenteuse des toxicomanies.

En septembre 1993, Mme Simone Veil fit du développement des programmes méthadone, une priorité. En 1995, le cadre légal pour un deuxième type de traitement de substitution (le Subutex), plus facilement accessible en médecine et en pharmacie de ville, était prêt. Ce fut une expérience unique au monde. En quelques années, grâce à l'implication des médecins généralistes qui, à partir de 1996, commencèrent à prescrire la buprénorphine (Subutex) et des médecins des CSST de deuxième génération qui avaient commencé à prescrire la méthadone, plus de 100 000 héroïnomanes purent accéder au nouveau système de soins. Les overdoses à l'héroïne diminuèrent de 80 %, la dissémination du virus du sida fut divisée par 10, l'épidémie d'hépatite C fut ralentie, la délinquance liée à l'héroïne divisée par 4 et la consommation diminua, enfin, après vingt-cinq ans de croissance continue.

La médicalisation de la toxicomanie à l'héroïne ne s'était pas révélée saine et protectrice pour l'individu seulement, mais aussi pour la collectivité. Et ce, dans un pays, le nôtre, champion de la consommation de psychotropes (alcool, antidépresseurs, tranquillisants, cannabis), dénué de toute culture médicale de la méthadone (au contraire d'autres pays) ou de la buprénorphine et dont les patients étaient soi-disant des injecteurs invétérés ! C'est sans doute cela qu'on appelle le (génial) paradoxe français...

Pendant des années, de 1983 à 2002, j'ai travaillé au sein de l'Assistance publique, à l'hôpital Laennec puis à l'hôpital européen Georges Pompidou, pour le développement de la médecine des addictions, afin que la « médecine simple et saine » trouve sa place dans le soin aux toxicomanes, pour que ce soin ne se résume pas à une approche limitée, exclusivement psychologique ou sociale. La médicalisation des héroïnomanies a permis, en cinq à six ans, à partir de 1995, de sauver la vie d'environ 5 000 personnes. De leur éviter les overdoses, le sida ou la prison. Ce n'est pas négligeable pour un médecin...

7

Ecstasy, interprétation des raves

J'ai pris soin, tout au long des chapitres précédents, de décrire les effets et les dangers des différentes substances psychoactives ainsi que leur pouvoir addictogène indéniable. J'ai souhaité mettre en garde les lecteurs contre la nocivité de ces produits, les conséquences sur la santé, les risques encourus (à long terme) en cas d'abus chroniques. Enfin, j'ai tenté d'évoquer les différents traitements mis en place pour enrayer, au mieux, ces addictions. J'ai répondu, sans trop de difficulté, aux questions que chacun se pose. Sans trop de difficulté car les réponses existent. Nous avons suffisamment de recul aujourd'hui sur des drogues comme le tabac, la cocaïne, l'héroïne, le cannabis ou l'alcool, suffisamment d'études scientifiques et de cas cliniques sur lesquels nous appuyer pour apporter un éclairage précis. Ce n'est pas le cas de l'ecstasy.

La généralisation de l'usage de cette pilule, encore trop récente (quinze ans environ), ne peut nous apporter avec certitude des éléments de réponses.

Comporte-t-elle, à long terme, de véritables risques ? Nous pouvons le craindre, mais pas encore l'affirmer. Bien d'autres interrogations demeurent aujourd'hui en suspens.

Malgré nos connaissances limitées sur le sujet, je ne pouvais, en qualité de médecin, faire l'impasse sur cette substance psychoactive qui réunit de plus en plus d'adeptes – notamment dans les milieux de la musique techno – et touche de plus en plus d'adolescents. Je ne pouvais me résigner à taire la probabilité de dangerosité de ces petits comprimés, initialement appelés « pilules de l'amour ». Comme l'affirmait Jean Rostand : « l'obligation de subir suffit à légitimer le droit de savoir ». Nous savons peu, mais il est de notre devoir d'informer.

L'histoire de l'ecstasy ou MDMA est aux antipodes de son image actuelle. Sa synthèse fut effectuée, avant la Première Guerre mondiale, par les laboratoires allemands Merck. L'objectif : résister à la fatigue, à la faim, à la peur et maximiser ainsi l'efficacité des combattants. Cependant, cette molécule n'obtint jamais son autorisation de mise sur le marché.

Il fallut attendre les expériences psychédéliques des années 70 pour que des psychiatres californiens en proposent l'utilisation à des fins thérapeutiques ou hédoniques. Ils insistaient sur les effets modificateurs de l'humeur pour soigner certaines dépressions et autres traumatismes mentaux.

Les dommages amphétaminiques garantis de l'ecstasy l'emportant grandement sur ses bienfaits hypothétiques provoquèrent l'interruption immédiate de ces expériences. Elle devint une substance illégale aux États-Unis, avant d'être classée par l'ONU dans la catégorie des stupéfiants interdits.

Cette molécule disparut de la scène médicale... pour réapparaître, quelques années plus tard, sur la scène musicale de l'*acid house* (jouée dans les clubs de Chicago ou de New York), puis de la techno (dans les boîtes branchées).

Face à la généralisation de ce produit et à l'occasion

de morts subites chez des adolescents ou des adultes (au Canada, en 1974), les médias titrèrent, alors, sur la menace d'un nouveau fléau : « Quand la pilule de l'amour tue. »

Malgré ces nombreux précédents, l'ecstasy fait encore aujourd'hui figure de chef de file des « nouvelles drogues ». Apparus avec la chimie moderne, et synthétisés dans de petits laboratoires clandestins, ces produits artificiels nommés également « drogues de synthèse », se différencient, par leur origine chimique, des substances « naturelles, agricoles » tels le chanvre (cannabis), l'opium (l'héroïne) ou la coca.

Ils se présentent sous la forme d'un petit comprimé, d'une poudre ou d'une capsule contenant de la poudre. Il existe plusieurs modes d'administration : la voie orale, la voie nasale (la poudre est sniffée) ou la dissolution dans des boissons.

L'ecstasy contient une molécule répondant au nom de MDMA (3,4-Méthylène-DioxyMéthAmphétamine). Un psychotrope de synthèse, assorti de propriétés hallucinogènes et amphétaminiques, qui agit principalement sur la dopamine, la noradrénaline et la sérotonine. Cette substance joue donc un rôle sur le plaisir, sur le cycle de l'éveil et du sommeil, ainsi que sur l'humeur et les émotions. Toutes ces fonctions sont stimulées en même temps par la MDMA.

Bien que les toutes premières sensations se révèlent peu attractives (légères anxiétés avec sécheresse de la bouche, moiteur cutanée, augmentation de la pression artérielle, tachycardie et tension des muscles de la mâchoire), elles s'effacent rapidement au profit d'un état général d'excitation, d'ouverture d'esprit, d'hypervigilance, de performante acuité mentale, et d'une impression de liberté sans danger. Son succès semble lié, d'une part, au sentiment de bien-être et d'euphorie qu'elle provoque et, d'autre part, au désir de se rapprocher des autres, de leur parler, de les toucher. Une déshinibition du comportement favorisée par l'ambiance « chaude » de ces fêtes où tous les sens sont sollicités : les corps se touchent, en transe, au rythme de la musique techno. Tout est là (jeux de lumière, promiscuité, débit de boissons énergisantes...) pour créer une atmosphère réconfortante et « charnelle ». L'ecstasy offre un plaisir sensoriel, sensuel mais ne stimule pas le désir sexuel. Elle est appelée « pilule de l'amour » pour l'empathie que les jeunes ressentent les uns envers les autres lorsqu'ils la consomment.

La réputation de la MDMA demeure donc positive, fondée sur l'illusion intime de s'opposer à un monde froid (en gobant une molécule « soft »), et d'oser faire l'expérience de relations émotionnelles intenses.

Les effets de cette pilule (le « high ») durent entre quatre et six heures, mais risquent de se prolonger jusqu'à dix heures selon la quantité prise. Cependant, les lendemains de fête apparaissent nettement moins enchanteurs. Les neurohormones du plaisir n'étant plus libérées en grande quantité par l'ecstasy, le corps subit un sevrage de vingt-quatre à soixante-douze heures qui peut engendrer un état dépressif, des troubles du sommeil et une importante fatigue.

Quelques semaines plus tard, le consommateur est susceptible de ressentir encore les mêmes sensations, ainsi que des « flash-backs » qui l'amènent à revivre certaines expériences vécues sous l'influence de la drogue, sans en avoir reconsommé.

L'utilisation occasionnelle de la MDMA comporte également des risques immédiats. Elle provoque une augmentation de la température du corps et de la pression sanguine. Exceptionnellement, une déshydratation aiguë et une hyperthermie maligne peuvent survenir. La fièvre monte jusqu'à 42 °C et résiste aux traitements habituels ;

les muscles fondent et entraînent une insuffisance rénale aiguë avec anurie ; des crises d'épilepsie et des troubles majeurs de la coagulation complètent ce tableau critique. On peut voir apparaître également une hépatite fulminante, une hépatite toxique suraiguë et mortelle. La probabilité de telles complications, susceptibles d'engager le pronostic vital, augmente avec la quantité de pilules d'ecstasy « gobées » en un court laps de temps (douze à quarante-huit heures). Quelques cas ont également été rapportés à la suite de faibles doses absorbées ou lors de mélanges avec diverses substances (alcool, cannabis, cocaïne, kétamine, LSD, autres amphétamines, etc.).

Bien que les études réalisées sur l'ecstasy soient encore trop récentes pour qu'on puisse se prononcer avec exactitude sur ses effets et ses dangers à moyen et long terme, la plupart des scientifiques ne considèrent pas cette substance comme totalement inoffensive.

Elle n'engendre, certes, qu'une dépendance physique légère (en cas d'usage occasionnel seulement), mais pourrait, en revanche, créer une dépendance psychologique. Localisés dans la mémoire du plaisir, les effets « enchanteurs » de la substance poussent l'usager à réitérer ses prises afin de retrouver le même état. De plus, l'effet antidépressif et psychostimulant de ces comprimés donne à l'utilisateur l'illusion qu'un nouvel usage améliorera son état mental. Erreur ! L'augmentation des doses ne restitue pas les effets positifs des premières consommations, bien au contraire. Les méfaits physiques et psychiques, en revanche, se voient amplifiés...

En cas de consommation répétée et prolongée sur des mois ou des années, la neurotoxicité de l'ecstasy, initialement incertaine jusqu'au milieu des années 90, semble, hélas, se confirmer. Elle créerait des lésions du système nerveux en détruisant partiellement, mais peut-être de façon irréversible, certains neurones (sérotoninergiques et dopaminergiques).

Selon les neurobiologistes, une « explosion neuronale » serait à craindre. Elle expliquerait principalement les séquelles observées dans les cas de consommations prolongées ou répétées de MDMA : troubles majeurs de l'humeur (dépression, adynamie, repli sur soi, crises d'angoisse ou de panique), du comportement alimentaire, du sommeil, de la mémoire, de la concentration mais aussi perturbations de la régulation cardiaque et de la température corporelle (comme avec l'ensemble des amphétamines).

L'essentiel des signes psychiatriques (mentionnés dans les rares études sur le sujet) telles les hallucinations, les délires paranoïaques ou les psychoses aiguës, avec dépersonnalisation et perte de conscience de la réalité, s'expliqueraient également par la destruction partielle de ces neurones.

La seule solution pour sortir de ce dangereux processus est alors un arrêt prolongé voire définitif de cette substance.

Avant de clore ce chapitre, je souhaiterais mettre en garde les consommateurs contre les fausses pilules de MDMA. En raison de l'absence de contrôle, un comprimé sur trois vendu pour de l'ecstasy n'en contiendrait pas le moindre microgramme. Le principe actif (MDMA) peut être remplacé soit par du sel, de l'amidon ou du sucre (un moindre mal), soit par d'autres psychotropes (amphétamines, barbituriques, analgésiques, anabolisants...) et dans ce cas, l'ingestion de la pilule se révélerait encore plus dangereuse !

Pour l'heure, je recommanderais également à tous les consommateurs d'ecstasy de respecter quelques consignes élémentaires afin de réduire les risques évoqués précédemment : si l'arrêt définitif vous semble impossible actuellement, n'abusez pas de ces pilules. La dangerosité neurotoxique à long terme reste encore méconnue, mais elle ne présage rien de bon. Limitez les risques de déshydratation lors des soirées en vous ménageant régulièrement des pauses. Buvez fréquemment (de l'eau et pas de l'alcool qui aggrave le risque de déshydratation aiguë), pensez à vous rafraîchir le plus souvent possible. Évitez enfin les mélanges avec d'autres substances psychotropes.

Quant à nous, médecins, il ne nous reste plus qu'à attendre, avec crainte.

Attendre une dizaine d'années encore pour confirmer, sûrement trop tard, les effets négatifs de l'ecstasy sur le cerveau des adolescents festifs et révoltés d'aujourd'hui.

Combien seront devenus addicts à l'ecstasy ou à d'autres substances ?

Combien présenteront des déficits cognitifs, des troubles relationnels, des perturbations émotionnelles ou encore des syndromes parkinsoniens ?

Les consommateurs d'ecstasy ne se sentent pas en danger et nullement obligés de se rendre dans un centre de soins spécialisé en toxicomanie, et ce, malgré les tentatives de Médecins du monde d'ouvrir un lieu de consultation spécifique.

Si les ravers et autres night-clubbers ne viennent pas à nous, pourquoi n'allons-nous pas à eux ? Pourquoi ne les aidons-nous pas, ne les informons-nous pas sur place, dans les raves, les rassemblements musicaux ou les boîtes de nuit ? Ce fut, une fois encore, la démarche de Médecins du monde et de quelques associations proches du milieu techno.

Hélas, leurs initiatives sanitaires avant-gardistes (de recherche-action et de réduction des risques) rencontrent, depuis de trop longues années, toujours plus d'obstacles politiques, légaux ou administratifs que de soutiens officiels.

Nous sommes capables de mobiliser une armée entière pour secourir un skieur hors-piste et nous rechignons à venir en aide à ces adolescents autrement que par la répression policière !

Nous avons parfois une bien triste et inquiétante façon de protéger notre jeunesse.

Manquerions-nous à ce point d'empathie ?

II

ADDICTIONS SANS DROGUES

1

Cyberdépendance :
www.refuge@ados.net

Installé devant son ordinateur, l'œil rivé sur l'écran, la main vissée sur sa souris, Oscar joue sans relâche depuis 10 heures du matin. Il est 15 heures. Trois cannettes de Coca jonchent le sol et une tablette de chocolat à moitié entamée traîne sur le bureau. À portée de main. Oscar n'a pas encore déjeuné. Il a oublié. « Depuis que je suis accro aux jeux, j'ai perdu toute notion du temps. Je ne fais plus de différence entre le jour et la nuit. Je mange quand j'ai trop faim. À 5 heures du matin ou en plein après-midi. De la même façon, je dors quand je suis épuisé, peu importe l'heure. Il m'est arrivé de jouer trente-six heures d'affilée. Je ne vois pas le temps passer. Pour moi, une heure correspond à dix minutes. »

Aujourd'hui, Oscar a annulé deux rendez-vous. Trop occupé à créer Taylor, son héros virtuel. Il sera grand, fort, doté d'une intelligence supérieure, sûr de lui et puissant. « C'est génial ! Je me retrouve avec un personnage vierge et c'est à moi de l'imaginer. Physiquement, moralement, intellectuellement, socialement. En réfléchissant bien, j'invente le personnage que j'aurais idéalement aimé être. »

Pour cet accro aux jeux en réseau, hors de question de décrocher sous peine de « péter les plombs ». Oscar le reconnaît : il est cyberdépendant.

Cet adolescent de 17 ans n'est pas un cas exceptionnel. Aux États-Unis, près de 6 % des usagers d'Internet souffrent d'une façon ou d'une autre de dépendance. C'est ce que révèle une étude américaine : des mariages sont brisés, des adolescents sont confrontés à des échecs scolaires à répétition, des gestes illégaux sont commis (cybercrimes), des fortunes sont dépensées sur les sites pornographiques,... Ils seraient environ 200 millions à se connecter sur le Web à travers le monde, dont 11,4 millions d'accros. En 2004, 3,5 millions de Français (entre 13 et 25 ans) ont passé chaque jour plusieurs heures sur MSN Messenger, une messagerie instantanée et gratuite créée par Microsoft. La console vidéo ou le Net sont devenus le centre de leur univers, jusqu'au jour où ils se sont rendu compte qu'ils étaient incapables de décrocher sans une aide extérieure. Exactement comme s'ils étaient dépendants de l'alcool ou du tabac... Depuis deux ans, le nombre de cyberaddicts ne cesse de croître. Les États-Unis ont été le premier pays à considérer la cyberdépendance comme une maladie avec ses propres critères de diagnostic. Depuis, les thérapies spécialisées et les cliniques virtuelles prolifèrent. Il y a peut-être là un effet de mode qui pourrait, tôt ou tard, gagner la France. Pour le moment, notre pays semble avoir du mal à prendre au sérieux l'hyperactivité cybernétique. Deux raisons à cela : le phénomène est récent compte tenu du retard initial concernant le développement d'Internet en France. De ce fait, les études manquent. D'autre part, il y a chez les Américains une tendance à qualifier de dépendance toute activité pratiquée de manière passionnée. La culture française serait moins aliénante et surtout plus tolérante. Il est important, en effet, de se garder de diagnostiquer une cyberdépendance dans les six premiers mois de l'achat d'un ordinateur, car l'excitation face à un nouveau système informatique que l'on exploite et la découverte du réseau internet en fausseraient l'évaluation. Un diagnostic de cyberaddiction doit être posé après six mois à un an d'utilisation d'un premier ordinateur. Faut-il, pour autant, ranger dans les addictions une pratique internet intensive ? Sans hésitation, je répondrais positivement. Dès l'instant où le cyberaddict veut arrêter et qu'il n'y arrive pas, qu'apparaissent des signes de désocialisation, de déscolarisation ou des conflits familiaux liés à cette pratique, la perte d'activités ludiques ou personnelles, nous avons pratiquement les trois quarts des critères d'une addiction. Autre façon de reconnaître un cyberdépendant : l'insatisfaction perpétuelle. Quel que soit le nombre d'heures passées devant l'écran, souvent des journées entières, cela reste insuffisant. Il n'obtient jamais le bien-être recherché. Au-delà de ces signes, la cyberdépendance comporte les mêmes symptômes que n'importe quelle addiction. La perte de contrôle, la tolérance, c'est-à-dire le besoin de passer de plus en plus de temps sur Internet pour obtenir une satisfaction. En cas de sevrage, une agitation psychomotrice, une anxiété, une irritabilité et enfin une pensée obsédante ou des rêves à propos d'Internet risquent de se manifester.

Pour venir en aide aux cyberaddicts, une association américaine de psychiatrie a établi un test destiné à évaluer le degré de dépendance à Internet : le *Virtual Addiction Test*. Il est important de souligner que ce dernier est accessible... sur le Net. Un quiz en vogue que l'on peut trouver sur le site : www.netaddiction.com :

✔ Avez-vous l'impression de perdre le contrôle de vous-même devant Internet ?

✔ Quand vous n'êtes pas sur Internet, pensez-vous souvent à l'ordinateur, à de précédentes sessions ?

✔ Avez-vous l'impression que vous devez passer plus de temps connecté pour retrouver les mêmes satisfactions qu'au début ?

✔ Avez-vous essayé plusieurs fois, en vain, de contrôler, de diminuer ou d'arrêter votre usage d'Internet ?

✔ Vous sentez-vous énervé, irritable, quand vous essayez de réduire ou d'arrêter Internet ?

✔ Utilisez-vous Internet pour échapper à des problèmes ou améliorer votre humeur ?

✔ Après avoir passé ce que vous considériez comme un temps excessif sur Internet et vous être promis de ne pas y retourner le lendemain, vous est-il arrivé de ne pouvoir résister à l'envie de vous connecter le lendemain ou peu après ?

✔ Avez-vous déjà menti à des membres de votre famille, à des médecins ou à d'autres personnes pour masquer l'ampleur de votre attrait pour Internet ?

✔ Avez-vous déjà perdu des relations importantes de votre vie, raté des études ou des situations professionnelles à cause d'Internet ?

Une seule réponse suffit à faire de vous un cyberdépendant selon un spécialiste qui recommande, avant qu'il ne soit trop tard, de prendre connaissance de la brochure « maîtriser l'utilisation du Web » avec des conseils aux familles, mais aussi des renseignements sur l'infidélité en ligne : un guide pour sauver les couples en cas de cyberaventure. Il y a donc là, de toute évidence, un marché porteur...

Bien que cette addiction présente, sans aucun doute, moins de dangers sur la santé qu'une alcoolodépendance ou une héroïnodépendance, le cyberaddict n'est cependant pas totalement à l'abri de certains désagréments plus ou moins importants. Face à son écran, il n'utilise que trois fonctions : le cerveau, la vue et le toucher. Le reste ne lui sert quasiment à rien. Il me paraît donc évident que le cerveau des émotions et le circuit de la récompense vont être, à plus ou moins long terme, modifiés. Bien que le petit cerveau reptilien soit moins « abîmé » par l'ordinateur que par les substances, l'hypnose, la montée d'adrénaline, la nécessité d'être toujours plus rapide aura forcément des répercussions neurobiochimiques. On ne peut imaginer qu'un cerveau fonctionnant pendant vingt ou trente heures d'affilée ne subisse aucune conséquence. Le cyberdépendant se trouve dans une bulle, en activité cérébrale constante, avec des relations virtuelles et des bruits différents. Le rapport au temps et à l'espace se modifie. La locomotion également. La vision est captée en permanence. Cela va-t-il activer son circuit dopaminergique (libération de dopamine) ? Les régions cérébrales vont-elles être directement touchées ? Je ne peux rien affirmer à l'heure actuelle en raison du manque de preuves en neuro-imagerie.

Cependant, à travers mon expérience clinique, j'ai pu constater les dangers physiques que représente l'activité cybernétique :

✔ douleurs cervicales, musculaires ou rachidiennes ;

✔ problèmes de dos ;

✔ retour veineux contrarié avec un risque d'infection au niveau des pieds dans le cas où le joueur reste quarante-huit heures assis sans enlever ses chaussures ;

✔ déséquilibre alimentaire (régime pizza, Coca, chocolat) ;

✔ maux de tête en raison des contractures cervicales et de la vision sur écran en permanence ;

✔ tendinites du pouce et du poignet ;

✔ troubles du sommeil.

Comme dans toutes les addictions, le manque menace. Lorsque les cyberdépendants n'ont plus d'ordinateur, ils traversent une période de mal-être avec l'impression d'être coupés du monde, de ne servir à rien, d'être déprimés. Le manque est plus léger que dans les addictions aux substances, mais en termes d'irritabilité, de troubles du sommeil, d'anxiété, il est comparable au manque de cannabis. L'apparition des jeux en réseau (où le cyberaddict peut jouer avec la planète entière 24 heures sur 24) le renvoie à un sentiment d'inutilité, à l'idée douloureuse que le monde peut tourner sans lui lorsqu'il ne joue pas. Et il tourne sans lui. « Même en mon absence, ça continue sans moi », pense-t-il. La conclusion hâtive qu'il aurait tendance à tirer de cette triste évidence, c'est qu'il ne vaut pas grand-chose, puisque qu'il soit présent ou non dans ce monde-là, cela ne change rien. La violence de cette réalité se rapproche de celle de l'addiction au travail. Le workaholique se croit indispensable, imagine que son entreprise ne peut prospérer, ni avancer sans sa collaboration. Pourtant, s'il part en vacances ou pire, en retraite, elle continue de fonctionner sans lui.

Comme certaines substances addictives et dangereuses (l'alcool et le tabac), l'ordinateur est en vente libre et accessible au plus grand nombre. Nous avons tous goûté, approché, testé, apprécié Internet, en abusant même. Du courrier magique (les mails), des jeux proposés ou de certains sites particulièrement attractifs. Nous possédons tous (ou presque) au moins un ordinateur, sur notre lieu professionnel, à la maison, à l'école. Depuis quelques années, il fait partie de notre décor. De notre quotidien. Nous n'en sommes pas pour autant tous accros. Au mieux, nous l'utilisons pour communiquer, nous enrichir, travailler... Au pire, il permet de nous évader, de mettre entre parenthèses nos soucis du moment en surfant sans but véritable. Une heure, parfois deux. Rarement plus. Le psychanalyste Michael Stora décrit clairement deux grandes familles d'accros : le « passager » et le « long terme ». Le passager est accro durant une période limitée dans le temps. Sa dépendance est liée à des enjeux personnels, à une période de fragilisation ou d'anxiété. Le long terme, en revanche, surfe cinquante heures par semaine toute l'année. Alors pourquoi certains restent-ils au stade de cyberusager quand d'autres deviennent cyberaddict ? Existe-t-il un profil psychologique type ou est-ce tout simplement une question de génération qui toucherait alors davantage les ados que les plus âgés ? La réponse n'est pas simple. Il est vrai que les adolescents se trouvent en première ligne et plus particulièrement les garçons dont les jeux les plus convoités font appel à des spécificités bien masculines : la compétition, le score ou la violence. En ce qui concerne les ados, une histoire familiale un peu douloureuse, des difficultés à l'école ou dans leur activité professionnelle, un problème relationnel ou une mauvaise image d'eux-mêmes poussent souvent ces amateurs à se réfugier dans un monde virtuel. Un jeune patient me l'avait clairement expliqué : « Quand mon quotidien devient trop difficile à supporter, je trouve refuge dans mon ordinateur. Je me console avec ma console. » Ainsi, il échappe à ce qui lui fait peur dans la réalité, de la même façon que le fait un gros consommateur de cannabis. Les jeux ou autres activités cybernétiques permettent de surmonter une anxiété ou une crainte d'affronter la vie avec ce qu'elle renferme de difficile et parfois même de banal. Lorsqu'on me demande s'il y a une prédisposition à cette forme d'addiction, je réponds plus volontiers qu'il s'agit d'une vulnérabilité. Vulnérabilité que l'on retrouve le plus souvent à l'adolescence. À l'âge où il est parfois difficile de « faire avec la vie réelle ». L'ado découvre une façon d'échapper aux problèmes qu'il rencontre. Ainsi, il trouve dans le monde virtuel une possibilité de contact, de présentation susceptibles de le soulager. L'écran lui permet de masquer aussi bien son acné florissante – si elle existe – que ses difficultés relationnelles, notamment dans la relation corporelle et sexuelle.

Lorsque je reçois ces ados en consultation, ils n'expriment jamais cet état de fait. En sont-ils seulement conscients ? En règle générale, ce sont les parents qui viennent me voir dans un premier temps, puis, dans un second temps, ils amènent leurs enfants. Ce que je perçois dans le discours de ces derniers est une sorte d'incompréhension générationnelle. Dans un sens, ils n'ont pas tout à fait tort car le phénomène des jeux vidéo ou de la cyberaddiction est récent, contrairement aux jeux de cartes, par exemple, connus de plusieurs générations. Leur première réflexion est : « De toute façon, mes parents s'inquiètent pour rien car ils ne peuvent pas comprendre. » Sous-entendu : « Ils me reprochent une activité à laquelle ils n'ont même pas accès ou si peu. » C'est, en quelque sorte, le conflit des anciens et des modernes qui est mis en évidence. Le deuxième point est une minimisation de l'activité, ou un déni que l'on retrouve dans toutes les addictions. Enfin, dernier point : le sentiment d'injustice. « Je ne fais rien de mal, me disent-ils. C'est vachement bien de discuter avec des gens ou d'être performant dans des jeux ! » Ou alors : « Je préfère jouer plutôt que de passer deux heures à table ! » Derrière cette phrase, j'entends souvent un second message. Un message plus douloureux qui consiste à dire sans l'avouer réellement : « Je ne supporte plus d'entendre mes parents s'engueuler. » Ou « Je ne veux plus être confronté à la solitude de ma mère... » À ce sujet, il me revient une histoire. Un souvenir de consultation qui remonte pourtant à quelques années.

Un matin, je reçois une femme amaigrie, au regard cerné, aux joues creusées. Elle me raconte l'histoire de son fils « scotché » à Internet. Aux jeux de rôles plus précisément. Elle ne sait plus quoi faire pour le « sortir de là ». Elle suppose que ses troubles ont commencé après qu'il est revenu de chez son père avec lequel il avait tenté de cohabiter.

« Il refuse de dîner avec moi, me raconte-t-elle. Il ne quitte plus son ordinateur et ne sort plus de la maison. Il ne fréquente plus ses amis et nos relations sont tendues. » En réalité, elle m'énumère certaines caractéristiques d'une addiction. J'essaye d'en savoir plus sur les raisons d'un éventuel mal-être de l'enfant. Il aurait été victime de violences physiques et éventuellement sexuelles de la part de son père. Un détail, pourtant, retient mon attention : les rares fois où son fils quitte le domicile maternel, où il semble reprendre goût à la vie, ce sont les moments où sa mère s'absente. En effet, cette femme a été atteinte d'un cancer du sein avec métastases. Elle a subi des radiothérapies puis de la chirurgie réparatrice. Un « parcours de la combattante » extrêmement lourd puisqu'elle consacre une grande partie de sa vie à des soins de toutes sortes. L'hypothèse est alors celle d'un fils qui veillerait à sa façon et en permanence sur sa mère. Il retrouverait une vie normale dès l'instant où il la sait à l'hôpital, entourée de personnes qui prennent le relais pour s'occuper d'elle.

Quelques jours plus tard, elle revient me voir avec son fils, très réticent à venir consulter. Je le confie au docteur Pierre Zanger, psychiatre à la clinique Montevideo. Son diagnostic est le suivant : aucune piste en faveur d'une psychose, mais beaucoup d'anxiété. Cet adolescent est tyrannisé par la crainte de perdre sa mère, par la peur que celle-ci, déjà abandonnée par son père, ne l'abandonne à son tour.

À la troisième consultation de la mère, un autre élément apparaît. Cette femme demande timidement quelle sorte d'addiction nous traitons à la clinique. Ma réponse ne semble pas la satisfaire. C'est alors qu'elle me demande plus directement si nous nous occupons aussi des héroïnomanes. Après une certaine hésitation, elle finit par m'avouer qu'elle consomme cette substance depuis une vingtaine d'années à petites doses, et depuis dix-sept ans, par voie intraveineuse. « Pensez-vous que cela puisse avoir une incidence sur l'état de mon enfant, sur ses inquiétudes ? », me demande-t-elle. Puis elle ajoute : « Il m'est arrivé, à plusieurs reprises, de faire de petites overdoses, suivies de comas et tout cela, sous les yeux de mon fils... »

Je lui ai conseillé un traitement pour qu'elle puisse se libérer de son héroïnodépendance. Elle m'a dit qu'elle réfléchirait. Je ne l'ai plus jamais revue.

Cette histoire m'a fait comprendre que, à partir d'un motif de suspicion de cyberdépendance, nous nous trouvons confrontés à des histoires intenses et douloureuses. C'est l'une des particularités de cette addiction. Un côté

« pêche à la ligne » qui existe dans toutes les dépendances, mais que l'on retrouve encore plus clairement
dans celle-ci. Les demandes de consultation pour cyberdépendance traduisent fréquemment des signes d'appel
qui vont nous permettre de découvrir le véritable problème, souvent bien plus important que le motif initial
de la consultation.

En soi, ni le Net, ni les jeux vidéo ne créent de comportements pathologiques. Ils servent de terrain d'expression
pour des personnes souffrant de pathologies déjà exis-
tantes. En fait, la cyberdépendance est un carrefour qui
concerne un grand nombre d'individus : les dépressifs, les
psychotiques, les névrosés obsessionnels qui accumulent
le savoir dans le but de connaître toujours plus, ainsi que
les névrosés tyrannisés par leur idéal qui s'inventent une
identité. Les personnes souffrant de solitude, les adultes
traversant des périodes de rupture (chômage, deuil,
divorce...) sont également exposés à cette dépendance.
Impossible donc d'établir une classification car la cyberaddiction est complexe dans le sens où elle présente
plusieurs facettes. Internet démultiplie les possibilités
d'acheter, de faire de nouvelles rencontres, d'accumuler
des informations ou de jouer. Il sert également souvent
de support à des dépendances existant déjà dans le
monde réel. Ces formes de cyberdépendance ne sont donc
pas des addictions nouvelles, mais l'expression technolo-
gique de vieilles passions ravivées par l'explosion de ces
offres. Par exemple, les acheteurs compulsifs (ou plus
exactement, les acheteuses), les accros aux ventes aux
enchères en ligne ou aux jeux d'argent, incapables de
résister à l'attrait des loteries ou au clinquant des casinos
virtuels qui surgissent sous forme de pop-up lors de la
navigation sur le Net. Il y a aussi les « downloaders » qui
téléchargent tout et n'importe quoi, et les accros des

forums qui lisent tout, quitte à ne plus rien faire d'autre. Sans compter les boursicoteurs du Net qui ne peuvent s'empêcher de se connecter plusieurs fois par jour pour connaître l'évolution de leur portefeuille, acheter ou vendre au point d'en être obnubilés et enfin, les junkies du cybersexe, accros aux sites pornographiques, qui n'arrivent pas à ralentir le rythme effréné de leurs échanges. Et nous pourrions multiplier ces catégories à l'infini. Ces individus n'entrent pas dans la catégorie des cyberaddicts. Ils sont dépendants affectifs, sexuels, joueurs pathologiques ou acheteurs compulsifs et ont trouvé, grâce au Net, un moyen plus rapide, plus convivial ou plus discret de vivre leur addiction. Mais, intéressons-nous aux cyberaddictions « pures et dures ». À ces nouveaux addicts créés de toutes pièces par le géant Internet :

Le cyberépistémophile

Celui qui passe son temps à faire des recherches sur le Web et à télécharger de nombreux fichiers. Cette forme d'addiction peut avoir de réelles conséquences sur la vie sociale et familiale du sujet. Pendant deux ans, Édouard, ingénieur, marié, trois enfants, a passé ses nuits à faire des recherches sur sa spécialité. L'idée qu'il puisse « louper » une information, une nouveauté, l'idée de ne pas maîtriser l'ensemble d'un savoir lui était insupportable. Sa femme a demandé le divorce. Ce jour-là, il a reconnu que l'ordinateur avait été la pire des maîtresses.

Le hacker ou addict de l'interdit

Ses objectifs sont multiples : pénétrer des systèmes interdits, protégés et difficiles d'accès sans occasionner de dégâts car seule la performance technique est recherchée. Il peut également défendre une idéologie en injectant des virus sur des sites pédophiles, par exemple. Mais

TOUS obéissent à la tentation de prouver aux autres et à eux-mêmes qu'ils sont puissants et que rien ni personne ne peut les arrêter. Ils aspirent bien souvent à des désirs de grandeur et de reconnaissance. Encouragés par leurs prouesses, ils n'ont qu'un seul but : aller encore plus loin dans la transgression et l'exploit, au point que cette disposition envahit peu à peu leur existence.

Le cybertalk-addict

Celui qui communique à toute heure du jour ou de la nuit. Par e-mail ou par « chat » et surtout par messagerie instantanée gratuite et confidentielle. Ce nouvel outil est l'une des clés du succès d'Internet. Il possède une véritable fonction positive excepté lorsque celui-ci se transforme en objet de dépendance de la même façon que le téléphone portable. Certains s'en serviront de façon utile pour appeler, d'autres resteront accrochés à leur messagerie en l'interrogeant plusieurs fois par jour. Persuadés qu'ils ne sont pas aimés si la sonnerie ne retentit pas plusieurs fois par jour. Idem pour les mails. Les accros seront rassurés d'en recevoir cinquante par jour, même s'ils proviennent de gens qu'ils ne connaissent pas. Même s'ils reçoivent un message de la SNCF leur proposant un voyage à prix réduit pourvu qu'ils soient sollicités ! François, un patient hospitalisé il y a quelques mois pour consommation de cannabis, m'expliquait qu'il ne pouvait pas rester plus de dix minutes sans consulter ses mails. « Quand je reçois des messages, j'ai l'impression, l'illusion d'exister. Je me dis qu'on pense à moi. » Son ordinateur, situé à proximité de son lit, restait allumé jour et nuit. Dès que le signal se faisait entendre, parfois en plein milieu de la nuit, il se levait. Lorsqu'il était obligé de s'absenter de chez lui, ce qui lui arrivait de moins en moins souvent, il interrogeait ses mails par téléphone grâce à un service proposé par France Télécom.

Le « chat » fait appel à tout autre chose : ce que j'appellerais le transformisme et le « zapping » cybernétiques. Les partenaires sont interchangeables. Un clic suffit pour zapper ceux qui ne nous conviennent plus, éliminer les inintéressants, mais aussi accumuler les rencontres. Sans risque, sans exposition, car l'écran nous protège des mauvaises fréquentations, des déceptions en tous genres, des ruptures douloureuses... Selon Jean-Charles Nayebi, la cybertalk-addiction comporte toutefois un paradoxe. Elle permet aux personnes redoutant le monde extérieur et les contacts directs de rencontrer des gens et par là même de combler leur solitude. Jour et nuit, elles se plongent dans l'univers infini du cyberespace, avec des cyberrencontres, des cyberpassions et ce, au détriment de la réalité, à l'inverse, coupe de la vraie vie et les isole. Pour quelle raison tant de personnes préfèrent-elles ces nouvelles formes de relations désincarnées au caractère charnel et bien réel d'une relation humaine ? Grâce à l'anonymat, le cyberespace offre la possibilité à ces individus défaillants sur le plan du narcissisme d'incarner leur idéal, de devenir, grâce à un clavier et une souris, ce qu'ils aimeraient être dans la vie et qu'ils ne sont pas. Le psychanalyste Serge Tisseron compare très justement les « chats » aux bals masqués de Venise où les gens peuvent s'aborder sans se révéler. Je me souviens d'une femme dont « la vie réelle, selon ses dires, n'avait aucun éclat » et qui avait découvert les forums de discussion, un soir de grande solitude. Au fil du temps et des rencontres, elle avait séduit plus d'une centaine d'hommes. Des cyberamants. Elle n'avait pas hésité, pour les attirer, à tricher sur son physique, à modifier sa personnalité et à s'inventer une vie.

Ce transformisme existe aussi dans les cybergames-addictions.

Il existe deux catégories d'accros aux jeux vidéo :

Ceux qui recherchent dans un monde cybernétique une échappatoire à leur vie

L'addiction devient alors un refuge rassurant. Un cocon protecteur.

La première forme de dépendance concerne les jeux de type « casse-brique », « démineur », « tétris » ou « solitaire ». Ils se jouent de façon purement mécanique et seuls les réflexes sont sollicités. L'objectif n'est autre que d'améliorer le score. La pratique de ce divertissement permet, selon les utilisateurs, de faire le vide, d'oublier leurs problèmes et de décompresser. C'est la « pensée opératoire » : une pensée focalisée sur l'activité en question qui détourne et soulage des angoisses de la vie réelle. Un patient, ex-cocaïnomane, abuseur d'alcool, manifestement psychotique, était capable de passer cinq heures de suite sur un jeu de cartes car, me disait-il, « ça calmait les pensées folles qui envahissaient son esprit ». Sa pensée ne lui servait alors qu'à satisfaire le jeu. Elle était, en quelque sorte, contrôlée, canalisée et ne s'exprimait qu'en termes de points ou de temps. Ces jeux sont un mélange d'hypnose et d'anesthésie. Ils coupent également le joueur de la réalité. J'ai reçu récemment en consultation, Jean, un jeune garçon de 21 ans, inquiet de ne pas parvenir à maîtriser sa consommation de cannabis. Il m'explique que depuis un an, il s'est « pris de passion » pour un jeu de foot en ligne, « L'entraîneur ». Il s'adonne sans limites à cette activité et passe son temps à fumer et à jouer. À l'exception de quelques copains, tout aussi accros à ce jeu, il ne voit plus personne. Au cours de nos entretiens, nous tentons de déterminer ensemble ce qu'il recherche dans sa consommation et dans sa pratique. Il est apparu qu'il essayait, par ces biais-là, d'échapper à sa solitude parisienne et à son sentiment d'être plus ou moins « lâché » par ses parents. Mais, anesthésié par le cannabis et hypnotisé par le jeu, il était incapable d'avoir une démarche active par rapport à sa vie ou d'entamer un dialogue avec ses proches. La thérapie l'a amené à réduire progressivement le temps passé à jouer et à fumer et surtout, à reprendre peu à peu le contact avec le monde extérieur.

Ces jeux se sont, au fil du temps, perfectionnés pour se rapprocher de plus en plus des films où le joueur devient un acteur et où la durée du jeu est, au sens propre du terme, interminable. Aujourd'hui, les jeux peuvent durer un an, voire plus, et font appel à la continuité et à l'évolution. Celui de l'entraîneur est un exemple flagrant. Il faut aller chercher des joueurs, construire une équipe, la faire grimper au plus haut niveau, etc. Pourquoi certains vivent-ils en toute tranquillité cette aventure et d'autres y consacrent leurs jours et leurs nuits ? Nous nous retrouvons, une fois encore, confrontés aux vulnérabilités de chacun.

Ceux qui cherchent un exutoire à des pulsions impossibles à assouvir dans la réalité.

Des pulsions comme la violence, par exemple.

Contrairement à certaines idées reçues, je pense que les jeux vidéo ne rendent pas plus violents. Nous exprimons dans le jeu ce que nous nous interdisons de faire dans la « vraie vie ». Oscar, le jeune patient de 17 ans évoqué précédemment, dont l'alter ego virtuel se prénommait Taylor, un homme fort et puissant, m'avait dit un jour : « Quand Oscar s'énerve, Taylor va flinguer dix mecs et Oscar est apaisé. » D'autres pulsions peuvent être assouvies comme le goût immodéré du pouvoir, le besoin de changer d'identité ou la recherche de la gloire. Cela concerne plus particulièrement les jeux en réseaux tels que le célèbre « Counter-Strike » au cours duquel des policiers sont à la poursuite de terroristes. Depuis plus de deux ans, une dizaine de serveurs internet implantés en France, en Allemagne et au Royaume-Uni drainent au quotidien quelque 30 000 joueurs branchés à haut débit sur le jeu en réseau « DAOC » (« Dark Age of Camelot »). Un monde « persistant », qui évolue sans cesse, 24 heures sur 24. Tous ont déboursé dix euros par mois pour s'offrir un profil en 3D dans une aventure médiévale. Tous sont accros aux jeux de rôles et de stratégie en ligne.

L'addiction aux jeux vidéo semble être la forme de cyberdépendance la plus importante en raison de plusieurs facteurs :

✔ La compétition : les internautes s'affrontent derrière leur ordinateur aux quatre coins de la planète et s'entraînent de longues heures pour être les meilleurs et se tailler une réputation. Pour parvenir à ce statut, ils doivent jouer le plus longtemps possible.

✔ Le deuxième aspect met en scène l'idéal du Moi. Cela concerne la façon dont le joueur incarne un personnage répondant aux critères de ses idéaux personnels ou collectifs. Dans le jeu « Counter-Strike », l'internaute a la possibilité de devenir un agent du GIGN. Dans les jeux de stratégie, il peut incarner un roi donnant des ordres à ses sujets, un général dirigeant son armée ou encore un mafieux qui ne respecte rien ni personne. La possibilité de s'inventer un autre Moi est un facteur d'addiction. L'idéal du Moi tyrannique.

Quels sont les troubles à l'origine de cette insatisfaction ? Quel type d'individu se trouve concerné ? Un mégalomane complexé par son simple état d'employé, qui rêverait d'être milliardaire, P-DG d'une grande entreprise ? Une femme soumise et obéissante qui, dans un jeu de rôles, va devenir une « Killeuse » caractérielle ? Plus les gens sont confrontés à cette tyrannie de l'idéal, plus ils rencontrent des insuffisances dans le monde réel. Le virtuel va, en quelque sorte, panser les blessures de l'existence. Grâce à ces jeux, le joueur va pouvoir non seulement changer de vie, mais revêtir également de multiples identités.

Si ce « travestissement » reste un jeu, il suffira alors de le quitter pour revenir immédiatement à la réalité. Dans le cas contraire, s'il est plus important pour un joueur de vivre dans le virtuel plutôt que dans le réel, les choses deviennent alors plus compliquées. Le jeu n'est pas un jeu quand on ne parvient plus à le quitter...

Comment traiter alors un cyberdépendant ? Dans un premier temps, il faut établir un diagnostic de dépendance avec tous les critères correspondant à une addiction classique. Comme nous l'avons souligné tout au long de ce chapitre, cette dépendance cache, la plupart du temps, de nombreuses pathologies. Si la cyberdépendance est associée à un état psychotique, nous traitons la psychose, et l'addiction s'atténuera naturellement. Si la dépendance est la conséquence d'un fonctionnement névrotique, obsessionnel ou autre, il nous faudra soigner tous les symptômes anxieux avec une approche psychologique de soutien, ajoutée à une pharmacothérapie. Dans la cyberdépendance, la réversibilité est plus aisée à atteindre que dans une addiction aux substances qui, elle, modifie la plasticité cellulaire, les neuromédiateurs ou leur circulation. Bien que la cyberdépendance doive être traitée de la même façon que les autres addictions, elle ne nécessite pas d'hospitalisation, mais une approche essentiellement psychothérapeutique individuelle ou familiale.

Confrontés à une telle conduite addictive, les parents ne savent pas vraiment comment réagir face à leurs enfants. Faut-il interdire ? Laisser faire en se disant : « Ça leur passera ? » Confisquer l'objet du délit ? Le premier conseil est qu'ils ne doivent pas les culpabiliser et, surtout, éviter l'éternelle question du « pourquoi ? », dans le sens « quelles sont les raisons qui te poussent à faire ça ? » Ne pas essayer de comprendre ce que j'appelle la psychologie des profondeurs car, non seulement ce n'est pas le rôle des parents mais, en plus, ces derniers n'obtiendront aucune réponse. Les adolescents ne désirent pas entrer dans un dialogue de cette nature avec leurs parents et vont avoir tendance, face à un tel questionnement, à mentir, à dissimuler et à se renfermer davantage. En revanche, les parents doivent proposer d'autres activités plutôt que d'interdire à l'enfant d'approcher son ordinateur et de le forcer à dîner en famille. L'important est de lui montrer qu'il existe d'autres distractions, d'autres vies, d'autres choix que ce refuge virtuel. Si les choses restent en l'état, alors il est légitime de consulter. Quoi qu'il en soit, il faut veiller à ne pas diaboliser la cyberdépendance. Les comportements excessifs sont extrêmement rares. Pour l'immense majorité des adolescents, c'est surtout une façon de tirer la sonnette d'alarme.

2

Sport intensif : la fin des émotions

Le 4 juillet 2004, Marcel Desailly, ancien capitaine de l'équipe de France de football, arrière central de légende, vainqueur de la Coupe du Monde 1998 et du championnat d'Europe des Nations 2000, annonçait sa retraite internationale après un Euro 2004 des plus frustrant sur le banc des remplaçants. Il déclarait : « Le plus dur à l'arrêt d'une carrière, c'est de savoir que c'est la fin des émotions. »

Toujours en juillet 2004, peu avant le Tour de France, le professeur Roland Jouvent, spécialiste de neurobiologie, rapportait dans le journal *L'Équipe* : « Les rats qui font de l'exercice physique intensif ont plus d'appétence pour les amphétamines, l'alcool ou l'héroïne que les rats sédentaires ou ceux qui font un exercice modéré. »

Ces deux déclarations récentes renforcent et expliquent partiellement pourquoi je considère que l'hyperactivité physique et le sport de compétition peuvent être dangereux pour la santé.

Cette affirmation n'est pas simple à énoncer et pourra en surprendre certains parce qu'il a toujours été dit que le sport est bon pour la santé.

Le journal *L'Équipe* traînait souvent dans mon bureau

de consultation ou dans la salle d'attente du centre Monte Cristo.

Le monde des spécialistes ou intervenants en toxicomanie, de même que le mandarinat classique, n'avaient aucun intérêt pour la chose sportive. Pire même, un certain mépris intellectuel mâtiné de marxisme post-soixante-huitard, semblait condamner tout questionnement sur d'éventuels antécédents d'activité physique intensive chez les patients addicts. Une telle interrogation paraissait dénuée de tout intérêt psychologique ou étiologique [1]. Voire intellectuellement suspecte... En tout cas, elle n'apparaissait nulle part dans les anamnèses [2] ou les formulaires les plus utilisés. Ainsi, l'Addiction Severity Index (ou ASI), l'un des questionnaires les plus utilisés dans les centres spécialisés en addictologie, interrogeait la personne dépendante pendant quarante-cinq à cinquante minutes sur son passé et son mode de vie sans jamais s'intéresser à un éventuel parcours de sport intensif. Il ne venait à l'esprit de quiconque que l'activité sportive intensive pratiquée durant les années fragiles de l'enfance et de l'adolescence ait pu avoir des répercussions sur l'équilibre futur d'un individu tout autant qu'un abandon parental, un viol dans l'enfance ou des antécédents de fugues à répétition. Les éventuelles conséquences du stress des sélections et des compétitions ou les bouleversements précoces du mode de vie avec éloignement familial (comme ceux opérés par les internats des sports-études ou des centres de formation footbalistique) n'étaient pas non plus évalués. Pas plus que les répercussions des blessures physiques, des non-sélections ou des échecs.

Non, le dogme « le sport est bon pour la santé » ratis-

---

1. Relatif aux causes d'une maladie.

2. Ensemble des renseignements que le médecin recueille en interrogeant un malade sur l'histoire de sa maladie.

sait tout sur son passage, y compris toute analyse ou recherche pour s'en assurer.

Pour sa part, le milieu sportif préférait évoquer les « dérives » de Carlos Monzon, Diego Maradona, Marco Pantani ou d'autres grands champions dans la rubrique des faits divers, sans jamais penser à étudier, à l'aide d'éléments sociologiques ou médicaux, la possibilité d'un lien entre pratiques sportives intensives et dépendances. Entre sports propres et toxicomanies sales.

Il fallut un contact privilégié avec l'un de mes patients de l'hôpital Laennec, héroïnomane depuis dix ans et sportif de haut niveau, pour que je décide d'entreprendre une étude sur la liaison entre le sport intensif et l'héroïnomanie.

Alex m'avait parfaitement décrit son parcours et avait souligné à quel point il avait vécu comme un drame psychologique sa non-sélection pour les JO de Barcelone, une véritable rupture physique pour lui, favorisant l'abus d'héroïne puis sa dépendance à cette drogue. Du jour au lendemain, cet homme fin et hypersensible s'était senti mortifié par son exclusion du groupe, de cette équipe d'amis qui s'envolait, sans lui, en quête de gloire et d'exploits. Il n'avait même pas eu le courage de suivre les épreuves à la télévision. Il restait allongé, tel un gisant sur son lit, pendant toute la durée des Jeux, mangeant et se levant avec peine. Jusqu'au jour où une « amie » lui livra de l'héroïne. Il sombra alors compulsivement dans les lignes de poudre pour oublier toutes ces années où il plongeait dans le bassin d'entraînement, à nager pendant des heures, sans autre limite que celle de l'épuisement. Il ne voulait plus se souvenir des milliers de carreaux au fond de la piscine qu'il avait dû compter pour s'occuper l'esprit pendant ses milliers de kilomètres. Il ne voulait plus penser à cette position horizontale dans l'eau tiède, aux bruits étouffés, aux odeurs de chlore, lui qui, maintenant, devait vivre « à la verticale », parler bruyamment aux autres et renifler la pollution ou les odeurs de ville qu'il avait oubliées. Un vrai changement de planète. L'équilibre, le sens de position du corps, les mouvements, le toucher, les bruits, le goût, l'odorat et la vue, la respiration, la déglutition, tout cela venait de changer de galaxie. Il devait, aujourd'hui, utiliser ses sens pour des sensations différentes. Avec pour seule émotion la douleur de l'échec et de l'abandon. Avec pour seuls objectifs de survivre et d'attendre que cela fasse moins mal.

Il avait déçu tout le monde par sa non-sélection : ses parents, ses amis, son entraîneur, sa concierge et le cafetier du coin. Et surtout lui-même. Il n'était plus rien. Son seul avenir se résumait à l'anonymat et à ses rêves brisés, à des médias qui parleraient de la réussite des autres. Ses anciens amis. Ses anciens coéquipiers.

Maman héroïne fit son œuvre d'apaisement. Elle berça Alex pendant des années. Il devint un mort vivant, sans souffrance et sans vie, distant de toute réalité. Sauf du manque d'héroïne, bien sûr. Il vivait dans une chambre de bonne avec ses seringues, les coupes et les médailles qu'il n'avait pas encore vendues. Il grossit de plus de vingt kilos et fit un séjour d'un mois en prison.

L'injonction thérapeutique nous l'adressa.

Lors de sa première consultation, son visage aux cheveux gris s'éclaircit en voyant *L'Équipe* sur une pile de dossiers. « J'étais accro au sport et je l'ai payé cher », me déclara-t-il.

C'est à Alex que je demandai, quelques mois après sa guérison, de s'associer à nos recherches et de composer avec moi un questionnaire spécifique sur les activités physiques et sportives. Le premier coup de sonde révéla que 20 des 100 derniers patients héroïnomanes du centre Monte Cristo avaient eu un bon ou un très bon niveau de compétition sportive. Ils avaient été, au moins, champions de leur Région dans leur discipline et certains même champions nationaux ou internationaux. Je fis valider ces premiers résultats étonnants en confiant la même enquête au docteur Mustapha Benslimane, directeur du centre Nova Dona à l'hôpital Broussais et... ancien bon coureur de 100 mètres. Les résultats furent identiques ou presque : il trouva encore plus d'anciens sportifs à la pratique intensive chez ses patients héroïno- ou cocaïnodépendants que dans notre première étude.

Il suffisait donc de ne pas oublier de poser la question de l'antécédent sportif chez des patients lourdement addicts pour se trouver face à ce constat troublant : l'activité physique excessive et la compétition ne les avaient pas protégés.

L'étude fut donc complétée et surtout étendue au territoire national. En 1999, plus de 1 100 patients suivis pour dépendance furent interrogés sur leurs antécédents sportifs à l'aide d'un nouveau questionnaire. Non seulement l'enquête nationale confirma les résultats précédents (même si le pourcentage d'anciens champions fut un peu moins important) mais, surtout, elle révéla une nouvelle piste intrigante. La majorité des anciens sportifs concernés n'étaient pas devenus dépendants en passant par la case dopage. Seule une minorité (17 %) des addicts interrogés avaient usé ou abusé de produits dopants. La grande majorité des patients avaient basculé dans la dépendance l'année suivant l'arrêt de leur carrière sportive ! Que cet arrêt ait eu lieu à cause d'une blessure ou de la limite d'âge n'y changeait rien : ces anciens sportifs, devenus dépendants, n'avaient pas supporté la transformation de leur vie, leur changement de planète, leur mutation.

Les joggers du dimanche matin ou les clientes assidues des clubs de gym de quartier ne se reconnaîtront sans doute pas dans cette description dramatique. Je les entends déjà me rétorquer que le sport leur fait du bien au corps et dans la tête, qu'ils ont besoin d'en faire pour leur bien-être personnel, mais qu'ils pourraient s'en passer sans pour autant sombrer dans une quelconque déprime.

Ils ont raison, car il existe différentes façons de pratiquer une discipline sportive. Elle est excellente pour la santé lorsqu'elle est modérée, lorsqu'elle est pensée sans esprit d'excès ni de compétition. De la même façon que nous évoquons facilement les vertus protectrices d'un verre de vin sur les maladies cardio-vasculaires, nous dénoncerons l'abus d'alcool et les risques graves qui en découlent. Il en est de même pour le sport. La marche quotidienne, la gymnastique, la natation, le jogging, le vélo,... toutes ces activités, lorsqu'elles sont pratiquées raisonnablement, sont bénéfiques pour la prévention de l'hypercholestérolémie et la santé cardio-vasculaire. Idem pour les rééducations postinfarctus, l'aide à l'arrêt du tabac et les insuffisances respiratoires. Le mouvement est favorable à l'être humain, d'une part parce qu'il lutte contre la sédentarité et empêche les graisses de se stocker et, d'autre part, parce qu'il améliore également la capacité cardio-pulmonaire. Les personnes âgées qui pratiquent au moins une demi-heure d'exercice par jour se portent mieux et vivent plus longtemps (en moyenne trois ans de plus que les personnes inactives). Le cerveau bénéficie aussi des bienfaits du sport, grâce, entre autres, à la sécrétion d'endorphines. Nous connaissons tous ce sentiment de quiétude et de sérénité qui succède à un effort intense et prolongé. Ce sommeil lourd et réparateur comparable à celui qui suit une première journée de ski.

Il est cependant difficile de quantifier, en terme de temps, les limites à ne pas dépasser pour que le sport reste profitable. Il devient dangereux dès l'instant où l'on se fait violence et où l'on en abuse. L'abus de sport, l'hyperactivité physique (peu importe l'expression : nous sommes dans le « trop » !), comme tous les abus, peuvent être nocifs pour la santé. Nous manquons d'études et de chiffres pour étayer ces propos, mais nous possédons, malgré tout, quelques douloureux exemples : les décès précoces des cyclistes vainqueurs du Tour de France (Anquetil, Ocana), la durée de vie moyenne des joueurs professionnels de football américain aux Etats-Unis raccourcie d'environ vingt ans en raison de chocs physiques de plus en plus violents et de la prise d'anabolisants, la mort violente du célèbre footballeur Marc-Vivien Foé sur un stade, sans oublier la dépendance de quelques-unes de nos stars planétaires. Je n'en citerai que deux, Marco Pantani et Diego Maradona, tous deux cocaïnomanes. L'un en est mort. L'autre est en sursis.

Les raisons de ces destins si tragiques sont multiples et nous y reviendrons un peu plus tard. Mais, avant d'entrer plus sérieusement dans le détail, je voudrais insister sur le fait qu'une activité sportive intense qui excède les quatre ou cinq heures quotidiennes avec tout ce que cela implique de tensions, de dépassement de soi, de souffrance et de besoin endorphinique présente de réels dangers. Car, dans l'excès, le sport n'est plus naturel. Il fait subir au corps des efforts « surhumains » auquel celui-ci n'est pas habitué. Demander à un corps de sauter des obstacles de plus en plus rapidement lors d'un 110 m haies ou d'un 400 m haies, n'est pas naturel. Demander à un corps de courir en pleine chaleur, plusieurs heures d'affilée sur un cours de tennis, n'est pas naturel. Demander à un corps de grimper à vélo le mont Ventoux sur une distance de 13 km à une vitesse record, n'est pas naturel. Et ainsi de suite... Pour supporter une telle charge de travail, ce même corps va être obligé de se transformer, « d'aller au-delà de lui-même » et de ses possibilités. Or, il n'est pas « fabriqué » pour cela. Le rythme cardiaque va donc se modifier et la capacité musculaire augmenter. Plus les muscles vont grossir, plus certains endroits vont se fragiliser sous la pression de l'effort : les os, les ligaments, les tendons des genoux ou des chevilles (le fameux tendon d'Achille), les adducteurs, etc. L'excès va créer la pathologie et c'est bien pour cette raison que les sportifs de haut niveau sont si souvent victimes de fractures, de tendinites ou de déchirures. Ces dernières sont proportionnelles aux efforts demandés pour réussir dans une discipline sportive, mais aussi à la nature du sport pratiqué. Les blessures occasionnées par le rugby (sport de contacts et de chocs), par exemple, sont différentes de celles provoquées par l'athlétisme. Voilà notamment ce qui différencie le sport à petites doses, « bon pour la santé » du sport « nocif » à très fortes doses.

Mais les Zizou et autres légendes vivantes ne sont-ils pas contraints d'en passer par là pour parvenir à un si haut niveau ? Une heure de footing ou d'entraînement par jour suffirait-elle à gagner une Coupe du Monde ou à jouer dans l'un des plus grands clubs européens ? Certainement pas. Et cela, les champions le savent. Ils savent que leur talent (si immense soit-il), même s'il est nécessaire, n'est en aucun cas suffisant pour avoir une chance d'« entrer dans l'histoire ». Très jeunes, ils prennent conscience que pendant dix ou quinze ans, leur vie sera rythmée par et pour les entraînements, dans le seul but d'être prêt au jour J, à l'instant T. Un marathon existentiel extrêmement fatigant, mais paradoxalement rassurant.

Les champions ne le deviennent pas par hasard. Ils sont, pour la plupart, différents des autres, plus sensibles, plus réactifs, plus hyperactifs. Ce sont des personnes qui « captent » mieux et plus vite ce qu'est le jeu, des êtres qui vont plus loin et qui décident, eux-mêmes, de leur destin, quels que soient le risque, la peine et les conséquences qui l'accompagnent. Des gens qui ne doutent pas un instant d'être hors norme, nés pour devenir champions du monde comme d'autres sont élevés pour être président de la République ou Premier ministre. Des accros de sensations fortes.

Les sportifs de haut niveau évoluent dans leur monde, dans leur labyrinthe, dans leur hyperactivité physique. Ce n'est pas leur cerveau qui dirige leur vie mais leur corps. Et c'est grâce à ce corps qu'ils vont atteindre les objectifs démesurés qu'ils se sont fixé. Alors, pour y arriver, ils s'imposent une hygiène de vie draconienne au point de modifier leur alimentation et même leur sommeil. Leur esprit n'est tendu que vers ce que fait leur corps, ce qu'il subit. C'est en le maîtrisant parfaitement qu'un jour, ils seront tout-puissants. Dans certaines disciplines sportives, le corps se transforme même jusqu'à en devenir asexué. Il n'y a qu'à voir les répercussions du sport intensif chez certaines athlètes ! Elles perdent leurs caractères sexuels secondaires, c'est-à-dire la poitrine et parfois même les règles. À ce stade-là, il n'existe plus d'identité sexuelle, mais seulement une identité corporelle et musculaire. Ce qui compte, c'est l'entraînement quotidien, la performance, les objectifs et la forme physique. Sans oublier la fameuse « montée d'adrénaline » au coup de pistolet du starter, au plongeon de départ, au panier (de basket) de la dernière seconde, à la vitesse de la descente à skis ou de la F1, tout comme les pics émotionnels lors de l'hymne national avant le match, devant 80 000 spectateurs et des millions de téléspectateurs ou lors de la remise de la médaille d'or. Des émotions, des bouleversements qui, au fil des années, deviennent indispensables à l'équilibre et définissent le sens de leur vie.

Le sport occupe tout leur temps, souvent aux dépens d'autres centres d'intérêts sociaux, familiaux ou ludiques. Et ce, avant même l'adolescence qu'ils n'ont pas le temps de vivre. N'avez-vous jamais remarqué que les sportifs de haut niveau vieillissent (physiquement et moralement) précocement ? Comme si le sport leur volait la douceur de la jeunesse et de la juvénilité. Dès l'âge de 14 ou 15 ans, ils quittent le cocon protecteur et se retrouvent parachutés dans les centres de formation, loin de chez eux, confrontés déjà à la concurrence et à l'esprit de compétition. Obligés de devenir dès les premières semaines des personnes responsables et disciplinées, soumises aux ordres de leur entraîneur, avec l'interdiction absolue de se rebeller. Que font-ils alors de la petite révolution si propre à l'adolescence, de l'élaboration oppositionnelle obligatoire à cet âge-là pour se forger leur personnalité ? Ils n'en font rien, car s'ils critiquent le système, ils en sortent. Même sur le plan de la sexualité, leur évolution est différente. La grande majorité d'entre eux n'a pas d'autre choix que de passer outre les expériences sexuelles de leur âge pour trouver vers 16 ou 17 ans une « seconde maman » qu'ils épousent ensuite. D'un point de vue purement médical, je me suis toujours demandé quelles étaient les conséquences de ce saut brutal dans l'âge adulte. Nous savons que le cerveau d'un adolescent ne fonctionne pas de la même façon que celui d'un adulte. Il subit des changements neurohormonaux ainsi que des perturbations neurovasculaires et neurobiochimiques. Mais lorsque ces transformations ne peuvent pas véritablement s'exprimer, que se passe-t-il ? Que provoque l'hyperactivité physique à cette période-là ? Aucune étude n'a encore jamais été faite à ce sujet, mais il est évident que les mécanismes physiologiques et psychologiques de ces adolescents pas comme les autres sont inévitablement bouleversés.

C'est parce que ces sportifs ont décidé de consacrer leur vie au sport, avec pour seul objectif la réussite suprême, que celui-ci est devenu, aujourd'hui, au-delà des frontières, fédérateur et source d'émotions intenses et inégalables. Pour nous, simples admirateurs, et pour eux, acteurs principaux, il est synonyme de notoriété, d'argent, de bonheur immense, de déceptions cruelles, de coupes et de médailles. C'est de tout cela que les sportifs de haut niveau se sont rendus dépendants sans même s'en apercevoir : la réussite, les émotions et le mouvement permanent.

Quand cessent toutes ces situations grisantes, que se passe-t-il ? Quand l'âge devient un obstacle et oblige ces champions à mettre fin à leur carrière, quand une blessure surgit en pleine ascension, les forçant à rester immobilisés des mois, parfois une saison entière sans la certitude de pouvoir revenir au meilleur niveau ?

Comment passent-ils de la lumière à l'ombre, d'une vie rythmée par des émotions fortes au « long fleuve tranquille », de l'hyperactivité à l'inactivité ? Difficilement. C'est dans ces circonstances que nous constatons que le sport intensif fonctionne chez certains comme une drogue et que le profil du champion est similaire à celui d'un addict potentiel.

À son insu, l'athlète devient tout d'abord dépendant à toutes ces drogues internes que le sport intensif permet d'hypersécréter, comme l'adrénaline, la dopamine, les endorphines, et bien d'autres molécules.

L'augmentation de la dopamine est entraînée par l'excitation, par des sensations fortes (exploits, performances, etc.), mais aussi par le besoin de récompense au sens le plus biologique du terme, c'est-à-dire l'envie irrépressible de retrouver l'état de bien-être que procure le sport. C'est le rôle essentiel prêté aux endorphines.

Dès l'instant où l'hyperactivité sportive cesse, le circuit de récompense, celui des sensations, bref, le petit cerveau des émotions n'est plus alimenté ou alors, bien différemment. Le sportif, en manque, va rechercher des « flashs chimiques » à la hauteur de ce que lui a offert le sport pendant de longues années. La prise de drogues sera susceptible de devenir alors la solution idéale pour pallier ces manques.

Cette « addiction chimique » est provoquée par l'hyperactivité physique, le mouvement permanent auquel le sportif est également dépendant.

Bouger, courir, se faire souffrir physiquement revêtent,

chez les athlètes, une absolue nécessité. Un besoin vital. Un ancien sportif de haut niveau, aujourd'hui entraîneur, reconnaît : « À l'époque où j'étais footballeur, je ne pouvais pas rester plus de trois, quatre jours sans m'entraîner ou jouer. Mon corps me faisait mal. J'avais besoin de transpirer, de bouger, de me dépenser. Je ne pouvais pas rester en place. Comme si mon corps réclamait sa nourriture, une nourriture essentielle à son fonctionnement. J'ai eu la chance de pouvoir enchaîner très vite avec le métier d'entraîneur. Les premiers mois, je courais autant que mes joueurs. Puis, de moins en moins. Le sevrage s'est fait en douceur. Aujourd'hui, je peux rester plusieurs jours quasiment « inactif » sans souffrir. En fait, je suis passé d'une hyperactivité physique à une activité régulière, pour aujourd'hui me retrouver à peu près "comme tout le monde". »

Ce corps puissant, en hyperactivité, représente la force, la jeunesse, l'action et la vie. L'immobilité, elle, n'est qu'échec et mort. En mouvement, le sportif vit. À l'arrêt, il est menacé. Si, en plus, ce repos forcé est lié à une blessure, alors cela devient une catastrophe physique mais aussi psychologique. Non seulement le sportif est confronté à l'impossibilité de soulager son hyperactivité, mais en plus il se trouve privé de toute participation aux compétitions, essentielles pour lui en termes d'émotions et de récompense. Sans compter la sensation d'être trahi par son corps.

À ce propos, je me souviens de la crainte exprimée par la femme d'un grand champion à l'approche de la retraite : « J'ai peur de l'après ! Mon mari tourne comme un lion en cage dès qu'il arrête de faire du sport. J'ai peur que ce changement de vie ne nous soit fatal... » Plutôt que de mettre un terme à sa carrière, le sportif en question a préféré finir dans un club sans prétention. Il vient de signer pour une saison. Une année de gagnée...

Ce changement violent peut être comparé à celui du cosmonaute qui revient sur terre après plusieurs mois de vie en apesanteur. La perception du corps n'est plus la même, la respiration, les sensations, le souffle non plus. Tous les sens sont brouillés.

L'hyperactivité sportive peut également fonctionner comme un antalgique, un anesthésiant d'un traumatisme existentiel. Plus simplement, je dirais que la douleur physique sert parfois à reléguer au second plan une douleur psychique permanente. Il vaut mieux se faire mal que d'avoir mal ! Un des exemples les plus dramatiques de cette étonnante automédication en est l'automutilation. Certains se maltraitent physiquement, non pas pour se punir ou « s'abîmer », mais pour tenter, quelle que soit la douleur physique, de soulager une extrême souffrance mentale. Le sport intensif peut avoir cette fonction-là. Faire souffrir son corps peut être la solution d'évitement d'une souffrance psychique incontrôlable.

J'évoquerai l'histoire douloureuse de trois grands sportifs : Marcel Desailly, Didier Deschamps et Emmanuel Petit. Ils faisaient partie de la même équipe nationale et avaient un point commun : tous ont perdu un frère, à l'âge de l'adolescence... Comment ont-ils vécu ce drame ? Certainement différemment de vous et moi si cela nous arrivait. L'hyperactivité physique, la conquête permanente des titres ne les ont-ils pas aidés à masquer leur douleur ? L'un d'entre eux avouait, lors d'une interview, avoir trouvé dans le sport un refuge, une échappatoire. Autrement dit, un sparadrap sur la blessure morale. Le sport a une fonction réparatrice, mais non curative. À l'arrêt de l'activité, la blessure demeure. Va-t-elle se rouvrir complètement, s'exprimer différemment ? Tout dépend des individus.

Cette précision me ramène à une histoire bien particulière. Celle d'une femme de 40 ans, chef de cabine. Je fis sa connaissance lors d'un vol pour Ouagadougou. Elle me confia assez rapidement son problème : depuis une séparation brutale d'avec son mari, et après une phase initiale de déprime, elle avait décidé de ne pas se laisser abattre. Elle s'était mise à courir. Tous les jours. Où qu'elle soit. Chez elle ou en rotation. D'abord deux ou trois kilomètres. La tolérance venant, elle avait augmenté la dose. Au bout de trois ans, elle était inscrite aux marathons de Paris et de New York. Ses seins avaient diminué de moitié, ses règles avaient disparu et le souvenir douloureux de l'abandon conjugal s'était estompé au fil des kilomètres. L'année suivante, elle avait découvert le triathlon et ajouté à la course les efforts de la natation et du vélo. Aujourd'hui, elle en était arrivée à choisir ses vols selon les possibilités de continuer son entraînement boulimique. Elle s'assurait que l'hôtel dans lequel l'équipage descendait avait une grande piscine. Elle y effectuait au moins 1 500 mètres de crawl avec quelques longueurs de papillon intercalées. La direction lui réservait également un vélo digne de ce nom pour effectuer une randonnée de 30 km à 40 km. Comme dans la plupart des addictions, elle disait qu'elle ne voyait pas comment s'arrêter. Elle ne le souhaitait d'ailleurs pas. L'activité physique intensive était devenue sa drogue. Depuis, elle n'éprouvait « absolument pas » le besoin de revivre en couple. Elle comprenait parfaitement que les raisons pour lesquelles elle courait, pédalait et nageait autant n'avaient plus grand-chose à voir avec la douleur initiale du divorce. Simplement, quand elle ne pouvait effectuer tous ces efforts physiques, l'insomnie survenait, l'irritabilité apparaissait, ses pensées s'agitaient, son corps la tiraillait et une grande angoisse la submergeait.

Cette femme vint me voir en consultation, près d'un an après ce vol. Elle avait continué sur le même rythme jusqu'à ce qu'une fracture de fatigue lui rende la vie sportive impossible. Pendant six mois, elle avait abusé d'anti-inflammatoires et surtout d'antalgiques pour reprendre la course. Mais la douleur demeurait trop forte. Elle en était à vingt comprimés par jour d'un opiacé de synthèse (l'Antalvic, aujourd'hui retiré du commerce). Elle mangeait peu et la prise abusive de ce médicament avait favorisé la survenue d'hypoglycémies et de pertes de connaissance. Elle avait commencé à boire de l'alcool quotidiennement, emportant chez elle les petites bouteilles de l'avion. Surtout, la pensée de son mari la parasitait de plus en plus et notamment la scène de l'annonce stupéfiante. Elle l'entendait, quarante ou cinquante fois par jour, lui annoncer qu'il la quittait, pour vivre avec l'une de ses amies d'enfance. La voix surgissait dès le réveil et ne la quittait plus. Sauf quand elle la faisait taire à coups d'alcool et de médicaments. Et non plus à coups de kilomètres.

L'hospitalisation permit la mise en route d'un double traitement pharmacologique efficace : la voix disparut progressivement sous Haldol (un neuroleptique à faible dose) et la dépendance à l'Antalvic fut contrôlée, après une très courte période de sevrage médicalement assisté. Trois ans après cette hospitalisation, la patiente décidait de quitter la France et s'installait au Québec avec un ancien joueur professionnel de hockey sur glace. Elle faisait avec lui de longues randonnées et beaucoup de ski de fond. Le dernier mail, reçu récemment, précisait qu'elle s'était mise au biathlon. Pour rire.

Les sportifs sont addicts du mouvement mais aussi des émotions. Nous qui ne sommes pas de grands champions, il nous arrive de vivre d'intenses moments lorsque nous disputons un match de tennis, une course avec des amis, ou même une partie d'échecs. La tension, la peur de perdre, l'envie de vaincre, l'adrénaline qui monte à chaque point gagné ou à chaque but encaissé, nous procurent des émotions fortes. Imaginez, à présent, les mêmes compétitions, mais à une échelle internationale ou olympique, face à des centaines de millions de téléspectateurs et avec des enjeux économiques colossaux ! Les sensations sont exactement les mêmes, mais multipliées à l'infini ! Difficile de décrocher de cela du jour au lendemain en sachant que, plus jamais, il n'existera de bonheur aussi extrême. La vie, à ce moment-là, ne présente plus vraiment d'intérêt. Quel autre événement du quotidien va pouvoir offrir de telles émotions ? « La naissance d'un enfant », répondent la plupart. Effectivement, mais en général, les champions ont déjà fondé une famille à ce moment-là. Dans leur plan de vie, cet épisode important de l'existence est, chronologiquement, programmé dès les premières années de leur carrière.

Comme dans toutes les conduites addictives, l'augmentation des doses est indispensable pour ressentir les mêmes effets. Alors quand l'équipe de France de football gagne la Coupe du Monde, sur son terrain, avec tant de magie et de panache, quand elle déclenche un engouement national jamais vécu depuis la Libération : que peut-elle obtenir de plus grand, de plus fort ? Le championnat d'Europe des Nations, deux ans plus tard ! Lorsqu'on demande à l'un de ces champions ce qu'il a éprouvé ce fameux 2 juillet 2000, il répond : « C'était extraordinaire, mais moins fort que la première fois. » Et pour cause : lorsque le pic de la nouveauté est atteint, il est très difficile de le retrouver. La deuxième et surtout la troisième fois n'ont jamais l'intensité de la première. Comme avec les drogues...

L'histoire de Diego Maradona est, sans doute, le modèle le plus parlant car il pose bien le problème de la fin de carrière des sportifs de haut niveau. Tous les paramètres (gloire, réussite, émotions,...) sont réunis pour que le sportif devienne extrêmement vulnérable quand tout cela s'arrête... Dans le cas du footballeur argentin – et c'est sans doute l'une des raisons d'un tel « effondrement » –, un élément important vient s'ajouter : le saut de géant d'un gamin des bas-fonds de Buenos Aires, passé en quelques années à peine de l'anonymat au rang d'icône nationale puis de star planétaire adulée et vénérée. Il n'y a pas résisté longtemps ! Et avant même que sa carrière ne s'achève dans de tristes circonstances ! Comment procéder autrement lorsque le monde entier vous connaît, vient vous saluer en vous tapant sur l'épaule, en vous clamant religieusement que vous êtes un « Dieu vivant », alors que vous ne connaissez pas ces gens-là, et si peu vous-même ? Lorsque, finalement, vous réalisez que ces mêmes personnes admirent le footballeur, mais en aucun cas l'homme, car l'homme, ils ne le connaissent pas et ne cherchent pas à le connaître ? Une telle situation modifie forcément la relation aux autres et met la star dans un état mégalomaniaque inévitable. Un exemple : lors de ce but mémorable marqué avec sa main, Maradona évoque « la main de Dieu ». De qui parle-t-il ? Dans une sorte d'amalgame inconscient, ce qu'il a voulu dire n'est autre que : « Dieu, c'est moi ».

Alors comment tous ces grands sportifs s'adaptent-ils à un tel bouleversement ? Quelles solutions de substitution trouvent-ils pour compenser tous ces manques ? Une minorité aura la chance de devenir entraîneur ou manager et de ne pas couper avec le milieu, l'activité physique et les émotions. Pour d'autres, plusieurs paramètres entreront en jeu : l'environnement familial plus ou moins équilibré, les projets d'avenir, les opportunités de reconversion (consultants à la télévision, gérants d'un magasin de sport, artistes en herbe...) qui permettront de « limiter les dégâts ». Enfin, certains auront le réflexe viscéral, le plus ancien du monde, de se réfugier dans la nourriture et grossiront de vingt kilos en un an. Les plus vulnérables pourront aussi un jour « rencontrer » l'alcool, qui comblera l'ennui et leur fera oublier le temps d'une ou de plusieurs cuites le présent douloureux. Tout sera bon pour apaiser l'anxiété de ce dépaysement aussi brutal qu'intense. Pour essayer de reproduire les sensations de récompense d'après l'effort ou d'après le combat, ils trouveront parfois dans l'héroïne un substitut des plus addictogène. Pour continuer d'être un « élu », ils deviendront joueurs pathologiques (de casino ou de Loto) ou délinquants au-dessus des lois. Et parmi toutes ces substances, celle qui conviendra le mieux à ces anciennes stars du sport, celle qui reproduira leur toute-puissance sera, de toute évidence, la cocaïne. La drogue « tonique », la drogue des « sunlights », de la nuit, de la notoriété et de l'argent ! La drogue des *winners*. La poudre magique qui continuera de les bercer d'illusions, qui les maintiendra dans un mirage : celui de rester toujours les meilleurs.

En résumé, si le sportif de haut niveau se trouve dans un état de vulnérabilité psychologique et physique à la fin de sa carrière, il aura davantage de risques de tomber dans la dépendance. Si dans ces périodes difficiles, il trouve un produit efficace, correspondant à ses attentes, il sera susceptible de le consommer. Les risques augmenteront encore s'il a été confronté à une conduite dopante puisqu'il aura déjà eu la preuve de « l'efficacité » de la chimie... Tout cela dans un seul et même but : calmer une douleur trop forte dans le cerveau.

La dernière question qui se pose aujourd'hui et qui me tient particulièrement à cœur est de savoir comment, nous médecins, pouvons agir en termes de protection et de soin.

Si la répression du dopage semble possible aujourd'hui avec les contrôles de plus en plus fréquents, la prévention de la dangerosité du sport intensif me paraît extrêmement difficile à mettre en place. Plus particulièrement dans les milieux professionnels. Quel message transmettre à des jeunes déjà lancés sur le chemin de la gloire, qui savent depuis longtemps que de l'intoxication au mouvement dépend la performance sportive, comme un prix à payer à la compétition, un droit d'entrée incontournable dans la

« cœur des grands » ? Peuvent-ils entendre nos mises en garde alors que, comme leurs illustres aînés, ils n'ont qu'un objectif : la réussite à tout prix ? Je ne pense pas que notre discours ait un quelconque impact. En revanche, une prévention secondaire, c'est-à-dire une prise en charge du sportif en fin de carrière ou dans l'année qui la précède me paraît importante. Sur un plan social, il faudrait le préparer, anticiper avec lui l'avenir et mettre sur pied sa reconversion. L'entourage proche est, également, très important pour le soutenir, pour essayer de lui ouvrir d'autres horizons que le sport. Comme de vrais addicts à l'héroïne ou à la cocaïne, incapables de s'intéresser à autre chose qu'à leur drogue, le sportif, de la même façon, s'est focalisé exclusivement et pendant des années sur son activité. Lorsque celle-ci s'arrête, il n'est pas étonnant qu'un sentiment de grand vide surgisse.

La partie neuropsychologique consistera à expliquer au sportif ce qu'est l'addiction au sport, les modifications que son cerveau des émotions doit assumer ainsi que l'apparition d'un mal-être, une fois l'activité physique terminée. Des traitements médicamenteux transitoires peuvent être également conseillés selon l'intensité du malaise ou des addictions naissantes.

S'il a déjà basculé dans la prise de drogues, les choses se compliquent, car, hélas, le sportif a encore beaucoup de réticence à franchir les portes d'un cabinet médical ou d'une clinique. La difficulté vient du fait que son état est souvent vécu de manière honteuse et cachée, sans compter le fait qu'il pense n'avoir besoin de personne et qu'il est toujours capable de tout contrôler.

Je pense que le chemin est encore long et, sans la participation active des principaux intéressés, nous ne pourrons avancer.

Avant de terminer ce chapitre, j'aimerais relater les propos que m'a tenus, il y a quelques années, l'un de mes patients héroïnodépendant, hospitalisé à Laennec pour une hépatite C.

Cet homme de 35 ans était un vrai bandit, avec, à son actif, quelques vols à main armée. Il avait accepté de déposer son flingue dans le coffre de l'armoire à stupéfiants... Un jour, je lui demandai de me décrire la personne qu'il admirait le plus au monde : « Mon beau-frère », me répondit-il sans hésiter. J'imaginai un homme qui aurait au moins braqué le train postal ou se serait échappé en hélicoptère de la Santé ! Pas du tout ! Il ajouta : « Parce qu'il a arrêté ses conneries, qu'il s'est marié et qu'aujourd'hui, il trouve son bonheur auprès de sa femme et de ses enfants. Et ça, c'est beaucoup plus difficile que de braquer ou d'être en cavale. »

Ce que voulait dire mon patient, c'est que le retour à une « vie d'émotions simples » n'est pas toujours facile.

Alors, comment atténuer un changement de vie si brutal ?

En cas d'arrêt de longue durée (à cause d'une blessure), la nécessité d'un traitement anxiolytique ou aux somnifères peut être justifié pour atténuer les troubles entraînés par cette immobilité. Si le mal-être persiste, si s'ajoute à celui-ci une dépression, une boulimie ou une prise excessive de substances psychoactives, n'hésitez pas à consulter. Cette période de vulnérabilité maximale légitimise un soutien médical et thérapeutique.

En cas de retraite sportive, maintenez une activité physique minimale. Optez pour un sevrage progressif, mais conservez, tout de même, une « dose » d'entretien physique (au moins une demi-heure à une heure par jour).

La prise de quatre à cinq kilos ne doit pas vous inquiéter. Au-delà, je vous recommande de prendre conseil auprès d'un médecin nutritionniste.

3

Plus fort que le destin, le jeu pathologique

Le jeu partage la vie des hommes depuis la nuit des temps.

« Distraire l'éternité », tel était l'extraordinaire objectif des Égyptiens lorsqu'ils plaçaient, tout près du corps de leurs pharaons momifiés, quelques astragales ou os du pied et de la main pour leur permettre de jouer aux osselets.

Le jeu appartient au règne vivant. Beaucoup d'animaux (notamment chez les mammifères) jouent. Cette notion-là semble donc encore plus primitive que la conscience de la mort.

Jouer est une possibilité d'être, de vivre avec d'autres règles et d'autres buts. Une opportunité de bouleverser le présent (en occultant le passé et le futur) pour le convertir en « temps de jeu ».

Le jeu fait partie de notre vie.

Mais quand l'envie de jouer se transforme progressivement en nécessité de jouer, quand cette nécessité devient plus forte que tout, quand le jeu cesse d'être un loisir pour devenir obsédant, dévorant, envahissant au détriment de tous les investissements affectifs et sociaux, alors il n'est plus un divertissement, mais une dépendance. C'est le jeu excessif ou « jeu pathologique ».

Le joueur dépendant ne joue plus pour le plaisir ou pour gagner, de la même façon qu'un alcoolique boit, sans soif, sans envie, par besoin. Un besoin incontrôlable le saisit, qu'il ait perdu ou gagné auparavant. Il joue jusqu'à ce qu'il ne lui reste plus un sou en poche. Il emprunte alors de l'argent, il néglige sa famille et la met dans une situation financière délicate sans se soucier des conséquences. Son humeur générale se dégrade, il devient stressé, trouve difficilement le sommeil et surtout... il ne pense plus qu'à ses cartes, ses numéros, ses martingales, ses suites et ses couleurs. Sa relation avec le jeu est comparable à celle du dépendant avec la drogue. Sa dose, ce sont les sensations fortes.

Oui, le jeu pathologique est une addiction, une maladie des émotions que ni la volonté ni la raison ne peuvent plus contrôler.

Des émotions intenses qui naissent sous les sunlights des casinos ou, au contraire, dans la semi-pénombre organisée des salles de jeux, si bien protégées de la vie profane. Des émotions nourries par le carillon des trois cloches, synonyme de « jackpot » quand ce n'est pas par l'hypnose sonore des machines à sous. Des palpitations qui accompagnent la vision d'une carte favorable ou d'un numéro gagnant pour, enfin, ressentir la folle sensation de dominer le monde entier et sa propre vie en devenant l'Élu. L'Intouchable, l'Unique.

Si l'addiction au jeu représente souvent l'exemple choisi pour illustrer le concept d'addiction sans drogue, c'est parce qu'on y retrouve en effet les deux piliers historiques sur lesquels s'est fondée la notion d'addiction : l'esclavage et la dette. En droit romain et jusqu'au Moyen Âge, l'addiction *(addictus)* désignait la contrainte par corps de celui qui ne pouvait s'acquitter de ses engagements. Le juge signifiait à l'endetté qu'il était à l'entière disposition du plaignant : ce dernier pouvait alors en faire ce qu'il voulait. La vie de l'individu ne dépendait donc plus de lui-même et, de ce fait, sa femme et ses enfants s'en trouvaient également condamnés.

Nous retrouvons cette notion dans le quotidien du joueur pathologique qui aliène sa vie, son équilibre financier, conjugal et familial.

Divers questionnaires et grilles ont été élaborés afin de caractériser la dépendance au jeu et d'en évaluer le degré. La classification américaine des pathologies psychiatriques[1] répertorie dix critères diagnostiques :

- ✔ Le sujet est, en permanence, préoccupé par le jeu.

- ✔ Il éprouve le besoin de jouer avec des sommes croissantes pour atteindre l'état d'excitation désiré.

- ✔ Ses efforts répétés sont infructueux pour contrôler, réduire ou arrêter la pratique du jeu.

- ✔ Il devient irritable ou agité lors des tentatives de réduction ou d'arrêt de la pratique du jeu.

- ✔ Il joue pour échapper aux difficultés ou pour soulager une humeur dysphorique (sentiments d'impuissance, de culpabilité, d'anxiété, de dépression,...).

- ✔ Après avoir perdu de l'argent, il retourne souvent au jeu pour recouvrer ses pertes.

- ✔ Il ment à sa famille, à son thérapeute ou à d'autres

---

1. *Diagnostic and Statistical Manual of Mental Disorders*, 4th Edition of American Psychiatric Association. DSM IV TR. Washington, DC, 2000.

personnes pour dissimuler l'ampleur réelle de ses habitudes au jeu.

✔ Il commet des actes illégaux pour financer la pratique du jeu.

✔ Il met en danger ou perd une relation affective importante, un emploi ou des possibilités d'études ou de carrière à cause du jeu.

✔ Il compte sur les autres pour obtenir de l'argent et sortir de situations financières désespérées dues au jeu.

Comme dans toutes les addictions, cette dépendance s'installe progressivement et insidieusement, selon une trajectoire bien spécifique.

Le jeu se déroule avant tout dans un cadre festif et convivial. Une sortie au casino entre amis, une partie de cartes, l'achat d'un bulletin de Loto, etc. Rien de tel pour se divertir et passer un agréable moment tout en nourrissant l'inavouable espoir de gagner. Un souhait légitime, mais très rarement exaucé... La plupart de ceux qui touchent immédiatement le jackpot se satisfont de ce « merveilleux coup du sort » sans chercher à gagner de nouveau. D'autres, en revanche, submergés par des pensées irrationnelles (« je suis élu par la chance », « désigné par la main de Dieu ») s'empressent de renouveler l'expérience.

C'est de cette façon qu'Hector, l'un de mes patients, a basculé : « Les jeux d'argent ne m'ont jamais intéressé. Je restais persuadé de n'avoir aucune chance de gagner, alors à quoi bon dépenser mon argent ? Un soir, pourtant, je me suis laissé "embarquer" au casino par ma fiancée. J'ai accepté de miser cent francs au vidéo-poker. Au bout dc cinq minutes, une flush royale servie (Dix, Valet, Dame, Roi, As de même couleur) est apparue sous mes yeux, la machine s'est illuminée et deux contrôleurs se sont approchés de moi avec un verre de champagne. J'avais remporté le jackpot. Tout a commencé à cette minute précise où je me suis dit : si la chance m'a souri une fois, pourquoi pas une seconde, une troisième... »

Ce qui est arrivé à cet homme représente l'étape initiale d'un chemin classique qui débute par la phase de gain. Le plaisir de jouer et l'espérance de gagner encore et davantage augmentent au fur et à mesure des nouvelles expériences de jeu. Le futur dépendant va, désespérément, essayer de retrouver les mêmes sensations qu'au début. Puis arrive la phase de perte. Le joueur est rapidement rattrapé par la réalité et ses statistiques : il perd incomparablement plus qu'il ne gagne, mais refuse de l'accepter. Il mise des sommes de plus en plus importantes et de plus en plus fréquemment dans l'espoir (encore et toujours l'espoir !) de se « refaire » puisque « la chance va inévitablement tourner ». Les difficultés économiques et sociales surviennent et s'amplifient. Il tombe peu à peu dans l'engrenage du jeu. Obsessionnel et compulsif.

La phase de désespoir, dernière étape, apparaît lorsque la situation du joueur se détériore sur tous les plans : économique, familial, professionnel, social et psychologique. Son esprit est tout entier tourné vers le jeu et la façon dont il va l'alimenter. Pour certains, l'emprunt ou le délit représentent l'unique moyen de se procurer « l'argent du jeu ». À ce stade, de réelles dépressions peuvent survenir face auxquelles il convient d'être vigilant.

Le joueur pathologique est emporté dans une spirale infernale qu'il ne parvient plus à maîtriser. Cette dépendance n'occasionne pas de symptômes de sevrage importants en cas d'arrêt : pas de manque physique si ce n'est

une grande nervosité, des troubles de l'appétit et du sommeil, mais un manque psychologique évident qui se
traduit par une forte anxiété, une irritabilité notable et
une sensation de vide ou de perdition. Le risque de
rechute reste élevé en raison de l'accessibilité aux jeux
d'argent.

Environ 2 % de la population adulte est susceptible de
développer cette dépendance, alors que 10 % des individus fréquentant les salles de jeu sont considérés comme
étant des joueurs excessifs. En cinq ans, les revues scientifiques ont consacré à cette addiction plus de 500 études.
Et pour cause. Les casinos se multiplient dans le monde
et, avec eux, le nombre de joueurs pathologiques. Aux
États-Unis, entre 1 % et 3 % de la population est déjà
concernée. 80 % de dépressions, 20 % de délinquance
pour vol d'argent ou chèques sans provision sont les
conséquences réelles de ce phénomène. Les Français
jouent moins, mais le nombre d'addicts augmente. Faute
d'études, les experts tablent sur une fourchette de 0,5 %
à 1 %. L'an dernier, plus de 2 300 personnes ont souhaité
être interdites des cercles de jeux. 6 fois plus qu'il y a dix
ans...

Les conduites du jeu pathologique sont le plus souvent
attribuées aux hommes (90 % des cas), jeunes (25-45 ans)
et, semble-t-il, issus d'un milieu socialement défavorisé.
Mais les études, jusque-là peu nombreuses, sont loin
d'être exhaustives. Dans la revue scientifique anglo-
saxonne *Journal de psychiatrie clinique*, publiée en 1984,
R. Custer décrivait le dépendant au jeu comme « un
homme d'intelligence moyenne ou supérieure, occupant
souvent une haute position sociale à responsabilité, avec
un sens pratique développé pour résoudre les problèmes
de la vie courante, un surplus d'énergie permettant plusieurs activités en même temps, un goût important pour

les activités à risque ou les compétitions ainsi que les activités sportives intenses ».

Dans la même lignée que les travaux de R. Custer, les études scientifiques, essentiellement nord-américaines, cernent le joueur pathologique de casino comme un homme (deux tiers des cas) ou une femme marié(e), entre 35 ans et 40 ans, d'une nature plutôt solitaire, ayant fait des études supérieures, n'ayant jamais rencontré de problème judiciaire avant de jouer, mais ayant abusé d'alcool ou de substances illicites dans 20 % des cas et présentant un risque de dépression et de suicide 2 à 3 fois plus élevé que celui de la population générale.

Si, à mon tour, je devais dresser un portrait de ces joueurs, en me limitant à ma seule expérience clinique et aux réflexions qui en découlent, je dessinerais un tout autre profil. J'ai ainsi remarqué deux traits fondamentaux mais bien distincts chez les joueurs pathologiques.

Le premier réside dans l'incapacité à décrocher du jeu. Peu importe lequel : le jeu de société, les mots croisés ou encore la game boy. L'appétit excessif n'est jamais satisfait. Ces accros du jeu n'ont pas besoin de l'enjeu de l'argent pour jouer. Ils se lancent défi sur défi pour pouvoir continuer, améliorer un score, améliorer la vitesse d'obtention de ce nouveau record, battre son record deux fois dans la journée,... Tout est prétexte à ne jamais s'arrêter. La sanction directe se réduit le plus souvent à une grande perte de temps et non à une perte d'argent. La plupart de ces accros sont... de grands enfants au caractère immature et peu autonome. Ils sont capables de continuer à jouer sans interruption, tant que l'activité ludique leur plaît. L'arrêt leur fait peur. La continuité les rassure. Ils sont accros du jeu, mais nous pouvons aussi les retrouver accros du travail, de l'amour, collectionneurs de couvercles de boîtes de camembert ou amateurs de puzzles de dix mille pièces en noir et blanc.

Le second trait se caractérise par la modification du comportement et du caractère de l'individu. Ne dit-on pas, lorsque nous évoquons l'attitude d'un joueur : « Il ne supporte pas de perdre, on dirait que sa vie en dépend, il ferait tout pour gagner... tu le verrais quand il joue, il n'est plus le même, etc. ».

Ces joueurs-là se doivent de rafler la mise à tout prix, convaincus d'être les meilleurs et prêts à accuser n'importe qui, y compris leurs proches, si la chance ne leur sourit pas. La théorie de la probabilité ou la loi des grands nombres ne les concernent pas. S'ils ne gagnent pas, ils considèrent ce triste état de fait comme injuste et anormal. Ils accusent alors la moustache du croupier, le parfum de la femme installée à leur droite, la nouvelle décoration de la salle ou je ne sais qui ou quoi d'autre, d'être responsables de leur déveine.

Ce sont eux que l'on retrouve dans les casinos, dans les tabacs où ils remplissent compulsivement, toutes les trois minutes, leur grille de Rapido et grattent frénétiquement les Tac O Tac et autres jeux, sur les champs de courses ou autour des tables de poker. Ce sont eux qui s'exposent à de graves pertes financières, mettent en péril leur famille, leur travail, et leur santé aussi.

Les fous du jeu et leur déni du hasard me semblent donc osciller entre une tendance mégalomaniaque (« c'était logique que JE gagne, car je SAVAIS que j'allais gagner ») et paranoïaque (« tous se sont ligués contre moi pour que je perde »). Ils ne jouent pas contre les autres, mais contre eux-mêmes. Ils parient sur leur destin.

Cette triple vulnérabilité (l'immaturité, les tendances mégalomaniaques et paranoïaques) semble faire le lit des histoires de joueurs pathologiques dont j'ai eu à m'occuper en médecine des addictions.

Mais tous les mégalos et paranos ne basculent pas forcément dans le jeu.

Quelles sont les motivations conscientes ou inconscientes de celui qui joue sans répit ? Que recherche-t-il en poussant quotidiennement la porte des casinos ou des bars-tabac ? Quelles sont les raisons qui font entrer un simple joueur dans le jeu pathologique ?

Le roman de Dostoïevski, *Le Joueur*, explique parfaitement le rôle qu'occupe le jeu dans la vie de ces accros, et l'espoir sans limites qu'il suscite. Dans ce grand classique de la littérature russe, Alexeï Ivanovitch, joueur maladif, n'est pas seulement obnubilé par l'appât du gain. Le jeu représente pour lui une fuite à son angoisse existentielle. Il lui permet de remplir le vide de sa vie en jouant avec le hasard, mais aussi d'oublier la mort, le temps d'une partie.

Encore une fois, semblable aux effets des substances, le jeu pathologique peut aider à masquer une souffrance. Il peut se déclencher suite à un stress, à un problème familial, professionnel et, bien entendu, à des difficultés financières. Mais le jeu n'occupe pas seulement cette fonction. Certains chercheurs avancent l'hypothèse d'une cause génétique ou biochimique à l'origine du manque de contrôle chez les personnes souffrant de cette dépendance. Freud évoquait une tendance à l'autopunition. Il envisageait déjà le risque des addictions sans drogues lorsqu'il regroupait, en 1890, sous l'intitulé « habitudes morbides » la morphinomanie, l'ivrognerie et les aberrations sexuelles. Sept ans après, il y ajoutait la dipsomanie (la manie de boire) et le jeu pathologique. Selon lui, les toxicomanies ou les addictions sans substances constituaient des pulsions sexuelles non exprimées ou une façon de les contrôler. Freud précisait même : « J'en suis venu à croire que la masturbation est la première grande

habitude, l'addiction primaire, et que les autres appé-
tences, telles que l'alcool, la morphine, le tabac, n'en sont
que les substituts, les produits de remplacement. » Il
considérait joliment l'addiction comme un « briseur de
soucis ». Bien plus tard, en 1928, dans *Dostoïevski et le
parricide*, le psychanalyste reliait, à nouveau, le jeu
pathologique à l'activité masturbatoire.

Je pense parfois à la lecture freudienne de la solitude
des joueurs lorsque j'observe la répétition de certains de
leurs gestes. Cela se traduit par le « tripotage » incessant
des jetons, par l'incomparable manière dont ils caressent
leurs cartes autour d'une table de poker ou encore par le
grattage acharné et continu des Morpion, Bingo, etc.

Cependant, résumer le jeu pathologique à une activité
masturbatoire ne saurait suffire à en évoquer la diversité
des causes, des aspects ni l'hétérogénéité des trajectoires.

Le jeu évoque également un facteur de réussite au
même titre que le travail acharné. Pour Alexeï Ivanovitch,
cela représente un moyen de modifier sa raison sociale :
« Un zéro pour Rothschild, un million pour moi ! »,
déclare-t-il.

Par le biais du jeu, le joueur cherche à modifier un
destin malheureux car il possède cette folle capacité de
se convaincre qu'il peut maîtriser le hasard en utilisant
des stratégies pour tenter de le contrôler, de s'en faire un
allié.

Les tactiques les plus courantes consistent à miser toujours sur le même numéro (« il va bien finir par sortir »)
ou, au contraire, sur celui qui n'est pas sorti depuis longtemps. Même raisonnement lorsqu'il s'agit de choisir la
machine qui n'a pas « payé » depuis longtemps. Le joueur
pathologique met plus de conviction dans ses idées irrationnelles que le joueur occasionnel. Si ce dernier perd au
bandit manchot, il reconnaîtra qu'il n'a pas eu de chance
ou qu'il a choisi la mauvaise machine, alors que pour

l'autre, cette malchance ponctuelle indiquera simplement un « retard dans le temps ». « Je vais bientôt gagner » ou « la chance finira bien par tourner en ma faveur », se persuadera-t-il. L'illusion d'un quelconque pouvoir sur les résultats, sur le cours des choses, entraîne des superstitions (ou pensées magiques) propres à chacun. N'avez-vous jamais essayé de défier les feux tricolores en pensant, au volant de votre voiture : « S'il passe au vert avant que je franchisse la ligne, alors mon rêve se réalisera. » Ou encore : « Chaque fois que j'ai porté mon pull bleu, j'ai gagné. »

La seule différence entre le joueur pathologique et nous réside dans le fait que nous, nous n'oublions pas toutes les fois où nous n'avons pas gagné alors que nous avions emporté le fameux objet fétiche. La personne qui joue se souvient plus volontiers de ses gains alors qu'elle a tendance à oublier ses pertes : c'est ce que l'on appelle le déni.

Les fous du jeu refusent de penser que tout est programmé et que leurs actions n'y changent rien, car le principe fondamental du jeu de hasard est que chaque événement est indépendant du précédent. Aucune main invisible n'est là pour pousser la boule de Loto ou placer la carte gagnante en haut du paquet... Mais cela, les joueurs ne peuvent l'accepter, car le hasard renvoie à une notion indéniable, celle de placer tout le monde sur un pied d'égalité : les jeunes comme les vieux (un enfant de 6 ans peut battre un polytechnicien...), les plus intelligents comme les plus simples d'esprit, les riches comme les pauvres. Toutes les différences et inégalités disparaissent face au hasard. Il permet de rêver, de se projeter dans une vie de milliardaire, il symbolise les espoirs les plus fous. Or, il renvoie souvent, trop souvent, le joueur à la fatalité de son existence... Cela, le dépendant refuse également de le voir. Il continuera de combattre le sort, de se confronter au destin et de jouer tant que la victoire ou le gros gain ne l'aura pas conforté dans ses idées folles.

Les jeux de hasard et d'argent ne provoquent pas tous une perte de contrôle chez leurs adeptes. Le tiercé, couru jadis seulement une fois par semaine, ne créait pas de dépendance. Il en va autrement aujourd'hui du « course par course » qui permet de parier tout au long de la journée. Le Rapido, avec double tirage en direct toutes les cinq minutes sur un écran installé dans les cafés, suscite de la frénésie chez les plus placides. Enfin, au cœur de l'ambiance feutrée des casinos, la roulette est, pour la plupart, moins addictogène que les machines à sous, car ce qui distingue les jeux dangereux des autres, c'est tout simplement leur rythme. Lorsque le jeu est répétitif, le joueur se concentre chaque fois sur la nouvelle occasion de gagner qui se présente à lui.

Autre terrain d'investigation : le cerveau des joueurs. L'IRM fonctionnelle a permis à des chercheurs américains d'observer que les zones activées (circuit de la récompense) lors d'un jeu d'argent sont les mêmes qu'avec la prise de drogues euphorisantes comme la cocaïne. L'activité des neurones à dopamine augmente avec les sensations d'exaltation et la part de hasard : cette activité est maximale quand la probabilité de gagner est faible, et minimale lorsque le joueur sait, à coup sûr, qu'il vaincra ou, au contraire, qu'il perdra. La sensibilisation créée par ces élévations intermittentes pourrait même contribuer à l'installation de la dépendance...

D'autres scientifiques américains se sont penchés sur une zone particulière du cerveau impliquée dans la régulation de l'impulsivité. Leurs travaux montrent que le jeu pathologique résulterait d'un dysfonctionnement à ce niveau. La génétique, enfin, est appelée à la rescousse, mais personne n'a, aujourd'hui encore, la prétention d'avoir trouvé les gènes de la fièvre du jeu...

En attendant, les conséquences entraînées par le jeu pathologique se révèlent dramatiques pour le joueur lui-même et pour sa famille. Selon une étude réalisée par l'association SOS Joueurs[1], 19,3 % d'addicts au jeu ont commis des actes illégaux (détournements de fonds, abus de confiance, vols qualifiés, etc.). La récidive est très fréquente. Sur le plan financier, 96,6 % des familles de joueurs sont endettées : le salaire, les allocations Assedic ou familiales sont consacrés au jeu, les emprunts à l'entourage sont fréquents et non remboursés. « J'ai perdu plusieurs milliers d'euros, raconte un patient, pris dans l'engrenage depuis six mois. Je ne parvenais pas à me faire une raison, je me disais simplement : "tu n'as pas eu de chance depuis quelque temps, mais elle ne va pas tarder à revenir." J'ai alors emprunté 1 500 euros à mon père. En quelques semaines, ils étaient engloutis. Plusieurs banques ont accepté de me faire crédit, ce qui n'a fait qu'aggraver mes dettes. Je faisais des chèques en blanc. Aujourd'hui, je suis sous curatelle, à la demande de ma famille. »

Sur le plan familial, 15 % des divorces ou des séparations sont causés par le jeu : les relations de couple se dégradent, l'éducation et l'équilibre psychologique des enfants subissent des perturbations. Enfin, bien que les joueurs bénéficient, le plus souvent, d'une aide de leur famille, il arrive que certains tombent dans une profonde dépression quand ils ne passent pas à l'acte. Peu de moyens sont mis en place aujourd'hui pour venir en aide aux Joueurs pathologiques.

Contrairement aux pays anglo-saxons, la France est en retard dans ce domaine.

---

1. Ces chiffres sont issus d'une étude de 1993 : « Les joueurs dépendants, une population méconnue en France ». (A. Achour, Paris, CREDOC, coll. des Rapports, n° 134, avril 1993.)

La prévention est entièrement laissée à l'initiative privée. À ce jour, les groupes Accor Casinos et Émeraude demeurent les seuls établissements à avoir lancé des programmes d'information sur les méfaits du jeu et ce, sur recommandation du ministère de l'Intérieur. Parallèlement, peu de messages sont diffusés dans les médias, aucune affiche n'est installée dans les salles de jeux et, côté slogans, nous sommes encore bien loin des mises en garde sur les bulletins à gratter ou les grilles de Loto. « Jouer ruine », « Jouer provoque des divorces » ne sont pas encore à l'ordre du jour.

En ce qui concerne les traitements, notre pays n'est pas mieux loti. Faute de structures spécialisées, les joueurs pathologiques sont souvent obligés de pousser la porte des centres de soins pour toxicomanes, peu adaptés à ces « drogués sans drogue ». À l'exception des abus ou dépendances à l'alcool ou à la cocaïne qui concernent 20 % des joueurs. Pour le tabac, dont l'abus chronique concerne plus de 80 % d'entre eux, les casinos ou cercles de jeu sont les rares endroits publics qui s'autorisent à échapper à la loi Evin. Aucune salle de machines à sous non-fumeurs (il en existerait une ou deux en France un soir par semaine), aucune table de roulette sans cendrier, et encore moins de table de poker sans légendaire auréole fumeuse.

La prise en charge des joueurs à l'aube de leur addiction me semble impérative de façon à prévenir les éventuelles conséquences médico-légales de leur comportement. Les complications psychiatriques (dépression, usage de produits dopants pour « tenir le coup ») doivent faire l'objet d'un diagnostic précis et d'un traitement adéquat. L'administration d'antidépresseurs pour contrôler la sécrétion de la sérotonine (impliquée dans le contrôle du sommeil, la régulation des affects et de l'humeur, le contrôle de l'impulsivité,...) fait partie des solutions envisagées mais leur efficacité laisse encore à désirer. Hormis les cas extrêmes et en l'absence de risques suicidaires, le traitement reste le plus souvent ambulatoire.

Il existe toutefois d'autres moyens mis en œuvre pour traiter ces « malades du jeu ». L'Amérique du Nord, plus au fait, a élaboré des méthodes de sevrage grâce aux études portant sur le mental du joueur.

Partant du principe que ce dernier est aussi dépendant de sa conviction de gagner que le fumeur de sa nicotine, un psychologue canadien, Robert Ladouceur, a mis au point une technique particulière visant à substituer une certitude à une autre. « Je ne peux jamais savoir quand je vais gagner », fait-il ainsi répéter inlassablement à ses patients...

En France, la consultation individuelle (si le joueur est capable d'élaborer sa demande et d'inscrire sa passion dans son histoire personnelle), la thérapie cognitive ou la thérapie de groupe, incluant ou non le conjoint, existent : les personnes sont soutenues, travaillent sur des solutions concrètes pour abandonner leurs habitudes et bénéficient d'un suivi financier. Ces méthodes encouragent l'abstinence au jeu, mais apportent aussi une aide psychologique importante.

Certains thérapeutes mettent en place un carnet de liaison où le joueur inscrit lui-même ses moments de jeu, les sommes misées, les sentiments ressentis. Une grande partie du travail porte également sur les situations à risques : il est demandé au patient d'éviter les lieux « dangereux » pour lui, de trouver des conduites alternatives et de développer d'autres activités. L'affirmation de soi (dire « non » aux amis qui proposent « une petite partie de cartes », par exemple) est abordée ainsi que des discussions portant sur la superstition et les croyances irrationnelles.

Reste, en dernier recours, la méthode radicale réservée aux jeux de table (roulette, black-jack...) : l'interdiction. Elle est valable cinq ans pour l'ensemble des casinos, renouvelable par reconduction tacite et ne peut être levée que par l'intéressé lui-même. Les résultats de cette mesure sont souvent contestés car il est facile de la contourner.

Face à une augmentation régulière du nombre de casinos et de joueurs pathologiques, la France ne semble cependant pas prête à déployer les grands moyens. En février 2002, le sénateur François Trucy tirait la sonnette d'alarme en déclarant que « la prise en charge des joueurs dépendants par [notre] système de santé publique est totalement déficiente ».

Si l'État ne réagit pas, les professionnels de l'informatique, eux, ne chôment pas. Ils nous réservent de bien belles surprises ! Inutile aujourd'hui de franchir la porte d'une salle de jeux. Tout en restant confortablement installé, un clic peut nous téléporter autour d'une table de poker pour participer au championnat du monde ou à l'intérieur d'un grand casino où machines à sous et tapis verts n'attendent que nous.

Ces jeux virtuels, tout aussi attractifs, vont-ils créer de futurs joueurs pathologiques ? Vont-ils, eux aussi, provoquer ces émotions, cette ivresse que certains ont comparée aux effets de la cocaïne ou des amphétamines ? Ces adversaires du hasard vont-ils, à coup de dopamine intime, aller chercher dans le jeu un « briseur de soucis » ou un étayage à leur mégalomanie ?

Prenons les paris...

Nous l'avons dit : la dépendance au jeu est une réelle dépendance. Il faut donc consulter.

Si vous n'envisagez pas de vous faire soigner, apprenez, au moins, à réduire les risques.

Ne prenez pas vos vacances dans des lieux ou régions où sont implantés des casinos ou des cercles de jeux.

Lorsque l'envie de jouer surgit, choisissez, parmi vos relations proches, une personne à qui téléphoner. Un quart d'heure de discussion peut suffire à laisser retomber l'impulsion.

Lorsque vous allez au casino, faites-vous accompagner. Emportez une somme d'argent (en liquide) bien définie et laissez chez vous vos cartes de crédit et vos chéquiers.

Évitez la consommation d'alcool, de façon à réduire les risques de perte de contrôle.

Demandez à un ami fiable de venir vous chercher à un horaire bien précis.

Rappelez-vous aussi souvent que possible les très faibles probabilités de gain, notamment aux jeux de grattage. 100 % des perdants avaient joué...

4

Workaholisme :
les 35 heures en un jour

Ils ne connaissent pas les week-ends, ni les jours fériés. La perspective des vacances provoque chez eux des angoisses, quant au mot RTT (récupération du temps de travail) il est, depuis longtemps, banni de leur vocabulaire. Ces gens-là travaillent sans compter et se déplacent en permanence avec un ordinateur, un téléphone portable ou un dictaphone. Rien ne peut les arrêter. Ils sont drogués au travail et trouvent aujourd'hui leur place en médecine des addictions sous le nom de workaholiques.

Ce néologisme inventé dans les années 90 par un Américain, Wayne Oats, fusionne les termes *work* (travail) et *alcoholic* (alcoolique).

Selon lui, le travail excessif, comme l'alcool, créerait un état d'euphorie, renforcerait la confiance en soi et masquerait les pensées douloureuses. Il est décrit comme une relation pathologique d'un sujet à son travail et répond aux caractéristiques d'un trouble de la dépendance. L'addiction au travail s'installe lorsque les préoccupations professionnelles envahissent le quotidien et que survient une perte de contrôle. Le workaholique s'enferme dans son hyperactivité. Ses pensées sont centrées sur l'objet de sa dépendance au détriment de sa santé, de sa vie familiale et sociale. Sa relation aux autres et au monde environnant est modifiée : « Je ne supportais pas les collègues qui ne possédaient pas la même rigueur que moi, la même exigence, me racontait Mathilde, une patiente. Je me considérais comme la référence et mesurais tout le monde par rapport à mon système de fonctionnement. Tous les rêveurs, les artistes ou les gens simplement "normaux" m'exaspéraient. J'avais envie de leur expliquer ce qu'était la vie... Je ne me rendais pas compte, à ce moment-là, que c'était moi qui étais "à côté de la plaque". Contrairement à la plupart des addictions, le workaholisme bénéficie d'une image positive et « propre » puisque (en apparence) il ne détruit pas l'organisme et ne modifie pas le comportement comme l'alcool ou les drogues peuvent le faire. Les « fous de travail » jouissent même d'une formidable estime sociale, ils incarnent la performance, la volonté et l'ambition. Des *winners* accumulant les promotions et les succès. Ils semblent maîtres de leur vie contrairement à l'ensemble des dépendants, qui, aux yeux de tous, sont perçus comme des êtres faibles et influençables. Ce phénomène est souvent surestimé à tel point que certaines personnes revendiquent, non sans fierté, leur workaholisme. Au Japon, notamment, où il existe un terme pour désigner la mort par épuisement : le *karoshi*. Une manière plus qu'honorable de rendre l'âme...

Tant que l'assiduité et l'hyperactivité professionnelles garderont les valeurs que nos sociétés leur accordent, tant qu'elles seront encouragées avec autant de ferveur et de démesure, l'addiction au travail sera difficilement évitable.

Afin d'évaluer cette dépendance, Bryan Robinson mit au point un test, le Work Addiction Risk Test (WART) :

1. Je préfère faire les choses moi-même plutôt que de demander de l'aide.

2. Je suis impatient quand je dois attendre l'aide d'un autre ou quand une tâche prend trop de temps.

3. J'ai l'impression d'être pressé, de courir contre la montre.

4. Je suis irrité quand on m'interrompt au milieu d'une activité.

5. J'ai plusieurs fers au feu. Je suis tout le temps occupé.

6. Je fais plusieurs choses en même temps.

7. Je m'implique trop dans mon travail. Je prends des engagements qui dépassent mes capacités de travail.

8. Je me sens coupable quand je ne travaille pas.

9. Il est important pour moi de voir les résultats concrets de ce que je fais.

10. Je suis plus intéressé par le résultat final de ce que je fais que par la manière d'y arriver.

11. Les choses ne vont jamais assez vite pour moi.

12. Je perds patience quand les choses ne vont pas au rythme qui me convient.

13. Je pose plusieurs fois les mêmes questions sans me rendre compte que j'ai déjà reçu une réponse.

14. Je passe beaucoup de temps à organiser mon travail et à réfléchir à la manière dont je vais travailler.

15. Je continue à travailler alors que mes collègues ont quitté le bureau.

16. Je suis irrité quand les personnes de mon entourage ne correspondent pas à ce que j'attends d'elles.

17. Je suis en colère dans les situations que je ne peux pas contrôler.

18. J'ai tendance à me mettre la pression en m'imposant des délais quand je travaille.

19. Il m'est difficile de me détendre quand je ne travaille pas.

20. Je passe plus de temps au travail qu'en famille, avec mes amis ou dans des activités de loisir.

21. J'aime préparer mon travail pour prendre de l'avance.

22. Je supporte mal mes erreurs, même les plus anodines.

23. Je consacre plus d'énergie et de temps à mon travail qu'à mes amis ou à ma famille.

24. J'oublie, j'ignore ou je néglige les vacances, les fêtes familiales.

25. Je prends des décisions importantes avant d'avoir réuni tous les éléments nécessaires pour me forger une opinion.

Comptez :
1 point lorsque vous répondez : jamais
2 points lorsque vous répondez : parfois
3 points lorsque vous répondez : souvent
4 points lorsque vous répondez : toujours

Entre 57 et 66 points, vous êtes en danger.
De 67 à 100 points, vous êtes addict au travail.

Il ne faut pas, toutefois, confondre le dépendant au travail et le travailleur acharné, le workaholisme et le surmenage. Travailler beaucoup, énormément, ne représente, en aucun cas, un signe de dépendance tant que l'équilibre entre vie professionnelle et vie privée reste maintenu. Le surmené passe, en effet, de longues heures à son bureau lorsque la situation l'exige, mais les buts et les délais sont clairement définis. Dès l'instant où il termine sa tâche ou qu'un sentiment de lassitude dans son travail se fait ressentir, il décroche et reprend sans difficulté et avec plaisir ses activités quotidiennes et ses loisirs. En d'autres termes, il accepte d'« être charrette » mais ne sacrifie pas longtemps sa vie privée pour son travail. Il devient addict lorsque toute son énergie, ses ambitions et ses aspirations se focalisent sur le travail, devenu le centre de son univers. « Je prenais des vacances parce que j'étais obligée, m'expliquait Mathilde. Le premier jour, tout allait bien, mais au bout de vingt-quatre heures, un sentiment d'inutilité commençait à m'envahir. J'avais l'impression de perdre mon temps. Je culpabilisais en pensant à la quantité de travail que j'aurais pu abattre et aux opportunités que je laissais passer. »

Afin de mieux supporter ses périodes de congés, Mathilde planifiait ses journées, de façon à ne jamais rester inactive : « Je me levais à 7 heures tous les matins, je faisais du sport, puis je lisais au moins deux gros bouquins dans la même journée et lorsqu'il me restait du temps, j'allais visiter les monuments du coin sans oublier la pile de dossiers qui m'attendait dans ma chambre d'hôtel. »

Le but (conscient ou inconscient) recherché par ces hyperactifs demeure, en général, toujours le même : travailler, occuper leurs mains ou leurs neurones pour éviter de penser. L'inactivité, en effet, laissant libre cours aux sentiments, aux émotions et surtout à la cogitation, provoque chez les workaholiques une peur panique du vide. Le travail devient alors une fuite, une échappatoire à leurs angoisses existentielles. Ils quittent leur bureau le plus tard possible, et encore à regret, et tentent de se consoler avec l'idée qu'ils y reviendront le plus tôt possible.

Sandrine, une brillante réalisatrice de 35 ans que je recevais en consultation, analysait bien la situation : « J'ai sans cesse besoin de me fixer de nouveaux objectifs, de façon à ne jamais me retrouver face à moi-même. Les rares fois où je me confronte à des périodes d'inactivité, des angoisses de toutes sortes me submergent. »

Comme beaucoup de workaholiques, Sandrine se « chargeait » de travail pour combler le vide de sa vie affective et éviter les remises en question. Un mal pour un bien puisque cette jeune femme possède déjà un curriculum vitae impressionnant. Depuis un an, Sandrine a décroché du cinéma, elle a réduit de moitié ses activités professionnelles. Et pour cause : elle est tombée follement amoureuse d'un homme qu'elle va épouser... Sa peur du vide est, aujourd'hui, comblée...

Le workaholisme ne fait pas seulement office d'anesthésiant d'une pensée douloureuse, il trouve ses racines ailleurs et notamment dans l'enfance.

Si, pendant des années, le dépendant a constaté que son père ou sa mère accordait une place prépondérante au travail, s'il a été éduqué dans le culte de la réussite (« tu dois être le meilleur, tu n'as pas le droit d'échouer »,...) ou encore s'il a fait l'objet d'attentes démesurées de la part de ses parents, il sera alors prêt à tous les excès, à tous les efforts pour répondre à ces demandes, être à la hauteur et surtout ne pas décevoir ceux qui ont cru en lui.

En règle générale, le workaholique souffre d'une faille narcissique qui le pousse dans une quête désespérée de reconnaissance. En effet, nous ressentons tous le besoin d'être aimés, regardés et valorisés. Plus ou moins, selon les témoignages d'amour reçus durant notre enfance. Si nous avons le sentiment de ne pas avoir été suffisamment aimés et considérés, nous grandirons avec l'idée que nous ne valons pas grand-chose et que nous ne sommes pas aimables (au sens premier du terme). Nous n'aurons qu'une obsession : « réparer », chercher dans le regard des autres l'admiration, l'estime dont nous avons manqué. L'hyperactivité professionnelle devient alors l'autothérapie, la solution idéale pour acquérir une image gratifiante, surtout dans une société comme la nôtre pour laquelle la valeur de l'individu est intimement liée à sa réussite. En travaillant davantage que ses collègues, en se fixant des challenges et des objectifs de plus en plus élevés, le futur workaholique suscitera l'attention et l'approbation de tous. Si ses efforts sont couronnés de succès, il bénéficiera de la reconnaissance et des félicitations de son patron. La récompense suprême ! Il sera reconnu comme un acteur performant et efficace à l'intérieur de son entreprise. Celle-ci deviendra sa famille de substitution. L'addict au travail n'œuvrera que dans ce but-là et non pas par amour de la tâche à accomplir. Si, en revanche, il n'obtient pas ce pourquoi il se bat jour et nuit (la gratitude, l'admiration,...), au point d'y laisser sa santé et d'abandonner toute vie sociale, les conséquences psychologiques risquent d'être désastreuses. Le traumatisme d'enfance ressurgira alors avec une grande violence.

Ce mode de fonctionnement n'est pas exclusivement réservé aux « mal-aimés » ou aux angoissés, il se trouve, par ailleurs, favorisé par les exigences de performance, de productivité, de rentabilité et autres épées de Damoclès planant sur les entreprises qui se veulent de plus en plus concurrentielles et qui, par tous les moyens (y compris la menace du licenciement), tentent de motiver leurs troupes. Plus de 10 % des cadres travailleraient plus de soixante heures par semaine. Ces « fous du bureau » ont majoritairement moins de 40 ans et officient dans des sociétés privées. Selon l'enquête, ils acceptent ce rythme « parce qu'ils n'ont pas le choix ». Cette pression supplémentaire fabrique des workaholiques en puissance. Hors de question de tomber malade, de consacrer ses week-ends à la famille ou encore de subir une petite baisse de régime : « Nous n'avons pas droit à l'erreur sinon nous sommes virés », avouent-ils. Bien d'autres catégories ont encore moins le choix, notamment les professions dites libérales, les artisans, les médecins généralistes ou hospitaliers, les architectes, les avocats, les chauffeurs de taxi, les boulangers, etc.

L'argent représente également un moteur important pour certains workaholiques, obnubilés par l'idée de devenir riches avant 40 ans. Ce fut le cas de nombreux créateurs de start-up, prêts à sacrifier plusieurs années de leur vie au rythme de quatorze à dix-huit heures de travail par jour, week-ends, vacances et jours fériés compris.

S'il existe des milieux à risque, on trouve également des individus à risque.

Ils correspondent, en général, à un profil psychologique particulier.

Certains appartiennent à la catégorie des obsessionnels et hyperactifs.

D'autres ne savent pas se fixer de limites ni répondre « non » aux exigences de leurs supérieurs hiérarchiques. Un refus signifierait pour eux « Je ne peux pas », autrement dit « Je suis incapable ». Malgré la surcharge de travail, les workaholiques sont prêts à tout pour ne pas afficher la moindre faiblesse et ne pas décevoir leur entourage.

Les perfectionnistes ne sont pas à négliger non plus. Incapables de déléguer la moindre tâche par crainte que le travail ne soit pas exécuté parfaitement, ils recherchent en permanence un idéal qu'ils se sont imposé à eux-mêmes. Ils se doivent d'être exemplaires, impeccables et irréprochables.

François, un patient hospitalisé pour consommation excessive de cocaïne, reconnaissait qu'il s'était trouvé dans cette situation. Cadre commercial dans une grande entreprise privée, il abusait de cette substance pour pouvoir faire face à la surcharge de travail. « Au départ, j'étais flatté que l'on puisse me confier tant de dossiers importants, me disait-il. J'étais motivé, je me "défonçais". Mes collaborateurs n'hésitaient jamais à me demander un conseil ou un service, et moi, valorisé par de telles attentions, je ne refusais jamais rien. C'était une question de fierté personnelle. On me trouvait compétent et performant, je me devais de coller à cette image. » Pendant six mois, François ne s'accorde pas un seul jour de congé, ni une soirée de répit. La fatigue nerveuse et physique commence à le gagner, mais il résiste, jusqu'au jour où il tombe en profonde dépression.

Lorsque les workaholiques prennent conscience que leur organisme ne supporte plus le rythme effréné de vingt heures par jour, certains sombrent dans l'usage de produits psychoactifs : augmentation de la consommation de tabac, de café pour se maintenir en éveil et favoriser la concentration, cocktails de vitamines de plus en plus élaborés, de médicaments en vente libre (Guronsan, Supradyne), lorsque ce ne sont pas des dérivés amphétaminiques ou de la cocaïne. Addicts au travail, certains deviennent également dépendants aux substances stimulantes.

Ces codépendances ne sont pas les seules conséquences dangereuses du workaholisme.

L'état de stress permanent entraîne des répercussions physiques : maux de tête, tension artérielle élevée avec risque de complications cardiaques et rénales, indigestion, douleurs gastriques et insomnies.

L'irritabilité, l'agressivité, l'apathie, le sentiment de tristesse ou de colère, selon les circonstances, se manifestent ainsi que certains troubles du comportement comme la perte d'appétit ou au contraire, le refuge dans la nourriture.

Malgré ces multiples signaux d'alarme, le workaholique ne réalise pas qu'il arrive « en bout de course ». Seul un événement grave (rupture sentimentale, maladie,...) peut entraîner chez lui une prise de conscience et l'inciter à changer de vie.

Mais lorsque les dernières réserves s'épuisent, il bascule

dans le *burn out syndrome*, terme anglais pour qualifier l'épuisement professionnel. Le sujet se sent alors incapable de remplir ses obligations quotidiennes. Nombreux sont les médecins, les infirmières et les aides-soignantes qui ont été exposés à ce syndrome dans les années 80. À cette époque, les hospitalisations, lourdes et tragiques, dues au sida entraînaient une énorme charge de travail supplémentaire et un profond désarroi. La demande accrue de travail, le manque de temps de repos, l'incapacité à s'occuper de soi ou des siens concourent à créer chez ces personnes une forte anxiété, allant parfois jusqu'aux premiers signes de dépression.

Elles perdent le goût des choses, se lèvent le matin déjà fatiguées, accablées, sans envie et encore moins celle d'aller travailler. Elles souffrent d'un manque d'intérêt pour tout. La confiance et l'estime acquises durant toutes ces années de travail intensif se réduisent comme une peau de chagrin. La moindre contrariété se transforme inévitablement en catastrophe. Le workaholique a, en fait, épuisé ses forces quotidiennes et commence à entamer son énergie vitale, celle qui maintient ses fonctions physiologiques et sa structure mentale. Plus ses troubles augmentent, plus ils se répercutent sur la sphère familiale et sociale. Le *burn out* peut également s'aggraver lorsque le workaholique prend conscience qu'il risque de perdre son emploi. À ce moment-là, la pensée qui, jusque-là, avait été canalisée, masquée par l'hyperactivité, ressurgit. Le sujet réalise que, sans son travail, il n'est plus rien, et, surtout, qu'il ne possède plus rien : plus d'amis, plus de vie affective, plus de vie sociale. Un retour brutal à la réalité.

Quelques nuits de profond sommeil ne suffiront pas alors à remédier à cet état. À ce stade, l'épuisement professionnel se traite quasiment de la même façon qu'une dépression. Au-delà d'une obligation de repos, la prescription d'antidépresseurs accompagnée d'une psychothérapie est recommandée. Contrairement à une addiction aux drogues dont une partie de la guérison suppose une abstinence au produit, le workaholisme est d'autant plus difficile à traiter que le sujet doit continuer à travailler pour vivre et se trouve donc confronté en permanence à l'objet de sa dépendance. Pour en finir avec cette addiction, il doit donc modifier sa conduite et parfois accepter, dans un premier temps, le pire des traitements pour lui : un arrêt de travail. Les thérapies comportementales peuvent se révéler utiles car elles apprennent un autre mode de vie, dit « normal » : dormir suffisamment, laisser ses dossiers à la porte du bureau, etc. Enfin, les thérapies de groupe fonctionnent également bien puisqu'elles confrontent des participants ayant rencontré le même problème, ce qui permet souvent des prises de conscience. Dès lors, de nouveaux comportements peuvent se développer.

Vouloir réussir dans la vie, nourrir de grandes ambitions nécessite, certes, beaucoup de travail mais ne doit en aucun cas entraîner de telles dérives comportementales.

Afin de ne pas atteindre ce point de non-retour, il existe quelques petits « trucs » pour concilier travail et plaisir : ne négligez jamais votre sommeil (entre sept et huit heures), programmez des vacances bien à l'avance, barrez sur vos agendas des heures « libres » au moins une fois par semaine et profitez de vos week-ends. Pratiquez la méthode suédoise : accordez-vous une demi-heure chaque jour juste pour vous (lire tranquillement, faire une petite sieste, vous balader,...). Octroyez-vous régulièrement des pauses-café ou thé dans la journée, ne sautez pas vos repas, ne laissez pas votre travail empiéter sur votre vie privée, n'hésitez pas à faire de l'exercice physique et, surtout, essayez le plus souvent de quitter votre bureau à une heure décente. Il y a une vie après le travail !

5

Hyperactivité sexuelle et dépendance affective : « Attache-moi ! »

Si nous rassemblons la dépendance affective et l'hyperactivité sexuelle dans ce même chapitre, c'est parce que l'une comme l'autre ont en commun le point suivant : la dépendance à l'Autre.

Dans les deux cas, le dépendant ne recherche ni les effets d'une substance psychoactive, ni ceux d'une conduite addictive, mais une présence humaine pour assouvir ses besoins et combler ses manques.

La dépendance affective et l'hyperactivité sexuelle n'ont, autrement, pas grand-chose à voir. Hélas, ou bien heureusement, elles ne font pas appel aux mêmes mécanismes neurologiques. Chez l'Homme, les études par imagerie cérébrale montrent que les régions neuronales activées lors d'une excitation sexuelle diffèrent de celles déclenchées par les émotions liées à l'attachement.

Autrement dit, nous pouvons ressentir l'envie d'avoir un rapport sexuel avec un(e) partenaire sans forcément éprouver de sentiments à son égard. De la même façon, nous pouvons aimer quelqu'un sans avoir envie de relations physiques avec ce dernier.

Faire l'amour ne signifie pas obligatoirement aimer.

Aimer ne signifie pas toujours avoir envie de faire l'amour avec l'être cher. Plus nous tombons dans l'excès (trop aimer ou trop désirer), plus ces deux dépendances s'éloignent l'une de l'autre. L'acte sexuel devient moins serein, moins libre lorsqu'il se trouve mêlé à un trop-plein d'amour et d'émotion car il sera vécu uniquement comme une preuve, une façon de se rassurer et non comme un plaisir.

La dépendance affective

Je suis fou d'elle... Je ne peux me passer de lui (d'elle)... J'ai besoin de sa présence... Je suis incapable de me débrouiller seul(e)... Pourquoi personne ne m'appelle ? J'ai peur qu'elle (il) ne veuille plus de moi... J'espère qu'on ne se quittera jamais...

Lequel d'entre nous n'a jamais prononcé l'une de ces phrases, au moins une fois dans sa vie ?

Lequel d'entre nous n'a jamais pensé au pire en imaginant le départ soudain ou la mort brutale de l'être aimé ?

« Un seul être vous manque et tout est dépeuplé », écrivait Lamartine pour résumer cette crainte d'abandon, cet attachement, cette exigence d'absolu.

Ces sentiments, nous les partageons tous, mais sommes-nous pour autant des dépendants affectifs ? Le sentiment amoureux qui nous accroche à l'autre, s'il relève de la passion, peut-il relever de l'addiction ?

Marcel Proust parlait d'« amour-drogue » ou d'« amour-maladie ».

Tout commence, en effet, par une rencontre, une attirance immédiate, une proximité évidente que rien ne justifie. Cette attraction devient vite un engouement, puis une passion qui conduit à idéaliser l'être aimé. Ce que Stendhal appelait la « cristallisation ». Le sentiment amoureux nous remplit. Il « colmate nos brèches » affectives sans que nous nous en apercevions.

Lorsqu'ils sont comblés, nos besoins sont, la plupart du temps, invisibles. Cela ne signifie nullement qu'ils n'existent pas. Nous sommes peu conscients de la nécessité d'être aimés si nous sommes entourés de personnes dont l'affection nous satisfait. La réalité de ce besoin ne refait surface que lorsqu'elle se confronte à l'absence. En cas de rupture, par exemple, le vertige du manque surgit.

Comme avec les drogues, la guérison passe par un sevrage. Un sevrage de l'autre, une acceptation sereine de son absence, susceptible de conduire au détachement puis à la libération.

Si la dépendance affective existe, elle ne concerne pas uniquement l'être aimé et peut toucher, pour certains, un environnement plus large (parents, amis, patrons, collègues,...).

Besoin de l'autre, des autres pour vivre !

Mais ce besoin n'est-il pas naturel et vital ? Devons-nous forcément être taxés de dépendance affective dès l'instant où nous revendiquons cette nécessité, constitutionnelle de l'évolution humaine ? Que serait devenu Robinson Crusoé sans Vendredi ?

Nous essayons tous de faire face à nos exigences affectives d'une manière ou d'une autre. Chacun réagit, selon les circonstances, comme il peut. Parfois, cette recherche d'assouvissement prend un caractère urgent en raison de l'intensité du manque à combler. Cela n'implique pas que nous soyons affectivement dépendants. Le fait d'avoir besoin de l'autre, de son affection, de son amour et de son regard ne traduit pas forcément l'existence d'une pathologie.

De la même façon, le fait de choisir, parfois, un entourage ou des partenaires qui ne nous rassurent pas, nous rejettent et font naître en nous une souffrance, n'implique pas non plus l'existence d'une maladie mentale.

Ce besoin fait partie de notre schéma d'équilibre. Nous élisons, d'une certaine façon, les « bonnes personnes », même si la relation nous fait du mal, car ces dernières nous permettent de régler des transferts.

Comme nous l'avons souvent expliqué dans cet ouvrage, l'enfant que nous avons tous été éprouve le besoin, dès son plus jeune âge, d'être regardé, aimé, valorisé par ses parents. De recevoir une attention bienveillante, de la reconnaissance et un soutien ferme et inconditionnel de leur part afin de construire son identité, et gagner une certaine confiance en soi.

S'il a manqué de ces témoignages, s'il a senti dans leur regard peu d'intérêt ou s'il a été « victime » d'une mère peu protectrice, indifférente à ses faits et gestes ou d'un père absent, alors il souffrira d'insécurité affective. Cela se traduira, entre autres, par une demande d'amour plus exigeante envers les autres, plus importante que la normale. Une nécessité de mesurer sa propre importance à travers le regard de l'Autre (l'élu) et des autres. Tous les autres.

L'adulte, « affectivement déficitaire », risque alors de devenir dépendant.

La classification américaine des pathologies psychiatriques ne reconnaît pas, pourtant, la dépendance affective. Elle avance plutôt la théorie de la personnalité dépendante. Celle-ci se caractérise par un besoin général et excessif d'être prise en charge, conduisant à un comportement soumis et « collant » et à la peur de la séparation. Ce comportement apparaît au début de l'âge adulte ; il est présent dans des contextes divers et se manifeste également en dehors de la relation de couple comme en témoignent au moins cinq des critères suivants :

- ✔ Difficulté à prendre des décisions dans la vie courante sans être conseillé(e) ou rassuré(e) de manière excessive par autrui.

- ✔ Besoin de faire assumer les responsabilités par autrui dans la plupart des domaines de sa vie.

- ✔ Difficultés à exprimer un désaccord avec autrui de peur de perdre son soutien ou son approbation (NB : à différencier de la crainte réaliste de sanctions éventuelles).

- ✔ Difficultés à mettre en route ou exécuter des projets seul(e) par manque de confiance en ses capacités ou son jugement (et non par manque de motivation ou d'énergie).

- ✔ Recherche excessive du soutien d'autrui, au point de se porter volontaire pour des choses désagréables.

- ✔ Recherche urgente et impérieuse d'un nouveau soutien quand une relation proche se termine.

- ✔ Malaise ou inhibition dans les actions solitaires, par crainte excessive de ne pas pouvoir se débrouiller.

- ✔ Préoccupation irrationnelle et continue causée par la crainte de devoir se débrouiller seul(e).

Nous ne pouvons évoquer la théorie de la personnalité dépendante sans aborder celle de l'attachement, chère à de nombreux psychothérapeutes.

Elle représente un cadre conceptuel pour les aspects relationnels qui touchent au besoin de sécurité.

Le comportement d'attachement a pour objectif d'obtenir ou de maintenir une proximité vis-à-vis d'un individu donné, pour lequel le sujet éprouve une préférence, le plus souvent la mère.

Ce comportement ne se retrouve pas uniquement chez l'enfant, et persiste, de façon plus ou moins élaborée, tout au long de l'existence.

La relation entre comportement d'attachement et capacité à devenir autonome est fondamentale : un individu ne pourra s'éloigner, quitter sa figure d'attachement (par exemple, sa mère) pour découvrir le monde environnant et devenir indépendant, qu'après avoir considéré ce lien comme sûr et satisfaisant. En effet, si l'enfant n'a pas acquis une sécurité affective suffisante, l'anxiété prédominera chez lui et fragilisera, plus tard, ses relations avec autrui. Elle conditionnera également toutes les émotions consécutives ou associées à des éloignements, des séparations ou des retrouvailles [1].

Il existe, pour l'adulte, un outil permettant d'évaluer les représentations d'attachement [2]. Le but : surprendre l'inconscient des sujets, lors d'entretiens, en abordant certaines questions concernant les parents, mais aussi les pertes, les séparations et les façons dont elles ont été surmontées.

Quatre catégories d'individus se dégagent à la suite de ces consultations :

✔ Les « sécures autonomes » : ils possèdent un discours cohérent, concis et logique y compris en cas de vicissitudes du passé.

---

1. M. Corcos, M. Flament, PH. Jeammet, *Les Conduites de dépendance*, Paris, Masson, 2003.
2. M. Main et R. Goldwyn. *Adult attachment scoring and classification system*. Scoring manual, version 63, Department of Psychology ; University of Berkeley, California, 1998.

✔ Les « insécures détachés » : leur discours est peu élaboré, pauvre en affects. Ils éprouvent des difficultés
à exprimer leurs souvenirs et ont tendance à taire
leurs sentiments. Ils conservent une image idéalisée
et abstraite de leurs parents (« Ils étaient parfaits. »,
« Ils m'ont offert une enfance très heureuse. »)
malgré l'absence de souvenirs garantissant cette
image.

✔ Les « insécures préoccupés » : leur discours est
confus, chargé d'affects, souvent empreint de
colère, de tristesse ou de ressentiment à l'évocation
de certaines situations.

✔ Les « désorganisés » : leur discours est haché et
brouillé. Ils s'interrompent, souvent, à l'évocation
des traumatismes d'enfance.

Cette classification annonce les difficultés émotionnelles que risque d'éprouver un individu confronté à une
forte problématique d'attachement et les différentes
stratégies de contrôle émotionnel qui en découlent.

Lors de situations imprévues ou déstabilisantes, les « insécures détachés » chercheront à « désactiver » leurs émotions, les « insécures préoccupés », eux, les amplifieront,
les « hyperactiveront » au risque de se plonger dans une
grande détresse avec l'objectif d'attirer l'attention de
leurs proches.

En cas de traumatisme émotionnel (séparation, rupture,
divorce), mais aussi d'émotions « positives » (retrouvailles,
mariage, réussite professionnelle), ces différentes stratégies de contrôle émotionnel, ces tentatives de régulation
des affects varieront en fonction du degré d'attachement
et de ses représentations.

En résumé, plus le déficit affectif aura été important,

plus nous rencontrerons des difficultés à acquérir notre autonomie, donc notre indépendance.

Quels sont alors les symptômes, les comportements qui déterminent une personnalité dépendante ou un dépendant affectif ?

L'histoire de Sylvie nous aidera peut-être à y répondre. Cette patiente de 30 ans souffrait d'un tel manque affectif qu'elle ne pouvait le combler qu'en tombant enceinte. Elle avait déjà cinq enfants et ne comptait pas s'arrêter là. « Lorsque j'attends un bébé, je me sens comblée, m'expliquait-elle. Je n'ai besoin de personne, je me suffis à moi-même. » En dehors de ces périodes de grossesse, cette jeune femme reportait ses demandes excessives sur son mari : « Je l'appelle une vingtaine de fois par jour, à son bureau, dans la voiture. Lorsqu'il se trouve à la maison, j'ai besoin de sa présence physique tout près de moi. Dans la même pièce que moi. Je ne parviens pas à trouver le sommeil s'il quitte la chambre, par exemple. Je n'ai, en fait, aucune autonomie. »

Abandonnée par son père à l'âge de 6 ans, elle vécut jusqu'à sa majorité avec sa mère, une femme obnubilée par sa carrière professionnelle et par les multiples amants qui se succédaient à la maison. Les seuls témoignages d'affection que Sylvie recevait se résumaient à quelques liasses de billets une fois par semaine. Plus tard, elle se mit à la recherche désespérée de « bonnes âmes » capables de lui offrir ce dont elle avait manqué. Ses amis, puis ses petits amis, ses collègues, enfin, celui qui allait devenir son mari.

Comme Sylvie, la personne dépendante éprouve un besoin vital des autres pour avancer dans l'existence. Elle demeure incapable de vivre selon ses envies ou ses besoins et agit seulement en fonction du comportement d'autrui. Comme si afficher sa véritable personnalité, au risque de ne pas correspondre aux goûts de l'autre (ou des autres), la menaçait de tout perdre. La dépendante affective perd alors son libre arbitre, essaye de coller au plus près aux désirs de ses proches.

Ce renoncement à elle-même demeure supportable un certain temps, mais, très rapidement, elle éprouve le sentiment de n'avoir aucune consistance. Elle tient un raisonnement faussé qui consiste à se demander comment se comporter pour ne pas déranger l'autre, pour lui plaire, sans penser un seul instant à son propre bien-être.

De l'être aimé, elle exige de plus en plus d'attention, de témoignages d'amour au fil de la relation. Elle se soumet, de la même façon, au moindre désir de son partenaire en espérant que son abnégation lui offrira l'amour tant espéré et la valorisation. Elle abandonne ses intérêts personnels pour se centrer sur celui ou celle qu'elle considère comme plus important qu'elle. Elle s'en remet à l'autre pour se développer affectivement, personnellement. Elle construit son bonheur par procuration. Un bonheur fragile et menaçant, au socle toujours vacillant. Si l'autre s'en va... tout s'écroule. À ce stade, l'être aimé est comparable à une substance, une substance humaine, affective, sexuelle. Il devient la dose d'héroïne ou la ligne de cocaïne. Impossible de s'en passer.

Curieusement, la personne qui se comporte ainsi ne se compromet pas émotionnellement. Elle n'expose pas ses besoins, ses envies car elle vit dans la frayeur d'un éventuel refus, d'un jugement ou d'un rejet de la part de l'être aimé. L'évitement du refus lui paraît plus supportable que toute réponse négative. Il lui permet de garder l'espoir et de persister dans ses efforts. Ce raisonnement devient, peu à peu, un cercle vicieux et participe à sa détérioration psychique. Souvent, le partenaire finit par ne plus tolérer ces demandes indirectes de satisfaction qu'elle répète plus par insécurité que par amour. Il cherche, alors, à prendre ses distances.

Le moindre changement d'attitude (un appel téléphonique qui n'arrive pas, un regard moins chaleureux ou l'expression d'un désir sexuel moins intense ou moins fréquent) provoque, chez le dépendant, un sentiment d'inquiétude, de doute, puis d'angoisse. L'angoisse d'être quitté. La peur continuelle, envahissante, de l'abandon caractérise ces personnalités.

« Il ne m'aime plus, que n'ai-je pas fait, pour lui déplaire ainsi ? Je le sens s'éloigner... », ces interrogations incessantes, perpétuelles, envahissent son esprit. Le dépendant cogite, rumine. Ses pensées sont centrées exclusivement sur la crainte de perdre l'amour de l'autre. Perdre l'amour de l'autre, c'est ne plus exister dans son regard et, par conséquent, s'autodétruire. Lors de ces situations de crise, le dépendant éprouve le besoin de tester l'attachement (on y revient !) de son partenaire. Un besoin constant de vérifier s'il « tient toujours à lui ». Son meilleur stratagème : provoquer la rupture, autrement dit, « partir pour mieux être rattrapé », telle pourrait être sa devise. Partir pour mesurer l'amour de l'autre à travers sa capacité à le récupérer et ses efforts dans ce sens. Or, il suffit de peu de chose, d'un geste, d'un mot rassurant (« je t'aime », « tu es important pour moi », « je serai toujours là ») pour que l'angoisse disparaisse... provisoirement.

Comme tout individu incapable de résoudre par lui-même ses craintes les plus viscérales, il répète compulsivement, inlassablement des tentatives qui le mènent vers des impasses.

L'autre devient, alors, une « drogue » apaisante et rassurante. Celui qui réglera nos problèmes d'enfance. Le père que l'on n'a jamais eu ou la mère qui nous a délaissé.

Il ne représente plus l'être cher, mais l'oxygène dont on a besoin pour vivre.

D'autres comportements, emblématiques de la personnalité dépendante, correspondent au besoin de chercher et de retrouver une source de valorisation personnelle. La nécessité de devenir indispensable pour l'autre en devenant acteur et responsable de son bonheur. « Sauver » celui que l'on aime, d'une certaine manière, en se disant « qu'il est heureux ou qu'il a réussi grâce à nous ».

Toutes ces attitudes démontrent qu'une personnalité dépendante peut être également une personnalité évitante ; au lieu d'affronter leurs propres problèmes, ces individus s'évitent en se fondant dans le désir des autres. En fusionnant avec l'autre.

Si le dépendant affectif ne parvient pas à combler ses manques à travers les autres, il trouvera d'autres moyens d'échapper à ses souffrances en se réfugiant dans la consommation d'alcool ou de drogues et de ce fait, tombera dans d'autres dépendances.

Nous pouvons ainsi comprendre comment ces personnalités recherchent dans les addictions (selon les propriétés des substances ou les caractéristiques des dépendances comportementales) leurs fonctions initiales positives.

Les substances utilisées participent soit à l'anesthésie (la désactivation) du bouleversement émotionnel chez les « insécures détachés » (héroïne, cannabis à fortes doses, tranquillisants et somnifères, addiction au travail, exercice physique prolongé et intensif, entre autres), soit à l'hyperactivation émotionnelle chez les « insécures préoccupés » (cocaïne, amphétamines et psychostimulants, jeu pathologique, achats excessifs, kleptomanie, hyperactivité sexuelle,...).

Cette constatation me semble importante, car elle pose la question de la possible relation entre l'abus de substances psychoactives et la préexistence de liens familiaux faibles ou insécures, c'est-à-dire d'un système d'attachement défaillant et menaçant.

Pour les docteurs Rozenstein et Horowitz, la réponse ne fait aucun doute : selon une étude effectuée sur 60 adolescents, non psychotiques, hospitalisés en psychiatrie, l'abus de substances est significativement relié à un trouble du comportement d'attachement ; les patients « insécures détachés » (ceux qui étouffent leurs émotions, je le rappelle) étaient deux fois plus nombreux.

Il existerait donc bien un lien entre les deux phénomènes !

Tous les travaux ou presque révèlent, d'ailleurs, l'existence d'un attachement insécure (qu'il soit « détaché » ou « préoccupé ») chez la plupart des addicts. Cependant, tout en reconnaissant le lien entre comportement d'attachement et régulation de nos émotions (ainsi que l'importance de nos stratégies de contrôle émotionnel élaborées initialement face à ces modalités d'attachement), nous ne pouvons pas affirmer que le sentiment d'insécurité vécu pendant l'enfance entraîne forcément une conduite addictive.

Nous pouvons seulement soutenir, sans trop de risque d'erreur, que le sentiment d'insécurité infantile persistant à l'âge de l'adolescence et à l'âge adulte représente un facteur de vulnérabilité aux comportements addictifs.

Quelles solutions apporter pour le traitement de la dépendance affective si ce n'est entamer une psychothérapie, dans un premier temps ? Comprendre pour agir autrement. Plonger pour émerger. Cerner ses propres manques, ses propres angoisses afin de mieux identifier ses besoins.

Renverser également le processus d'aliénation : parvenir à s'aimer. Agir avec soi-même de la même façon qu'avec un être cher. Nous cherchons à faire plaisir à ceux que nous aimons, nous adoptons à leur égard une attitude bienveillante. Il pourrait en être de même pour soi en se faisant plaisir, en se traitant bien. En accordant également de l'importance à ce que nous ressentons, sans chercher à passer par l'autre en permanence pour pouvoir entendre et accepter nos émotions. Rétablir une communication directe et claire « entre soi et soi ». Sans que la ligne soit occupée en permanence par autrui ou menacée d'être coupée à chaque instant si l'être aimé est absent.

La dépendance sexuelle

« Je ne pense qu'à ça... J'ai besoin d'un rapport sexuel plusieurs fois par jour... Je ne peux pas m'endormir sans avoir fait l'amour... Seul le sexe m'intéresse... Peu importe le, la ou les partenaire(s)... Je suis prêt à tout laisser tomber pour ça... »

Qui aurait été choqué, il y a une trentaine d'années, par cette frénésie de sexe, par cette hyperactivité sexuelle, que dis-je, par cet appétit démesuré et pleinement revendiqué pour les plaisirs charnels à deux ou à plusieurs ? Aurions-nous osé, à cette époque, condamner cette envie de luxure et en parler en termes de dépendance ou de pathologie ? « Faites l'amour pas la guerre » était l'expression consacrée pour prôner la libération sexuelle.

Devons-nous, aujourd'hui, faire la guerre à l'amour ? Sommes-nous passés de la libération à la boulimie ? Du beaucoup au beaucoup trop ? Malgré l'évolution des mœurs, nous voyons apparaître, aujourd'hui, dans les cabinets des généralistes et des psys, des individus cherchant à réfréner une sexualité exubérante et obsessionnelle. Ils sont appelés les « sex-addicts ».

La majorité des psychothérapeutes et des sexologues nient, cependant, l'existence de cette pathologie et préfèrent se consacrer à l'absence de désir plutôt qu'à son excès. Les sex-addicts représenteraient, d'ailleurs, seulement 1 % de leur clientèle.

Une grande majorité d'hommes acceptent, en dernier recours, de consulter, emmenés ou forcés par leurs épouses qui menacent de divorcer. La plupart d'entre eux ne comprennent pas « d'où vient le problème », considérant leur hyperactivité sexuelle comme un signe de virilité et de bonne santé. Pour se justifier, ils reportent souvent « la faute » sur leurs partenaires, invoquant chez elles une diminution du désir ou une frigidité masquée. Or, ils évitent de voir la corrélation existante entre leurs demandes perpétuelles qui confinent, parfois, au harcèlement et la lassitude de leurs épouses quand elles ne sombrent pas dans la dépression. La plupart de ces femmes culpabilisent souvent de ne pas répondre aux attentes de leurs maris. La peur qu'ils les trompent ou qu'ils les quittent pour « trouver ailleurs ce qu'ils ne trouvent pas chez eux » ne fait qu'aggraver la situation.

La gent féminine, en revanche, brille par son absence dans les cabinets de sexologie. Cela signifie-t-il qu'aucune femme n'est touchée par ce syndrome ? Le sujet demeure, encore aujourd'hui, tabou. Malgré leur émancipation, les femmes n'osent pas toujours assumer leurs nombreuses aventures et leurs désirs sexuels. Surtout lorsque ceux-ci tournent à l'obsession. Par crainte d'être qualifiées, de façon péjorative, de nymphomanes, d'allumeuses, de femmes faciles et autres qualificatifs encore moins flatteurs.

Cela dit, il existe une différence notoire entre les femmes et les hommes dans ce domaine : alors que les hommes se polarisent sur le rapport sexuel, les femmes, elles, se focalisent plus souvent sur le sentiment amoureux. Elles se dopent à la passion. Ils se shootent au sexe.

Évitons, toutefois, le piège qui consiste à faire l'amalgame entre les don Juan collectionneurs de conquêtes, les « femmes à hommes », séductrices de leur état, et les accros du sexe. La distinction ne relève nullement de la morale, mais des conséquences graves induites par ces conduites compulsives.

Si l'appétit sexuel, le besoin de séduction et les pratiques (quelles qu'elles soient) n'envahissent pas le quotidien et se déroulent entre partenaires consentants, il ne sera nullement question d'une dépendance au sexe. L'hédonisme, même exacerbé, ne donne pas lieu à une quelconque inquiétude addictive.

Nous pouvons avoir des rapports sexuels plusieurs fois par jour, prendre du plaisir sans pénétration ou pratiquer l'échangisme, les jeux sadomasochistes, le fétichisme, utiliser toutes sortes d'accessoires ou de tenues érotiques sans pour autant nous sentir esclaves du sexe ou « malades ». Cela n'a rien à voir. En sexologie, seul, à deux ou à plusieurs, tout demeure normal si la liberté du plaisir et le respect de l'autre et de soi-même sont au rendez-vous.

En revanche, lorsque ces comportements sont dictés par des envies toujours irrépressibles, répétitives, lorsque celles-ci occupent toutes les pensées, conditionnent le mode de vie et perturbent la vie sociale, professionnelle et familiale, lorsqu'elles déshumanisent le ou les partenaires, alors elles deviennent problématiques.

Le cas de Bruno, cadre informaticien de 35 ans, est typique : la recherche systématique, incessante de multiples partenaires, associée à la pratique pluriquotidienne de la masturbation, lui a fait perdre plusieurs emplois et a entraîné le départ définitif de sa compagne.

L'accro perd, en effet, tout contrôle de ses pulsions, dépense un argent fou dans les sites pornographiques, les sex-shops, les films vidéo ou avec les prostitué(e)s. Il peut également changer de partenaires plusieurs fois dans la même journée.

Décrit vers la fin des années 70 par Patrick Carnes, un psychiatre américain, le concept de dépendance sexuelle entra dans la grande famille des addictions, au même titre que l'alcoolodépendance ou le jeu excessif. Ses recherches l'ont conduit à désigner une série de comportements révélateurs de cette pathologie :

- ✔ idées obsédantes et masturbation compulsive à l'aide de films, de revues (et aujourd'hui, de sites internet) pornographiques. Recours fréquents aux services de prostitué(e)s ;

- ✔ relations sexuelles anonymes avec de multiples partenaires ;

- ✔ aventures en série sans réel sentiment ;

- ✔ fréquentation assidue de bars de danseuses, de studios de massages érotiques ou de librairies érotiques ou pornographiques ;

- ✔ exhibitionnisme ;

- ✔ voyeurisme ;

- ✔ frotteurisme, c'est-à-dire propension à toucher la poitrine ou les organes génitaux d'une autre personne de manière à ce que l'acte paraisse accidentel, dans une foule, par exemple ;

- ✔ pédophilie ;

- ✔ viol ;

- ✔ sadomasochisme.

Ces fous du sexe n'adoptent pas tous le même comportement dans le cadre de leur addiction. Certains fonctionnent dans la répétition obsessionnelle. Ils ont découvert le mode d'emploi pour accéder au plaisir suprême, à la jouissance, et ne peuvent plus s'en passer. Ils reproduisent inlassablement les mêmes situations, les mêmes pratiques et si possible avec le ou la même partenaire. D'autres se définiraient plutôt comme des aventuriers de l'émotion physique, les « ushuahiens » de la relation sexuelle. Ils sont prêts à tout pour découvrir de nouvelles ivresses. Ils éprouvent la nécessité de ressentir des sensations toujours nouvelles et de plus en plus intenses. Ceux-là sont susceptibles de tomber plus facilement dans la spirale addictive.

Marc, 41 ans, l'un de mes patients cocaïnomane, rencontrait depuis de longues années déjà ce problème. Représentant commercial, marié et père de quatre enfants, il découvrit des plaisirs charnels inédits à 28 ans, lorsqu'il entra dans une société d'électroménager franco-belge. Ses nombreux voyages lui donnèrent l'occasion de découvrir une sexualité plus débridée que dans son pays. Sexualité à laquelle il prit rapidement goût. De retour en France, il se mit à fréquenter les milieux du sexe : clubs échangistes, sex-shops, prostituées, puis jeux masochistes. « Il m'en fallait toujours plus pour atteindre la jouissance », avouait-il. Il divorça. « J'étais amoureux de ma femme, expliquait-il, mais je m'ennuyais avec elle. Après toutes les expériences vécues, je ne parvenais plus à ressentir de plaisir, ni même à m'"exciter" lors de rapports normaux. J'étais blasé. J'avais besoin de dépasser mes limites pour vivre mes émotions sexuelles. »

Marc profitait de ses déplacements professionnels pour expérimenter de nouvelles façons de pratiquer l'acte sexuel. Il connaissait les clubs et les sex-shops de France et de Navarre ainsi que des prostituées dans chaque ville. Il avait abandonné tout espoir de mener ce qu'il appelait une « vie amoureuse normale », laissant entendre qu'au-

cune femme ne pourrait lui apporter ce qu'il attendait.
« Je suis prisonnier de mes désirs », se plaisait-il à répéter.

Un mot, enfin, au sujet des obsessionnels compulsifs.
Ils ne pensent qu'au sexe et ressentent le besoin impérieux de jouir plusieurs fois par jour. L'acte sexuel ne comprend, la plupart du temps, ni préliminaires, ni engagement affectif. Leur seul objectif se réduit à l'orgasme, provoquant chez eux un apaisement physique et mental... provisoire. Très rapidement, le besoin de recommencer se fait sentir. Ce rapport sexuel répétitif est associé à un syndrome anxiodépressif, l'orgasme jouant le rôle d'anxiolytique naturel. L'acte physique et, plus précisément, son aboutissement, la jouissance, fait office de pansement. Elle masque les pensées douloureuses le temps du rapport. Le plaisir rapide et fiable de la consommation sexuelle devient l'antidote aux pressions de la vie. N'oublions pas que le plaisir charnel (l'orgasme, plus exactement) libère des endorphines, nos petites molécules de bien-être et de tranquillité !

Le DSM IV classe les comportements sexuels excessifs en trois catégories qui regroupent des manifestations sexuelles telles que les paraphilies, les troubles du contrôle des impulsions non spécifiés et les troubles sexuels non spécifiés.

Les paraphilies se caractérisent par une excitation sexuelle, des fantasmes, des comportements considérés comme déviants, dépassant les normes de notre société et qui interfèrent avec différents aspects de la vie quotidienne, que ce soit au niveau social ou personnel. Les paraphilies les plus communes sont : l'exhibitionnisme, la pédophilie, le voyeurisme, le frotteurisme.

Les troubles du contrôle des impulsions non spécifiés sont décrits comme une incapacité à résister au besoin d'accomplir ce que l'on sait néfaste pour soi-même ou pour les autres et se caractérisent par des actes répétés, incorrigibles, sans motivation claire. Après avoir agi, la personne éprouve immédiatement un sentiment de soulagement puis, souvent, des remords. Pour que ce comportement soit diagnostiqué comme un trouble du contrôle des impulsions, il ne doit pas être expliqué par une maladie spécifique dont il pourrait être un symptôme.

Les troubles sexuels non spécifiés se définissent par des relations répétitives, impliquant une succession de partenaires que la personne considère comme des objets interchangeables. Ou encore par l'intime conviction de ne pas être sexuellement performant, de ne pas se situer dans la norme.

Avec un sentiment d'une grande solitude et de forte détresse. Un exemple de ce type de troubles est celui de l'absence d'affects lors des actes sexuels.

Si nous parvenons, un tant soit peu, à décrire les différents comportements sexuels « à problème », il paraît plus difficile de trouver leurs origines.

L'hyperactivité sexuelle pathologique découle souvent d'un traumatisme d'enfance lié aux abus sexuels. Certaines études estiment qu'au moins 80 % des accros sexuels auraient été victimes, dans leur jeune âge, d'abus sexuels. D'autre part, les sex-addicts, comme toutes les personnalités en dépendance affective évoquées précédemment, souffrent ou ont souffert d'une insécurité qui les conduit à rechercher à travers l'acte sexuel l'assurance, la valorisation dont ils ont manqué.

Cette dépendance engendre, parfois, une certaine accoutumance. Celle-ci oblige le sujet à multiplier les relations sexuelles ou à s'engager dans une sexualité de plus en plus marginale. Elle repose sur des critères de dépendance bien spécifiques et des symptômes de sevrage comme l'anxiété, les troubles de la pensée, de l'humeur, de l'appétit et du sommeil en cas d'abstinence.

À ce stade, la sexualité n'est plus source de plaisir mais de souffrance : trait commun de tous les sex-addicts. Ils sont soumis à la peur du manque, deviennent, peu à peu, prisonniers d'un comportement qui rétrécit leur champ de pensée et leur vie quotidienne. Ils négligent de plus en plus leur famille, leurs amis, leur travail. Les contacts sexuels répétés, dénués de tout investissement affectif, finissent par les isoler de leur entourage. La culpabilité associée à cette conduite les incite à dissimuler à leurs proches ces pratiques, et la vie secrète, solitaire prend alors le pas sur la vie publique. Lorsque l'hyperactivité sexuelle s'intensifie, l'existence ne se résume plus qu'à l'assouvissement de ce besoin.

La dépendance sexuelle, décrite depuis 1988 par les psychiatres nord-américains Reed et Blaine [1], s'établit suivant un cycle de quatre phases qui s'intensifie dans le temps. Les accros seraient ainsi pris dans une véritable spirale addictive :

✔ La phase obsessionnelle, où le sujet tombe dans un état d'absorption interne dans lequel son champ mental est obnubilé par les préoccupations sexuelles.

✔ La phase de ritualisation où le sujet exécute certaines actions spécifiques qui précèdent le comportement sexuel (visionnage de films à caractère pornographique, port de vêtements spécifiques, mises en scène – musiques, bougies et parfums d'ambiance – et bien sûr, prise de substances psy-

---

1. R. C. Reed, D. A. Blaine, *Sexual Addictions*, Holistic Nurs. Pract., 1988, p. 2, 4.

choactives, etc.). Le rituel intensifie les obsessions, augmente la stimulation et l'excitation.

✔ La phase du rapport sexuel en lui-même où le sujet exécute l'acte précis, dicté par les obsessions et la ritualisation. Il perd le contrôle et se montre alors incapable d'interrompre son comportement.

✔ Vient ensuite la phase de désespoir où le sujet éprouve un vide et se sent totalement dépassé par sa conduite.

Certains abus de substances psychoactives peuvent aider à augmenter l'intensité de l'activité sexuelle ou modifier les relations avec le, la ou les partenaires.

L'héroïne donne l'illusion de se débarrasser de la timidité, elle diminue le risque d'éjaculation prématurée et les inquiétudes sexuelles de toutes sortes (ne pas être à la hauteur, se montrer nu, se laisser aller à certaines positions, etc.). Un usage chronique tend à faire disparaître la jouissance, tout du moins à en amoindrir l'intensité (éjaculation sans jouissance), et peut conduire à une baisse notable de la libido.

La cocaïne, au contraire, impose au cerveau de zoomer sur une envie ou un fantasme sexuels. Elle encourage les rituels et augmente le désir, du moins dans la tête, les modifications induites par des prises répétées de cocaïne ne favorisant pas toujours l'érection. La personne se désinhibe et son comportement « s'obsessionnalise » parallèlement. La manie sexuelle engendrée par l'abus de cette substance devient aliénante, impérative et sans limite. De plus, les propriétés d'anesthésiant physique, caractéristique initiale de la cocaïne mais aussi de l'alcool fréquemment associé, enjoignent l'individu à rechercher des situations extrêmes, des attouchements ou des pénétrations intenses, parfois anatomiquement dangereuses.

L'abus de cocaïne accompagne ainsi souvent les relations sadomasochistes, l'exhibitionnisme ou la prostitution.

L'alcool et ses « verres de contact » favorisent à faible dose l'empathie et modifie l'altérité : l'échange et les préliminaires s'en trouvent facilités. À plus forte dose, ils entraînent une perte de contrôle, une ivresse gommant les doutes et les hésitations rationnelles et fait, parfois, sauter le barrage de la pudeur et du respect d'autrui. Cette substance peut donner lieu à des accès de violence dont le sujet, surtout s'il a consommé de façon concomitante des benzodiazépines (tranquillisants ou somnifères) ne se souvient a posteriori que partiellement.

Le cannabis modifie les perceptions sensorielles. Il amplifie et déforme les messages et lectures de nos cinq sens, notamment le toucher ; il provoque ainsi une hyperesthésie cutanée et muqueuse agréable pour certains, inconciliable avec un attouchement sensuel pour d'autres.

Le « popper » (nitrite d'amyle ; vasodilatateur utilisé en médecine pour soigner certaines maladies cardiaques) entraîne une brève bouffée de chaleur interne (essentiellement cranio-facio-tronculaire), une accélération du rythme cardiaque et un vertige éphémère. Les adeptes de cette substance très volatile prétendent que celle-ci accroît l'amplitude des sensations physiques (notamment lors d'une pénétration) et l'intensité de la jouissance. Rappelons, tout de même, le risque d'anémie profonde (manque de globules rouges) qu'entraîne la consommation chronique de ce produit vendu sans contrôle dans les sex-shops.

Ces substances deviennent, en revanche, moins utiles pour les dépendants sexuels « nouvelle génération », les « cybersex-addicts ». Nul besoin d'un quelconque artifice pour atténuer les doutes ou pour affronter les peurs face au nouveau partenaire ! Grâce à Internet, la libido s'enflamme en toute tranquillité !

La dépendance sexuelle connaîtrait d'ailleurs, depuis quelques années, un essor considérable avec l'apparition du Web. Selon une enquête menée par l'université de Stanford, aux États-Unis, 15 % des internautes visitent des sites pornographiques et plus de la moitié d'entre eux aurait développé une dépendance.

Cette dernière viendra-t-elle compléter la liste des addictions ou n'est-elle que la version moderne de l'achat de revues pornographiques ?

Une étude sur ce sujet est parue dans un journal de l'Association américaine de psychologie. Fondée sur un questionnaire datant de 1998, cette recherche semble indiquer l'existence d'une addiction au cybersexe : environ 9 % des habitués de sites dédiés au sexe seraient addicts. Ils reconnaissent que cette activité interfère avec leur vie professionnelle et familiale.

Adieu Minitel et magazines de toutes sortes ! Internet possède des avantages indéniables (la facilité d'accès et le coût) qui placent cet outil en première position.

Les internautes peuvent, en effet, surfer sur des sites érotiques souvent gratuitement et de manière anonyme. Internet offre, en toute discrétion, la possibilité de réaliser des fantasmes et d'éviter ainsi l'embarras de se rendre dans un magasin spécialisé pour acheter du « matériel ». D'autre part, il permet de changer de partenaires à son gré, sans se soucier des bonnes manières à suivre pour les aborder ou les quitter. Enfin, il peut satisfaire la curiosité de certains pour des sujets auxquels ils n'auraient pas autrement accès et ce, en toute sécurité.

Protégés par l'écran, les hommes peuvent apprécier le fait de dissimuler leurs faiblesses en trouvant l'occasion de se libérer de la pression de performance, tandis que certaines femmes y découvrent un moyen de transgresser des tabous.

Une étude réalisée en 1999 [1] auprès de 9 000 personnes ayant visité des sites sexuels a permis de classer les utilisateurs en trois grandes catégories : ceux pour lesquels il s'agit d'un divertissement (Internet ne représente qu'un simple objet de curiosité et son utilisation ne suscite aucun problème particulier), les utilisateurs à risque (cette nouvelle forme de sexualité comble, souvent, un manque affectif et installe un peu de fantaisie dans une vie routinière) et les utilisateurs compulsifs. Ces derniers passent environ douze heures par semaine sur des sites à caractère sexuel, développent une tolérance et un désir sans cesse grandissant envers ce type d'activité. Ils négligent leurs occupations normales et sont incapables de contrôler leurs impulsions à s'engager dans de tels comportements. Les nombreuses heures consacrées au cybersexe ne permettent plus d'établir des relations saines avec le compagnon de vie et limitent les contacts sociaux. Le partenaire peut se sentir trompé et les enfants délaissés. Certaines personnes s'exposent à des difficultés financières et à des pertes d'emploi.

S'il existe une addiction sexuelle, la toile ne fait que la révéler ou faciliter sa réalisation. Elle ne représente que l'expression, le support d'une dépendance déjà existante ou un amplificateur de celle-ci. Comme pour le portable, l'addiction à Internet n'est qu'une « dépendance secondaire ».

Si certains craignent que cet outil ne mette en danger leur vie sociale ou leur vie de couple, des solutions existent :

---

1. Cooper et coll.

- ✔ limitez les heures passées devant votre écran en vous préparant un programme restrictif de fréquentation des sites avec des horaires prédéterminés ;
- ✔ effacez tous les fichiers, les courriers ou les liens à caractère sexuel ;
- ✔ d'autre part, il existe un logiciel qui vous interdit l'accès aux sites érotiques et pornographiques ; n'hésitez pas à l'installer ;
- ✔ enfin, placez votre ordinateur à un endroit central de votre maison, de façon à ne pas risquer de vous retrouver seul.

Que l'on soit cybersex-addict ou sex-addict, la dépendance sexuelle risque parfois d'entraîner d'importantes conséquences.

Au-delà de la honte et de la culpabilité ressentis face à leur impuissance à contrôler leur comportement, les hyperactifs sexuels assistent sans pouvoir réagir aux dégâts causés par leur pathologie : négligence ou harcèlement du partenaire, divorce, accumulation de dettes, infections sexuellement transmissibles, perte d'emploi, risque de développer d'autres dépendances (drogues, alcool).

L'hypersexualité pathologique me paraît complexe à traiter.

Comment soigner la dépendance et les abus sans interdire l'activité sexuelle ? En ne se trompant pas de finalité...

Nous devons traiter la modalité de consommation, le comportement, et non bannir à tout jamais le « produit » consommé en rêvant d'une abstinence rédemptrice !

Si le sex-addict se trouve confronté à un syndrome anxio-dépressif, il convient d'utiliser un traitement médicamenteux adapté. Une prise en charge psychologique (thérapie comportementale ou psychothérapie classique) me semble indispensable pour mettre fin au comportement pathologique.

Si l'hyperactif sexuel dépend d'un(e) même et unique partenaire, il peut lui être proposé une psychothérapie de couple afin d'éviter une séparation. Les cas les plus difficiles sont évidemment ceux qui mettent en danger la vie ou la santé d'autrui : pédophilie, viols et abus sexuels, exhibitionnisme. L'articulation entre justice et santé se révèle souvent délicate et les cures psychologiques décevantes. Des traitements chimiques castrateurs, au sens hormonal du terme, sont parfois à envisager pour permettre la libération d'un sujet condamné et lui éviter une récidive.

Je ne souhaite pas terminer ce chapitre sur l'addiction au sexe par cette évocation de la castration.

Comme pour toutes les pathologies, de nombreux cas cliniques et étiologiques coexistent au sein du concept addictif. Fort heureusement, les formes légères prédominent. Ce n'est pas une raison pour ne pas les dépister, examiner leur potentialité de risque et de souffrance et les traiter le plus précocement possible. La dépendance sexuelle mérite davantage de considération que les sourires quelque peu méprisants ou dubitatifs qu'elle suscite encore aujourd'hui.

Au sein de cette deuxième partie sur les addictions sans drogues, les troubles du comportement alimentaire (TCA) n'ont pas été traités. À cela, plusieurs raisons :

✔ le développement récent en France de la médecine des addictions dans laquelle le traitement de nombreux troubles du comportement alimentaire n'est pas encore intégré ;

✔ la priorité de l'approche psychiatrique par rapport à l'approche médicale, notamment en ce qui concerne l'anorexie de la jeune femme ;

✔ le faible nombre de publications « purement addictologiques » sur le sujet.

Cependant, de par leurs caractéristiques et leur dangerosité évolutive (mortalité directe par dénutrition et troubles métaboliques, obésité et maladies cardiaques, dépression et suicide), l'inclusion des TCA dans le spectre médical des conduites addictives sans drogues apparaît opportune et légitime. Mais, répétons-le, la lecture addictologique de tels troubles demeure encore balbutiante dans notre pays, peu diffusée et encore moins nationalement organisée.

La majorité des personnes anorexiques et boulimiques encore suivie dans des services de psychiatrie, parfois spécialisés. Notre expérience (en terme d'addiction) sur le sujet n'est pas assez aboutie et il serait présomptueux de l'afficher à ce jour.

III

À LA FRONTIÈRE DE L'ADDICTION

Toutes les dépendances ne doivent pas, obligatoire-ment, comporter un degré de dangerosité important pour mériter le « label addiction ». L'échelle de gravité est vaste, ce n'est pas pour autant que nous devons privilé-gier les pratiques addictives lourdes de conséquences aux dépens des plus légères.

Chacun mesure, à juste titre, que l'idée de travailler vingt heures par jour ou de rester rivé face son écran d'ordinateur plusieurs nuits d'affilée n'a aucune com-mune mesure avec le fait de s'injecter ses doses d'héroïne ou de boire plusieurs litres d'alcool.

La plupart des addictions nécessitent un diagnostic, puis une surveillance médicale et psychologique, d'autres, plus sévères, exigent un traitement médicamenteux voire une hospitalisation, enfin, celles que nous évoquerons dans ce chapitre seront répertoriées dans la catégorie des addictions légères et sans gravité.

Ces comportements se situent entre les habitudes du quotidien, les rituels, les phobies, les « doudous » de notre enfance, et ce que certains qualifient de troubles obses-sionnels compulsifs ou TOC.

J'aborderai ainsi les addictions à des substances qui rythment notre quotidien, ces « drogues presque parfaites » que sont le café, le thé et le chocolat. J'évoquerai la trichotillomanie (l'arrachage de cheveux, de sourcils et de poils), la kleptomanie, l'onychophagie (l'acte de se ronger les ongles), les achats pathologiques, pour terminer par les petites dépendances du monde moderne, dépendances au téléphone portable et à la chirurgie esthétique...

Toutes respectent les caractéristiques essentielles de la dépendance, comme la perte de contrôle, l'impossibilité de résister au passage à l'acte addictif, le soulagement pendant sa durée, les tentatives répétées pour réduire, contrôler ou abandonner la conduite addictive ; enfin, l'agitation, l'irritabilité et l'angoisse si l'acte addictif est différé ou empêché. Cependant, elles ne possèdent qu'une très faible dangerosité pour la santé ainsi que des syndromes de sevrage quasiment nuls en cas d'arrêt brutal.

C'est pour ces raisons que dans cette hiérarchie des dépendances, j'ai choisi de placer ces comportements à la frontière des addictions.

Nous possédons tous quelques petites manies que nous qualifions la plupart du temps de « tics ». Des tics de langage, des gestes répétitifs qui font partie intégrante de notre personnalité (terminer ses phrases par un mot, toujours le même, se passer en permanence la main dans les cheveux, cligner fréquemment des yeux, se racler la gorge, etc.). Ils font l'objet de moqueries ou d'irritation de la part de ceux qui en sont les témoins, et parfois de nous-mêmes lorsque nous parvenons à y prêter attention. Ces petites habitudes ne gâchent en rien notre vie, elles offrent souvent une certaine contenance, de la confiance en soi... quand ce n'est pas un petit charme supplémentaire...

Mais lorsque ces manies conditionnent sans cesse nos gestes et nos échanges, lorsqu'il semble difficile voire impossible de ne pas nous y soumettre sous peine d'accroître notre anxiété ou tout simplement de ressentir un mal-être, alors elles arrivent à la frontière des addictions et méritent davantage de vigilance.

1

Trichotillomanie et onychophagie : la peau, miroir de nos émotions

La trichotillomanie est une « manie » qui consiste à s'arracher les cheveux, les sourcils et/ou les poils.

Afin de mieux comprendre cette pathologie, il semble utile d'insister sur l'étroite corrélation entre la peau et le cerveau.

La peau est à la fois le plus grand organe du corps humain, une enveloppe protectrice luttant contre les agressions du monde environnant, un organe sensoriel, celui du toucher (« le massage devient message », disait le psychanalyste français Didier Anzieu), le témoin de nos troubles et de nos émotions. Lorsque, par exemple, nous éprouvons un sentiment de honte, de panique, nous nous mettons immédiatement à rougir. Ces manifestations sont dues à la dense innervation de notre peau et à son hypervascularisation. D'autres symptômes comme la transpiration, les poils qui se hérissent ou la présence d'un érythème pudique (rougeur située sur le haut du thorax) risquent également d'apparaître lors de situations délicates.

Partant de ces exemples connus de tous, nous pouvons largement identifier la peau comme un décodeur de l'expression de nos émotions. Les médecins généralistes et les dermatologues ne l'ignorent pas. Pour traiter efficacement les eczémas du nourrisson ou les psoriasis de l'adulte, ils invitent leurs patients à évoquer l'origine psychologique de leurs atteintes cutanées, et ce avec l'aide de pédopsychiatres et de psychologues.

En ce sens, l'acte de s'arracher les poils ou les cheveux trahit aussi l'existence d'un trouble psychologique.

C'est à un dermatologue français, Michel Hallopeau, que nous devons la description, publiée en 1889 dans les *Annales de dermatologie et de syphilis*, des premiers cas d'arrachage compulsif de cheveux chez des patients. Le médecin emprunta les termes « *tillein* » (arracher) et « *thris* » (cheveux) à la langue grecque, les associa au mot « manie » pour souligner l'aspect psychiatrique de la pathologie, décrite depuis sous le nom de trichotillomanie. Cette publication reçut un écho des plus favorable car, à l'époque, la syphilis figurait en excellente position parmi les causes principales – pour ne pas dire représentait le diagnostic principal – d'alopécie (absence de cheveux) en plaques.

Ce comportement est classé parmi les troubles du contrôle des impulsions. Les critères (du DSM IV) soulignent bien le rapprochement avec les conduites addictives :

- ✔ arrachage répété de ses propres cheveux aboutissant à une alopécie manifeste ;

- ✔ sentiment croissant de tension juste avant l'arrachage des cheveux ou bien lors des tentatives faites pour résister à ce comportement ;

- ✔ plaisir, gratification ou soulagement lors de l'arrachage des cheveux ;

✔ absence d'affection médicale ou dermatologique pouvant expliquer l'alopécie ;

✔ souffrance cliniquement significative causée par le comportement ou altération du fonctionnement social, professionnel ou dans d'autres domaines importants.

L'acte d'arrachage peut s'effectuer de façon machinale, distraite, anarchique (en travaillant ou en regardant la télévision, par exemple) ou au contraire, lors de périodes de « transe ». L'envie est si forte qu'elle monopolise la pensée. Dans ce cas précis, le geste devient compulsif, obsessionnel et appliqué. Il s'accomplit parfois devant une glace et toujours solitairement. Le trichotillomane s'attaque le plus fréquemment à l'ensemble de son cuir chevelu, parfois à une région précise. Il peut aussi se focaliser sur ses sourcils. Une fois arrachés, les cheveux sont manipulés, suçotés, mâchonnés et parfois avalés.

Ce trouble se manifeste généralement soit dans la petite enfance (de un an à 5 ans), soit à l'adolescence, ce qui n'empêche pas certains sujets de commencer bien plus tard. Selon les études, il concernerait de 0,5 % à 3 % de la population et toucherait davantage les femmes. La trichotillomanie de la petite enfance s'accentue souvent lors de la période d'endormissement. Elle s'accompagne, parfois, de griffures, de balancements rythmiques incessants, de chocs volontaires de la tête, ou de conduites analogues mettant en cause l'autostimulation du corps, et particulièrement de la sphère orale (morsures des lèvres ou des joues, mâchonnement de la langue et surtout succion du pouce).

La naissance du trouble coïncide souvent avec un événement stressant dans la vie de l'individu, un deuil par exemple, un conflit, un déménagement, etc. Chez les petits enfants notamment, nous retrouvons quasiment toujours des traumatismes liés à une séparation, une rupture ou un abandon. La peur d'être « arraché » à la mère semble expliquer cette réaction d'arrachage de cheveux. Selon certains pédopsychiatres, l'enfant utiliserait son corps comme objet « transitionnel » afin de lutter contre cette angoisse. Cette notion existe également chez la plupart des mammifères. La trichotillomanie du petit homme équivaudrait chez le labrador au léchage incessant des extrémités des pattes, jusqu'à l'abrasion des poils. Cela laisse supposer que l'angoisse de la séparation maternelle existe aussi chez le chien.

Ce trouble provoque une détresse psychologique significative et modifie le fonctionnement social des sujets concernés. Plusieurs d'entre eux restent cloîtrés afin d'éviter le surgissement d'une crise en public sans qu'ils puissent la maîtriser. D'autres usent de subterfuges en portant une casquette ou des lunettes pour masquer l'étendue des dégâts. La plupart refusent de consulter ou, tout simplement, d'en parler à leurs proches par crainte de rester incompris, de se sentir jugés ou de passer pour « fous ». Un sentiment de honte et d'isolement les habite. Cette idée les empêche justement de prendre conscience que leur problème porte un nom et qu'ils ne sont pas seuls dans cette situation. Pourtant, bien que nous connaissions encore mal les causes de la trichotillomanie, la recherche sur différents traitements s'est perfectionnée au cours de la dernière décennie. Il semble cependant difficile de la traiter exclusivement avec des médicaments. Certains sont efficaces car ils réduisent nettement la sévérité des symptômes, comme les antidépresseurs modernes, le plus connu étant le Prozac. Mais cela demeure souvent insuffisant. Les spécialistes préconisent la combinaison d'un traitement pharmacologique avec une thérapie cognitive et comportementale. Celle-ci consiste à transformer l'habitude en identifiant précisément les facteurs qui déclenchent l'arrachage de cheveux ou de poils. Le patient apprend à développer une plus grande conscience de ses affects et de son comportement, en repérant le moment de la crise, en cherchant à le relier à l'émotion qui l'accompagne et enfin en essayant de comprendre ce que l'arrachage de cheveux provoque comme effet ou bienfait à cet instant précis.

Les thérapies alternatives comme l'hypnose, les changements diététiques, entre autres, sont susceptibles d'aider certains.

Enfin, les groupes de soutien peuvent également se révéler utiles. Le fait de partager son problème avec d'autres, de prendre enfin conscience que la trichotillomanie est une pathologie, mais en aucun cas le sceau d'une folie quelconque efface alors progressivement la crainte d'être anormal, et le sentiment de honte généralement associé.

Cette habitude compulsive nous en dit long sur le développement « chronologique » de notre cerveau des émotions (à l'origine de toutes les addictions, je le rappelle). Elle s'exprime dans la petite enfance, s'atténue, disparaît fréquemment entre l'âge de 5 ans et 12 ans, puis ressurgit éventuellement à la période adolescente ou adulte. Au regard d'une telle évolution, la trichotillomanie nous interpelle ainsi sur les tentatives de nous débrouiller « comme nous le pouvons avec notre corps » face à l'angoisse de la séparation, ou pour atténuer le vertige terrorisant de notre propre vide en cas d'abandon. Elle nous interpelle aussi et surtout, car elle inclut l'idée que la vulnérabilité peut débuter très tôt, dès les premières années de vie, et avec elle l'addiction. Plus ou moins envahissante, plus ou moins discrète selon les événements que nous traversons, la dépendance est un baromètre précis de notre état émotionnel, une accompagnatrice fidèle tout au long de notre existence.

L'onychophagie désigne le trouble dont souffrent de très nombreuses personnes, celui de se ronger continuellement les ongles et/ou les cuticules. Ce comportement semble caractéristique d'une angoisse ou d'un stress. Il permettrait non seulement de combattre l'anxiété, mais aussi de libérer ses tensions, avec un compromis entre l'agressivité (envie de mordre) et le plaisir oral (succion du doigt). Dans la très grande majorité des cas, ce problème, parfois chronique, reste bénin et disparaît au fil du temps.

La classification médicale internationale (CIM10) répertorie l'onychophagie dans le registre des troubles émotionnels apparaissant habituellement durant l'enfance et l'adolescence au même titre que la succion du pouce, l'habitude de mettre ses doigts dans le nez et... la masturbation excessive. Inutile de préciser alors que cette habitude ne comporte qu'une très faible dangerosité... pour ne pas dire aucune. Les traitements locaux qui consistent à peindre ses ongles avec de l'aloès, un produit amer, ou bien à s'en faire poser de faux, fonctionnent plus ou moins bien. En revanche, la technique comportementale du renversement d'habitude, encore méconnue dans notre pays, mérite toute notre attention. Il s'agit d'apprendre au sujet à repérer très précisément les moments où il se ronge les ongles, puis de l'aider à remplacer ce comportement par un autre, comme par exemple remuer les doigts pendant une minute ou secouer son poignet.

En cas d'échec, cette petite manie ne doit donner lieu à aucune inquiétude. Sa place (proposée historiquement par certains) dans les addictions se révèle plus que discutable. Ou alors il nous faudrait, à ce stade-là, inventer la « digitonasomanie » (manie de se mettre les doigts dans le nez) que je propose de classer parmi les nouvelles addictions...

2

Kleptomanie : détournement de vol

Au début du XIXe siècle, le grand aliéniste français Jean Étienne Dominique Esquirol et son collègue Charles Marc décrivaient l'incroyable comportement de certains rois. Ces têtes couronnées, telles des pies irrésistiblement attirées par tout ce qui brille, volaient sans cesse des objets sans valeur !

Esquirol, qui nourrissait une grande admiration pour les principes des Lumières et les esprits de la Révolution, ne cessait de clamer que la prison ne devait plus constituer, en France, la pièce essentielle du dispositif de santé mentale. Pour souligner le côté impulsif et irrésistible associé à ces drôles de chapardages en apparence inutiles, Esquirol et Marc tinrent à associer l'idée de folie (manie) à l'acte de « voler » (du grec *kleptein*). Ils inventèrent alors le terme de « kleptomanie » dans le but d'éviter la prison au « voleur » en le considérant prioritairement comme un malade. Bien que l'on reconnaisse aujourd'hui la kleptomanie comme un trouble mental conduisant le patient à commettre des vols, il est tout de même intéressant de noter que cet acte ne constitue toujours pas, en principe, une cause de non-imputabilité. L'affection peut à la rigueur servir de circonstance atténuante et entraîner alors une diminution de peine.

Afin de bien différencier le voleur du kleptomane, ce dernier est appelé, dans le jargon médical, un « escamoteur compulsif ». Escamoteur car, chez lui, le vol correspond à un besoin incontrôlable, compulsif, et non à une finalité. Seul l'acte compte et non pas l'objet. Le sujet ne vole pas pour stocker ou pour revendre, mais pour l'apaisement que cette conduite lui procure. À tel point que la plupart sont prêts à rendre le butin à leur propriétaire ! De nombreux kleptomanes éprouvent même une forme de plaisir et d'excitation à voler, exacerbée par la prise de risque. Le vol concerne le plus souvent des objets de faible valeur financière ou commerciale réelle. Le kleptomane se trouve, généralement, en mesure de les payer. Il agit toujours seul et ne prémédite jamais son geste. Le besoin de « prendre » surgit brutalement et, à ce moment précis, il lui est impossible de procéder autrement malgré les dangers encourus. Ce comportement risque de perdurer pendant des années malgré de multiples mises en garde et arrestations. Conscient d'accomplir un acte illégal, le kleptomane se trouve souvent aux prises avec un sentiment de culpabilité qui débouche sur un état anxiodépressif.

D'après la littérature, la kleptomanie serait plus féminine que masculine. Elle débuterait plutôt précocement (chapardage des enfants dans les classes ou dans les grands magasins), mais comme pour la plupart des troubles du contrôle des impulsions, la problématique s'afficherait plus clairement à l'adolescence ou au commencement de l'âge adulte.

Classée parmi les troubles du contrôle des impulsions[1], la kleptomanie répond aux critères suivants :

---

1. *Diagnostic and Statistical Manuel of Mental Disorders*, 4th Edition of American Psychiatric Association.

✔ envie irrépressible et récurrente de voler ;

✔ tension croissante juste avant de commettre le vol ;

✔ plaisir ou soulagement lors du passage à l'acte ;

✔ le vol n'est pas commis par vengeance ou sous l'effet de la colère, et n'est pas lié à des idées délirantes, des épisodes maniaques ou des hallucinations ;

✔ les objets ne sont pas volés pour un usage personnel ou pour leur éventuelle valeur commerciale ;

Tous les fumeurs connaissent cette fâcheuse tendance à « taxer involontairement » le briquet sans valeur du voisin puis à le rendre en s'excusant, une fois l'acte réalisé… Nous sommes, cependant, loin de la kleptomanie car le fumeur chapardeur de briquet n'éprouve nullement cette envie récurrente, cette tension forte ainsi que ce sentiment d'apaisement pendant l'acte. De plus, il n'existe aucune cause ni explication à ce comportement, à l'inverse de la kleptomanie.

Pour tenter de comprendre, puis de traiter favorablement cette pathologie, certains spécialistes évoquent, en premier lieu, sa caractéristique compulsive. Ils la définissent comme un acte mental ou une conduite répétitive irrépressible que le sujet accomplit, en réponse à une obsession parfois non identifiée. Ce comportement permettrait de neutraliser ou de diminuer le sentiment de détresse. Il servirait également à contourner un événement ou une situation redoutés. Le soulagement procuré par l'acte compulsif contribue à renforcer et à maintenir la maladie.

Mais alors, d'où vient ce besoin de dérober ? Quelles sont les causes de ce trouble ?

L'origine de ces compulsions demeure, aujourd'hui encore, incertaine. Nombreux sont ceux qui avancent l'idée d'un déséquilibre neurobiologique, à savoir un dysfonctionnement de certains neuromédiateurs (sérotonine, vasopressine et dopamine notamment) comme étant à la source de ce comportement. L'instabilité psychologique n'est pas à exclure non plus. La majorité des kleptomanes sont, ou ont été, victimes de traumatismes. Le vol soulagerait alors leurs angoisses et deviendrait une sorte de compensation provisoire.

Une tout autre lecture analytique ou interprétative considérerait la kleptomanie comme l'expression d'un sentiment d'abandon vécu pendant l'enfance.

L'histoire d'Arthur pourrait confirmer cette piste. Ce jeune garçon de 20 ans au parcours scolaire très satisfaisant (un bac scientifique à 17 ans) venait d'entrer brillamment en troisième année de médecine à Paris. Il vivait seul dans un studio, au dernier étage d'un immeuble dans lequel résidaient également sa mère, son nouveau beau-père, sa sœur (de quatre ans son aînée) et son beau-frère. Je le reçus pour l'aider à se libérer d'une consommation inquiétante de cannabis depuis deux ans, du moins, c'est de cette manière que sa mère me décrivit la situation. Or, la consommation de joints ne présentait que peu de danger : il ne fumait qu'occasionnellement en compagnie de quelques amis de faculté. En réalité, l'inquiétude maternelle se trouvait ailleurs : Arthur s'était fait récemment arrêter pour le vol d'une montre de faible valeur, dans une petite bijouterie de sa rue, en présence de sa mère, venue acheter un bijou pour la sœur d'Arthur. Ce dernier ne tarda pas à restituer l'objet, mais il dut, par la suite, donner quelques explications à sa mère. Lorsque, avec l'accord de son fils, elle entra dans le studio de ce dernier, elle y découvrit de nombreux objets qu'il avoua avoir dérobés chez des amis, dans des petits magasins, à la

faculté ou encore à son club sportif : des cadres de photos, des dizaines de stylos, de canifs et de briquets,
d'innombrables cuillères, fourchettes et couteaux, des
téléphones portables, des sacs de sport, des porte-docu-
ments, etc.

Lors de notre premier entretien, je l'interrogeai sur le
vol récent de la montre. Il rapporta le pincement de jalousie ressenti en apprenant que sa mère allait acheter un
cadeau à sa sœur. Il eut le sentiment d'être délaissé, abandonné. Il se mit à haïr le bijoutier et sa vendeuse (qu'il
connaissait, pourtant, depuis des années) et, sans même
le décider, déroba une montre. Ce sentiment de jalousie,
cette douloureuse sensation de passer en second émer-
geaient quasi systématiquement avant le vol d'un objet.
Les stylos de ses amis de fac ou les sacs de sport de ses
coéquipiers lui semblaient toujours plus beaux que les
siens, les téléphones portables plus modernes, les couverts
plus nobles que ceux de son studio. Pour les cadres,
Arthur ne comprenait pas trop pourquoi il ne résistait
pas au besoin de les voler : il avançait une hypothèse
intéressante, celle de supporter difficilement la photo
d'un instant de bonheur ou de fierté, que le cadre auréo-
lait impudiquement...

Au fil des consultations, l'anxiété profonde et chronique d'Arthur devint de plus en plus évidente. Elle trouvait son origine entre l'âge de 6 et 13 ans, lorsqu'il avait
été confié à ses grands-parents maternels, juste après le
divorce de ses parents, alors que sa sœur, Martine, elle,
vivait chez sa mère. Les premiers chapardages, liés à la
frayeur d'être abandonné et au sentiment de jalousie,
avaient commencé après qu'il eut rejoint sa mère et sa
sœur dans l'appartement parisien.

Lorsque Arthur comprit la situation, il accepta de
consulter un psychanalyste.

Je l'ai revu récemment. Il préparait intensément l'internat de médecine et ne dérobait plus grand-chose : quelques chemises cartonnées, quelques livres ou articles médicaux... mais, surtout, il ne parlait plus à sa mère depuis plusieurs mois...

S'il n'existe pas de traitement spécifique pour soigner la kleptomanie, une psychothérapie classique ou une thérapie comportementale et cognitive semble être une approche nécessaire, mais sans doute insuffisante. Ces thérapies proposent des séances de « désensibilisation » en confrontant le patient à ses pensées obsédantes ou à certaines situations redoutées pour l'amour à relativiser la sensation de danger qu'elles provoquent et lui donner les moyens de les critiquer. Bien que l'on ne connaisse pas exactement les causes de la kleptomanie, l'aspect neurobiologique doit entrer en ligne de compte. Le stress pourrait être un élément déclencheur. Mais, plus intéressant encore, cette pathologie, comme la trichotillomanie, entretiendrait des liens indirects avec la sérotonine, ce neurotransmetteur responsable de plusieurs processus psychopathologiques.

La classe des antidépresseurs de dernière génération offrirait alors une solution.

Cependant, les kleptomanes, trichotillomanes et autres ne parviennent pas tous au stade du traitement, tout simplement parce que jamais ils n'ont osé en parler. Alors, si je puis leur donner un conseil : n'attendez pas de vous faire arrêter pour vol ou de devenir chauve pour régler le problème.

Pour guérir de ces pathologies qui envahissent la vie, il faut avant tout les accepter comme telles et ne pas hésiter à en parler. Vous n'êtes pas les seuls dans ce cas !

3

Achats excessifs : dépenser sa vie

De même que la fièvre n'est qu'un symptôme d'une maladie, je considère les achats compulsifs comme le symptôme d'une affection psychiatrique sous-jacente et non comme une véritable dépendance. Selon la majorité des auteurs, 60 % à 100 % des acheteurs pathologiques souffrent de troubles psychiatriques ou d'autres addictions. Par conséquent, en traitant le trouble mental initial, le syndrome de la « fièvre acheteuse » disparaît.

En l'absence de telles pathologies (dépression, addiction à une substance, psychoses maniaco-dépressives, états délirants ou démence,...), un sujet connaît peu de risques de tomber dans une conduite addictive d'achats.

C'est pour cette raison que ce chapitre ne figure pas dans « Les addictions sans drogues » mais dans cette troisième partie : « À la frontière des addictions ».

Je ne peux, cependant, faire l'impasse sur les diverses explications et interprétations de ce que certains continuent de nommer « achats addictifs ».

À moins de se retrouver dans une situation d'assistanat total et donc de grande dépendance (petite enfance, vieillesse invalidante, déficits moteurs ou cérébraux, pauvreté absolue,...), nous devons acheter pour vivre.

Consommer dans un pays comme le nôtre (un pays riche), c'est satisfaire un besoin, en dépensant « utile » (produits ménagers, aliments de base), et s'accorder un plaisir, un luxe qui va au-delà de la stricte nécessité, même si celle-ci comporte une contrepartie utilitaire (vêtements, voiture, maison...).

Nos facultés de contrôle (et de calcul) nous évitent d'acheter « n'importe quoi » et nous autorisent à nous « faire plaisir » lorsque nos économies le permettent. Nous dépensons en comptant sur nous.

Bien que nous possédions ce sens de la responsabilité, nous ne sommes pas à l'abri d'un dérapage, d'un « coup de tête ».

Qui pourrait se targuer de n'avoir jamais acheté, sans véritable besoin ni envie, quelque objet, par désœuvrement, ennui ou remède à une déprime passagère en se sentant immédiatement coupable, en regrettant d'avoir dépensé de l'argent pour rien ? Un acte accompli dans la précipitation (l'impulsion) et l'euphorie qui relève davantage de la consommation que de la compulsion. Nous plaidons cependant non coupables face à notre société moderne.

Dépenser est devenu une nécessité pour l'économie des nations. Il devient de plus en plus difficile de résister aux organismes de « crédit 0 % » favorisant l'emprunt et les paiements différés ! « Faites-vous plaisir aujourd'hui, vous ne paierez que demain... » Il devient quasiment impossible de passer au travers des propositions de vente par correspondance ou par télé-achat, des phénomènes de soldes qui nous poussent à profiter de « l'occasion à ne pas manquer », de la remise exceptionnelle, unique et limitée dans le temps. Sans oublier la pression permanente de la publicité dont le message suggère qu'il est impossible de vivre sans acheter tel ou tel produit. Elle crée un besoin, puis le transforme en une obligation à laquelle seul l'achat peut répondre. L'apparition des téléphones portables de plus en plus sophistiqués, comme jadis les magnétoscopes, symbolise parfaitement l'engrenage de cette surconsommation. Pourquoi garder son vieux mobile réduit à sa plus simple fonction, lorsque d'autres arrivent sur le marché avec l'option « appareil photo » ? Puis avec l'option « caméra » et bientôt, le visiophone et dix chaînes de télé... Chaque trouvaille paraît signer la fin de l'évolution du portable tant elle est spectaculaire et techniquement inimaginable. « C'est le dernier appareil que j'achète, car de toutes les façons, ils ne pourront pas faire plus ni mieux. » Or, nous n'avons pas le temps de profiter de notre gadget que, déjà, un nouveau téléphone envahit les devantures de magasins sous la forme d'une montre ou d'une paire de lunettes... Et il nous faut impérativement le posséder !

Le caprice du dernier modèle ou le coup de cœur pour l'objet inutile, mais « dernier cri », se justifient par la recherche constante de la nouveauté.

Pour en terminer avec les définitions, il me semble nécessaire de ne pas faire l'amalgame entre l'acheteur compulsif et le collectionneur.

Malgré les apparences, bien des caractéristiques les opposent. Le collectionneur cherche avec méthode. Il chasse, chine, et achète des objets pour les rassembler, constituer des ensembles ou des séries qu'il classe et range ensuite avec minutie. Il garde et regarde régulièrement « sa » collection avec affection. Il l'entretient, la couve précieusement toute sa vie. L'acheteur compulsif, lui, s'intéresse peu à l'objet à acquérir. Il l'achète précipitamment, puis s'en détourne. Il n'existe aucune continuité, aucune forme de logique constitutionnelle d'un achat à l'autre. Au contraire du collectionneur, pour lequel la valeur de l'objet respire l'éternité, nous pourrions dire que, pour l'acheteur compulsif, l'acquisition a une valeur instantanée, extrêmement fugace. L'objet n'est investi que le temps de l'achat.

Bien que nous nous reconnaissions victimes de cette société tentatrice et surtout dangereuse pour notre portefeuille, nous n'en devenons pas pour autant ses esclaves ! Nous sommes encore capables de garder le contrôle de nos achats quitte à ressentir une certaine frustration.

À quelques événements près et particuliers de notre existence, nous ne nous rangeons pas dans la catégorie des boulimiques d'achats, des acheteurs frénétiques, impulsifs et compulsifs. Ceux qui dépensent sans pouvoir compter. Ou les autres, les avares.

Le trouble du contrôle réunit ces deux profils, en apparence diamétralement opposés : l'avare contrôle tout et n'achète rien ou si peu, même ce dont il a besoin. L'acheteur compulsif ne contrôle rien et achète tout, même ce dont il n'a pas besoin. L'un se bloque dans la rétention maladive, l'autre se lâche en une incontinence subite et sans limites.

Si l'avarice fut maintes fois décrite, notamment depuis Molière, il en va autrement de la compulsion d'achats.

Celle-ci se caractérise par un besoin récurrent d'acheter, de manière compulsive, des objets variés sans en avoir l'utilité, ni souvent les moyens financiers. Les femmes (elles représentent 80 % des acheteurs compulsifs, l'âge variant entre 18 ans et 40 ans) seraient davantage tentées par les vêtements, les chaussures ou les produits de beauté alors que les hommes se destineraient plutôt à l'achat de matériel informatique, vidéo ou automobile. Précisons que les accros de l'achat sont, généralement, peu sensibles aux avantages des soldes : ils n'ont guère le temps de les attendre et la foule, toujours plus nombreuse qui s'y associe, ne leur rend pas la tâche facile en raison d'une éventuelle agoraphobie associée. Les objets achetés ne sont que rarement utilisés et restent, le plus souvent, entassés et négligés sitôt l'achat effectué.

L'investissement du sujet porte sur le comportement d'achat lui-même et non sur la possession qui en découle.

L'achat provoque une sensation agréable et apaisante, suivie la plupart du temps d'un sentiment de culpabilité. L'individu s'en veut d'avoir dépensé une somme supérieure à son budget, qui plus est pour des objets dont il réalise, après coup, la futilité. Quelques heures, quelques jours ou quelques semaines plus tard, l'envie ressurgit, selon un véritable cycle, et ce malgré la conscience des lourdes conséquences financières, familiales et sociales.

Nous connaissons déjà (à travers les exemples des usages et abus de substances psychoactives évoqués lors des chapitres précédents) la quasi-inefficacité de notre volonté, la vulnérabilité de notre cerveau lorsqu'il doit choisir entre plaisir immédiat et risque futur... Impuissance de la raison lorsqu'elle se trouve confrontée à l'émotion et au besoin de satisfaction !

Deux grands psychiatres français, Jean Adès et Michel Lejoyeux, ont proposé de lire certains comportements d'achats compulsifs à la lumière du concept des addictions sans drogue, comme le jeu pathologique ou le workaholisme, en soulignant le risque de dépendance [1]. Si l'on suit ce raisonnement, cela impliquerait que nous soyons dépendants aux achats de la même façon que nous le sommes à une drogue, au tabac ou au jeu, par exemple. Je ne le crois pas. Cette conduite ne peut exister en elle-même sans pathologie déjà présente, comme je l'ai écrit

---

1. J. Adès et M. Lejoyeux, « Les achats pathologiques », revue *Synergie*, 1993.

en début de chapitre. C'est pour cette raison que je n'utilise pas le terme d'achats « addictifs », mais « compulsifs ».

Il n'existe pas d'études épidémiologiques évaluant de façon systématique les pathologies associées aux achats compulsifs : nous retrouvons cependant avec une fréquence élevée des troubles anxieux (50 % des cas), des troubles dépressifs (55 %), une dépendance aux substances illicites (héroïne, cocaïne) ou licites (alcool) dans 45 % des cas et des troubles du comportement alimentaire (20 %).

Je me souviens ainsi d'une patiente de 35 ans, souffrant de troubles anxieux et admise à la clinique pour abus répétés d'alcool et de tranquillisants. Sa frénésie d'achats se révéla le jour où elle réalisa que son mari la trompait. Dans l'impossibilité de le quitter, elle s'accrocha durant des mois au moindre signe d'affection ou d'évolution sentimentale favorable. Chaque attente déçue donnait lieu à une descente dans les magasins. Cette femme faisait « payer » son compagnon en achetant des quantités impressionnantes de vêtements ou de chaussures de luxe. Elle ressentait l'impérieuse nécessité de se précipiter dans ses boutiques préférées, situées dans les quartiers chics de la capitale et savourait la jouissance qui accompagnait ses dépenses. Dans le même temps, elle soulageait son anxiété. Tout cela ne pouvait se dérouler que si le magasin était vide, sans personne d'autre que les vendeuses pour observer ou juger son comportement.

L'acheteuse compulsive préfère agir solitairement, n'assumant qu'avec gêne devant des amis ou d'autres clients les symptômes de son trouble comportemental : tension préalable à l'achat (les Anglo-Saxons disent *craving*, comme pour le besoin impérieux de consommer une drogue), excitation, perte de contrôle puis relâchement temporaire (apaisement fugace) et culpabilité. Une fois chez elle, elle laissait les chaussures et les vêtements dans leur somptueux emballage. Elle ne les portait jamais et les offrait systématiquement à des amies.

Dans le cadre d'accès maniaques, de psychoses maniaco-dépressives, les acheteurs compulsifs se repèrent assez facilement.

Ces pertes de contrôle surviennent chez des personnes agitées, irritables, hyperactives, débridées, insomniaques, mégalomanes et se pensant toutes-puissantes. Dotées d'une incroyable certitude, elles sont capables de dévaliser un magasin sans aucune hésitation. Une inébranlable conviction les habite. Elles restent persuadées, quels que soient les avis contraires, objectifs, qu'elles réalisent la bonne affaire : « Je dois absolument acheter maintenant car demain, cela vaudra dix fois plus », se disent-elles. Peu importe le manque d'argent immédiat pour couvrir l'achat puisque le futur les rendra riches... Aucune raison économique ne peut s'opposer au sentiment d'invincibilité de l'acheteur dans un état maniaque. De telles incohérences imposent parfois non seulement des hospitalisations en urgence, mais aussi des mesures de protection des biens du malade sous forme de sauvegarde de justice (mesure provisoire), de curatelle (les actes effectués peuvent être annulés) ou de tutelle (incapacité civile presque totale).

L'aspect juridique intervient également dans la situation d'achats imposés sans scrupules par des vendeurs à domicile ou par correspondance, à des personnes souvent âgées et isolées, victimes de démence. Ces personnes malades ne bénéficient plus de la moindre logique d'achat. Elles perdent leur capacité de jugement rationnel et procèdent à des acquisitions « délirantes », souvent aussi onéreuses qu'inutiles pour elles.

Il existe une autre forme de pathologie associée aux achats compulsifs : la donromanie, ou manie des cadeaux offerts aux parents, aux amis, mais également à de simples connaissances. L'un de mes patients, cocaïnomane occasionnel, peinait ainsi à dilapider un héritage conséquent dont secrètement il ne voulait pas. Tous les commerçants de son arrondissement se réjouissaient de ses achats généreux, mais aussi des cadeaux qu'il leur prodiguait. Ce qu'il achetait dans une boutique était immédiatement offert à la vendeuse ou au responsable du magasin adjacent !

Alors, comment définir les achats dits « addictifs » autrement que par défaut, après élimination d'une psychose, d'un accès maniaque, d'une démence ou d'une situation désespérée ?

Répétons-le, les formes pures d'addiction aux achats restent à trouver. Jusqu'à preuve épidémiologique (et pas seulement anecdotique) du contraire, les achats compulsifs représentent une manifestation secondaire, une « greffe addictive » sur des troubles préalables du comportement ou de l'identité. Aussi me semble-t-il prudent d'insister, avant tout, sur le traitement pharmacologique de la pathologie psychiatrique sous-jacente ou de l'addiction préalable si fréquemment observée, bien plus que sur les seuls traitements spécifiques de la « fièvre acheteuse ».

Dans l'intérêt du patient, à la recherche d'une thérapie qui le soulage efficacement, nous avons, en effet, intérêt à considérer que les achats pathologiques sont l'arbre addictif qui cache la forêt psychiatrique.

De ce fait, les conduites d'achats addictifs corrélées à une dépression peuvent être stoppées par un traitement antidépresseur.

Ces achats associés à des accès maniaques cèdent, eux, à l'administration de neuroleptiques. L'efficacité des thymorégulateurs, susceptibles d'augmenter la sérotonine (neuromédiateur régulant en partie l'impulsivité) est intéressante mais reste à confirmer.

Des psychothérapies de soutien, des thérapies cognitivo-comportementalistes semblent utiles dans le sens où elles permettent de mieux contrôler l'impulsivité. Des réunions de groupe (dont le bien nommé « Débiteur Anonyme ») sont également proposées dans les pays étrangers.

Au-delà du traitement médical, incontournable à mes yeux, quelques petites règles à respecter me semblent indispensables pour réduire les risques de débordements :

✔ Évitez d'entrer seul(e) dans un magasin. Si la tentation vous paraît trop forte, faites-vous accompagner pour limiter le nombre d'achats. Ne vous approchez pas de certains magasins tentants de par l'extrême variété des produits. Laissez vos cartes de crédit chez vous et n'emportez que le strict minimum, au cas où.

✔ Choisissez des itinéraires qui vous obligent à contourner les lieux ou les boutiques dans lesquels se sont déroulés les achats compulsifs.

Enfin, je le répète, consultez avant tout un médecin pour traiter la maladie psychiatrique sous-jacente et/ou l'addiction associée.

4

Café, thé, chocolat :
des drogues presque parfaites

Le café

✔ Son économie est presque aussi importante que celle du pétrole...

✔ Il rythme la vie de 2,5 milliards de personnes dans le monde entier...

✔ Bach dédia une cantate à son arôme et Gainsbourg en aima la couleur...

✔ C'est la boisson la plus consommée dans le monde, après l'eau...

✔ Les Finlandais en boivent cinq tasses en moyenne par jour, les Français, trois...

Nous connaissons tous, pour l'avoir testé au moins une fois, le pouvoir du café sur le sommeil : il retarde l'endormissement.

Il ne s'agit pas, pour autant, de la seule conséquence qu'entraîne la consommation de ce liquide chaud. Il se compose de plus de 800 éléments chimiques parmi lesquels la caféine, responsable de la majeure partie des effets. Nous la retrouvons dans différentes proportions selon le cru du café (de 0,8 % à 1,3 % dans l'arabica et de 2 % à 3 % dans le robusta), mais également dans le thé, le chocolat, et certaines boissons gazeuses comme le Coca-Cola.

La caféine stimule le système nerveux et l'activité cérébrale, elle augmente la pression sanguine, le rythme et la force des contractions cardiaques (au risque pour celui qui en consomme de percevoir des palpitations ou extrasystoles), influence la sécrétion rénale et possède un effet diurétique. D'autre part, elle augmente les niveaux de dopamine dans le cerveau. Plus précisément, on pourrait la comparer (selon les enregistrements faits par électroencéphalographie) aux molécules amphétaminiques comme le Maxiton ou la Ritaline, à partir d'une dose de quinze milligrammes par kilo de poids (soit, quand même, huit à dix tasses de café en une prise...). L'activation de plusieurs circuits neuronaux par la caféine permet également de produire davantage d'adrénaline. L'adrénaline, sécrétée dans notre cerveau lors des situations de danger, augmente donc notre niveau d'attention et donne un flash d'énergie à notre organisme.

De nombreux effets qui laissent penser, à juste titre, que le café est bien une substance psychoactive !

Les utilisations médicales de la caféine découlent de ses principales propriétés analeptiques : lutte contre l'asthénie (la fatigue), contre la somnolence pathologique, l'insuffisance respiratoire chronique et l'apnée du nouveau-né. D'autre part, son effet vasoconstricteur diminue la douleur des migraines (la caféine accélère également la résorption digestive de l'ergotamine, un antimigraineux, et en augmente donc l'efficacité). Cela explique l'apparition de maux de tête, à l'arrêt brutal du café, notamment le week-end chez certains buveurs de café habitués à en abuser pendant la semaine.

Mais que signifie l'abus de café ? À partir de quelle quantité passons-nous de l'usage à l'abus et quelles en sont les conséquences ?

L'usage de cette boisson (deux à trois tasses par jour, sachant qu'une tasse équivaut à 150 mg environ de caféine) ne provoque aucun effet négatif, bien au contraire. Il augmente la vigilance, procure une sensation de bien-être, de dynamisme évident, et permet une meilleure concentration... En revanche, de fortes doses par voie orale (au-delà de cinq tasses par jour), par voie d'injection sous-cutanée ou intramusculaire à des fins de dopage, comportent des risques d'inconfort et certains effets indésirables : tachycardie et palpitations, augmentation transitoire de la pression artérielle, nausées ou vomissements, nervosité accompagnée de tremblements et, bien évidemment, insomnie.

Les effets sont ressentis, en moyenne, durant trois heures à quatre heures. Ils se concentrent exclusivement sur le système nerveux central, sans affecter d'autres fonctions mentales supérieures.

Plus d'un gramme par jour (dix à douze tasses) peut conduire à une intoxication et risque de générer des contractions musculaires involontaires, des pensées et des propos décousus ainsi qu'une importante agitation psychomotrice. Ces symptômes sont similaires à ceux d'une anxiété généralisée.

Si la caféine agit à ce point sur notre cerveau, il est alors légitime de se demander si cette substance est une drogue et si elle comporte des risques d'entraîner une dépendance et donc des syndromes de sevrage.

Il est vrai que de nombreuses personnes n'envisagent pas de se lever le matin sans prendre une tasse de café, d'autres ne supportent pas de terminer un repas sans leur espresso, et ainsi de suite. Bref, il semble donc difficile d'imaginer le quotidien sans notre « petit noir ». Or, il s'agit davantage d'une habitude liée au plaisir, d'un attachement que d'une dépendance. Le café correspond à des instants de détente (les fameuses pauses-café) et de convivialité. Il est associé à des moments bien précis de notre journée (le réveil, le milieu de la matinée, le déjeuner, etc.), à des états de stress parfois qui induisent effectivement une consommation régulière et donc un manque en cas d'arrêt. Un manque « psychologique » (le terme est quelque peu exagéré, mais nous l'acceptons) dû à la perte d'habitudes, essentiellement. Qu'en est-il, à présent, d'une éventuelle dépendance physique ?

À l'inverse de la cocaïne ou de la morphine, cette substance n'agit pas directement sur le noyau accumbens, responsable de l'addiction. De plus, bien que chaque tasse engendre des effets positifs et stimulants, la tolérance au café n'existe pas ou si peu : les accros n'éprouvent pas le besoin d'augmenter les quantités et l'usage reste stable durant de longues années. Au-delà d'une certaine dose, des désagréments surviennent (nausées, palpitations,...) et le buveur de café rétablit automatiquement sa consommation. Il n'existe donc pas de perte de contrôle. Cependant, des symptômes de sevrage apparaissent après une ou deux journées d'abstinence. Comme la plupart des drogues, la caféine augmente légèrement la production de dopamine dans les circuits du plaisir (je rappelle que ces molécules régulent les états émotionnels et favorisent l'excitation et le dynamisme), il est donc logique qu'une diminution de celle-ci risque de générer un état pseudo-dépressif et une baisse des performances cérébrales.

En octobre 2004, la revue américaine *Psychopharmacology* a publié une étude compilant et analysant cent soixante-dix années de recherche sur le sevrage de caféine. À partir des 57 études expérimentales et

9 enquêtes cliniques, les auteurs identifient 5 groupes de symptômes de manque : maux de tête, fatigue ou somnolence, humeur anxieuse, dépressive ou irritable, troubles de la concentration, syndrome pseudo-grippal avec nausées et douleurs musculaires. La sévérité des troubles augmenterait avec la dose quotidienne de café antérieurement consommée. Une diminution douce, un sevrage progressif sont donc fortement conseillés afin d'éviter les symptômes de sevrage.

Les résultats et conclusions de cette étude devraient prochainement figurer dans l'édition du DSM IV. La création d'une nouvelle addiction, l'addiction à la caféine, dans la classification des maladies et problèmes de santé, est à l'ordre du jour.

Faire de l'addiction à la caféine une dépendance menaçant notre santé ou notre équilibre psychique me semble être une erreur, en raison de la très faible nocivité de cette substance.

Il existe, cependant, quelques cas exceptionnels qui confirment la règle et qu'il m'a été donné (une fois en vingt ans de pratique clinique !) de rencontrer en consultation.

Je me souviens ainsi de Grégory, un golden boy de 30 ans. À l'époque où il est entré à la clinique, il consommait plus d'un litre de café très fortement dosé par jour.

C'est vers l'âge de 17 ans qu'il but sa première goutte de café. Immédiatement sensible à l'arôme, il passa très rapidement de une tasse par jour à trois ou quatre, puis constata les propriétés stimulantes de cette substance : « Je me suis rendu compte que le café provoquait chez moi une excitation que je n'avais jamais connue auparavant, m'expliqua-t-il. J'étais speedé, mon cœur battait vite, mon esprit fonctionnait à mille à l'heure. » Surpris, mais, dans le même temps, fasciné par les effets dopants du café, Grégory augmenta les doses. Au bout de six mois, il ne parvint plus à se passer de cet excitant. Les conséquences furent dramatiques : « Je passais mes nuits éveillé et m'endormais au petit matin. Au réveil, je ressentais une sensation de fatigue terrible, je ne pouvais plus travailler, je me sentais mou, j'avais des difficultés de concentration alors, pour pallier cet état, j'ai continué d'augmenter les doses sans pour autant retrouver ma vivacité. »

Lorsque je demandai à Grégory les raisons qui le poussaient à vouloir se surpasser chaque jour davantage, il m'expliqua qu'il ressentait le besoin d'être le meilleur et surtout vis-à-vis de sa sœur : « Dès mon plus jeune âge, j'étais jaloux d'elle. Mes parents admiraient son intelligence et sa vivacité d'esprit, alors que moi, j'étais timide, lent, je parlais peu et personne ne me remarquait. Je pense avoir développé très tôt un complexe d'infériorité par rapport à elle. Le café à forte dose m'a donc aidé à me désinhiber. »

À l'âge de 21 ans, Grégory ressentit une violente douleur au foie. Il décida alors de diminuer sa consommation, pensant qu'elle était la cause de son mal, mais ses vieux démons le reprirent. Il dut passer un examen et craignit d'échouer, de ne pas être à la hauteur. Il se considérait toujours comme un bon à rien. Il fit alors une tentative de suicide en absorbant des médicaments. Grégory fut hospitalisé pendant deux mois. Les médecins lui prescrivirent des antidépresseurs. Au même moment, il découvrit sur Internet des comprimés de caféine et des gélules d'éphédrine (un stimulant cardiaque). La spirale recommença. « Je consommais plusieurs comprimés par jour, c'était génial. Je bossais bien, j'étais dans un état d'esprit positif, j'étais speed », mais au bout de un an et demi de consommation abusive et chronique de caféine et d'éphédrine, Gregory plongea à nouveau dans une torpeur inquiétante. C'est à ce moment-là qu'il décida de se faire aider.

Le cas de ce patient, je le répète, est extrêmement rare, et met en jeu d'autres pathologies. Quant à la douleur au foie ressentie par Grégory, elle n'était pas – contrairement à ce qu'il pensait – liée à l'abus de caféine.

Jusqu'à ce jour, aucune accusation portée sur les méfaits somatiques sérieux secondaires dus à une consommation chronique de café n'a été confirmée scientifiquement. Nous n'avons jamais remarqué de répercussions cardiaques significatives, ni d'hypertension artérielle menaçante (sauf chez l'hypertendu non diagnostiqué ou mal stabilisé), aucun risque cancérigène, pas d'ostéoporose (sauf chez quelques femmes génétiquement prédéterminées et dont l'alimentation est déficiente en calcium) et aucun danger pour le fœtus en cas de grossesse.

La caféine, substance stimulante, n'entraîne pas, à doses usuelles, de changement de conscience ou de modifications d'altérité notables, ni de conséquence somatique grave. Elle reste accessible sur tous les continents et ne coûte pas cher, elle favorise l'économie de nombreux pays et, enfin, ne provoque, en cas d'usage ou d'abus chroniques, qu'un syndrome de sevrage de courte durée et de faible intensité... Que nous faut-il de plus ? Ne soyons pas excessifs, ne devenons pas boulimiques de la perfection ou du risque zéro. Nous possédons avec le café une « drogue presque parfaite » qui, à mon avis, ne trouve en aucun cas sa place dans la classification des substances addictives !

Le chocolat

« Il me faut du chocolat ! J'ai besoin de chocolat ! J'en meurs d'envie ! »

33 % des femmes et 15 % des hommes reconnaissent ainsi « souffrir » d'une dépendance au chocolat. La majorité d'entre eux affirment qu'aucun autre aliment n'est capable d'assouvir cette envie ! Dans la hiérarchie des « chocolatomanes », il y a les plus raisonnables, ceux qui ne supportent pas de boire leur café sans leur petit carré (double dose de stimulant ou double plaisir gustatif ?), les passionnés, en chasse de chocolat noir au plus fort taux de cacao. Enfin les accros, prêts à faire des folies et à quitter leur domicile, quelle que soit l'heure, pour trouver le dernier magasin ouvert et satisfaire leur besoin de chocolat. Est-ce pour combler un manque d'affection brutal ou un sentiment de solitude ? Les accros répondent qu'ils aiment le chocolat tout simplement. Ils l'aiment intimement. Pour s'offrir une récompense lorsque tout va bien, pour se réconforter en cas de déprime, après le repas, avec le café, avant de dormir,... La plupart expliquent leur dépendance par la sensation agréable que leur procure cet aliment qui fond dans la bouche ainsi que par ses caractéristiques orosensorielles : la saveur, le parfum et la texture. Puisque ce produit contient du beurre de cacao (graisse) et une forte dose de glucose, certains chercheurs ont alors tenté d'expliquer le « chocoholisme » par une envie de sucre, ce à quoi 75 % des personnes répondent négativement. D'ailleurs, elles seraient incapables de remplacer cet aliment par une autre friandise. Une chose est sûre : le chocolat fait du bien à notre organisme. Il renferme du magnésium, du fer, du phosphore, du potassium et des vitamines. Riche en antioxydants, certains lui prêtent des pouvoirs extraordinaires dont la prévention de nombreuses maladies, et notamment des

cancers ! Il posséderait, aussi, quelques vertus aphrodisiaques... Cela n'explique pas pourquoi le chocolat suscite de telles pulsions et une telle passion ! Difficile pour les chocolatomanes eux-mêmes de définir précisément à quoi correspondent ces accès de boulimie et à quels moments précis ils surgissent. Et surtout, comment se fait-il qu'au-delà de l'envie, nous en ayons parfois besoin ?

Selon le docteur Gérald Apfeldorfer, médecin nutritionniste et psychothérapeute, le chocolatomane recherche dans la consommation de cet aliment des stimulations fortes, lesquelles sont à l'origine de pulsions irrésistibles envers le chocolat... mais pas n'importe lequel. Les accros en savent quelque chose : ils dédaignent le chocolat au lait et méprisent le chocolat blanc, alors qu'ils raffolent du chocolat noir dont la teneur en cacao dépasse les 50 %. Et c'est précisément dans la composition chimique de la fève de cacao que se cachent des substances psychoactives, 800 environ parmi lesquelles 5 méritent notre attention : la caféine, la théobromine, la phényléthylamine, l'anandamide et la sérotonine. Le chocolat agirait sur notre cerveau grâce à ces constituants pharmacologiques.

La caféine, la théobromine et la phényléthylamine maintiennent le sujet dans un état d'éveil et de vigilance.

Le cacao contient 1 % à 2 % de théobromine. Cette molécule ouvre l'appétit, favorise la résistance au stress en bloquant les récepteurs à l'adrénaline, enfin elle stimule la digestion grâce à son action sur les muscles lisses (comme ceux des intestins, par exemple). 100 grammes de chocolat en contiendraient, selon les origines et les mélanges, de 40 milligrammes à 250 milligrammes. À noter que la théobromine est particulièrement toxique pour les animaux carnivores domestiques qui éliminent cette substance très lentement. Une plaquette de 200 grammes de chocolat noir peut tuer votre boxer ou votre bouledogue. Il est donc fortement déconseillé de donner du chocolat au lait ou du chocolat noir à un chien. En revanche, il n'existe aucun risque d'intoxication avec le chocolat blanc qui ne contient pas de théobromine.

Inutile de s'éterniser sur la caféine, dont nous connaissons les propriétés excitantes.

La phényléthylamine, troisième substance contenue dans le cacao, appartient également à la famille des stimulants. Elle serait d'ailleurs l'une des plus tonifiantes ! Cette amphétamine naturelle, produite aussi par notre cerveau, déclenche des sensations de joie et d'excitation. Le sport intensif en entraînerait une forte sécrétion, la rencontre amoureuse, et plus précisément le coup de foudre, également. Hélas, le chocolat contient peu de cette substance magique, en tout cas en plus faible quantité que le fromage de chèvre par exemple, dont les vertus euphorisantes ou romantiques n'ont guère été valorisées jusqu'à ce jour.

La quatrième substance psychoactive du chocolat, découverte récemment, semble intéressante. Il s'agit de l'anandamide. Un neuromédiateur, également retrouvé dans notre cerveau, dont les récepteurs sont aussi ceux sur lesquels se fixent le principe actif du cannabis (le THC). L'anandamide du chocolat expliquerait-elle les sensations d'envie et de bien-être rapportées par certains accros du cacao ? Oui, à la seule condition de manger environ 50 kilos de chocolat pour obtenir l'effet d'une dose modérée de cannabis !

Quant à ses vertus antidépressives, elles correspondraient, pour certains, à une sécrétion de petites molécules d'opium, induite par le chocolat : les endomorphines, substances apaisantes.

Toutes ces observations expliqueraient le fait que le chocolat ne représente pas uniquement une source de plaisir gustatif, mais engendre aussi un surcroît de plaisir, de bien-être et d'excitation...

Ces conclusions nous amènent tout naturellement à nous poser une question : les effets psychotropes du chocolat transforment-ils cet aliment en drogue et favorisent-ils la dépendance ?

Selon certains chercheurs, il faudrait que la consommation dépasse cent grammes par jour de chocolat noir (fortement dosé en cacao) et dure pendant des années.

Mis à part ces cas rares, nous pouvons affirmer que la consommation et même l'abus chronique de chocolat ne comportent aucun risque psychologique réel et n'induisent pas d'état de manque inquiétant. Les molécules présentes dans cet aliment provoquent indéniablement des effets psychoactifs, mais en quantité beaucoup trop faible, voire infinitésimale pour entraîner une addiction. Les acides gras du chocolat (le beurre de cacao) apparaissent bien plus dangereux pour la santé des chocolatomanes, puisqu'ils signifient prise de poids et augmentation du cholestérol.

Le principal responsable de la pseudo-dépendance au chocolat demeure son bon goût et la sensation de plaisir qui l'accompagne. Guy de Maupassant l'avait écrit : « Je ne pouvais ôter ma bouche des bords délicieux de sa tasse. Un chocolat à s'en faire mourir, moelleux, velouté, parfumé, grisant. »

Le thé

La caféine du thé (également appelée théine) est d'environ trente milligrammes à soixante milligrammes par tasse. Son action est limitée par la présence des tanins qui entravent son passage dans le sang. Plus le thé est fort, c'est-à-dire infusé longtemps, plus il est riche en tanins et moins la caféine (ou théine) peut agir. Pour les Anglais comme pour les Japonais, un thé trop infusé est tout à la fois une erreur de néophyte et une faute culturelle.

À dose de caféine égale ou supérieure, le thé produit moins d'effets psychostimulants que le café. L'addiction au thé, ou « théisme », est considérée comme une dépendance mineure, encore plus mineure que celle du café... c'est dire ! Le syndrome de sevrage d'un abus chronique de thé, peu décrit dans la littérature médicale, semble se résumer au risque de maux de tête, de baisse de tonus en cas d'arrêt brutal.

Son traitement repose sur le principe d'une diminution progressive puis d'un usage modéré ne dépassant pas deux à trois tasses par jour. L'absence de tolérance, comme pour le café, ne fait pas craindre d'avoir à réaugmenter les doses pour retrouver les effets initiaux.

5

Chirurgie esthétique :
l'ivresse de la métamorphose

Le 23 octobre 1814, en Angleterre, à Chelsea, était expérimentée la première intervention de chirurgie plastique moderne. Presque deux siècles plus tard, cette pratique ne représente plus un exploit technique et ne se limite plus à réparer les mutilations de guerre, les blessures posttraumatiques ou les malformations. Elle est devenue une hospitalisation ordinaire, plus exactement une intervention de consommation courante, tant elle échappe aujourd'hui au contrôle de la médecine.

Jamais les expressions « mal dans son corps » ou « mal dans sa peau » n'ont été tant exprimées mécaniquement, au risque d'oublier le « mal dans sa tête ». L'envie, le besoin de modifier son nez, gonfler ses lèvres ou se débarrasser de ses bourrelets deviennent aujourd'hui aussi banals que vouloir changer la couleur de ses cheveux. Les prothèses mammaires ont supplanté les fameux « Wonderbra ». Peu importe le prix ou les risques éventuels d'une anesthésie générale, pourvu que nous atteignions un idéal de beauté et de fraîcheur. À ce stade, le terme de « transformation esthétique » me paraît aujourd'hui davantage adapté !

Pour le chirurgien Maurice Mimoun, « le corps (de la patiente) est devenu un écran sur lequel un film serait projeté et dont elle ne connaîtrait pas le sens [1] ».

Je ne sais si le film s'accélère ces dernières années, si les écrans gagnent en haute définition, mais l'augmentation du nombre de mes patients (et pas seulement patientes) devenus accros de la chirurgie esthétique et de tout ce qui s'en approche, me stupéfait.

Je n'évoque pas ici le souhait légitime de réparer des handicaps physiques, des malformations, des laideurs invalidantes à nos propres yeux et à ceux de notre société hystérique. Ceux-ci, à l'origine de moqueries, d'exclusions et de blessures mortifiantes dans le jeune âge, à la puberté et, plus tard, dans la vie relationnelle, justifient entièrement de telles interventions.

Je ne traiterai pas plus des efforts pour lutter contre l'outrage du temps qui passe. Hommes ou femmes, toutes les personnes atteintes de « jeunisme » sont les nouveaux moutons de Panurge. Terrorisées à l'idée de vieillir, elles suivent les publicités antirides, les promesses de jeunesse éternelle et les entendent comme des injonctions incontournables. Les réparations esthétiques peuvent alors favoriser les soins psychologiques et l'apaisement, mais seulement en complément d'une réflexion médicale protectrice.

Dans le cadre des conduites addictives, j'ai préféré m'interroger sur un cas clinique, une métamorphose spectaculaire qui m'ouvrit les yeux sur les possibilités de dérives induites par de telles pratiques.

Justine allait avoir 40 ans. Je la suivais depuis quatre ans pour une double dépendance, à l'alcool et aux tranquillisants. Cette femme avait épousé un notaire de

---

1. M. Mimoun, *L'Impossible Limite : carnets d'un chirurgien*, Paris, Albin Michel, 1996.

quinze ans son aîné. Elle s'occupait bien de leurs deux fils de 13 et 15 ans jusqu'à ce que des abus éthyliques et médicamenteux ne mettent en danger sa santé et l'équilibre familial. Une hospitalisation de longue durée lui avait permis de sortir de ce chaos addictif. Depuis un an et demi, non seulement l'assuétude aux substances psychoactives avait disparu, mais surtout Justine semblait heureuse et épanouie. À l'une de ses consultations, elle me confia sa passion récente pour un jeune amant, écrivain célèbre, « beau comme un diable », avec lequel elle « s'éclatait », « enfin, sexuellement ». Nous étions convenus d'espacer les consultations et de faire le point tous les mois. L'année passa... avec d'étonnantes transformations. Entre chaque rendez-vous ou presque, Justine changeait. Elle fit rectifier et redresser son nez. Ce fut ensuite le tour de ses seins. Le menton subit, avec les joues, un sérieux lifting. Fière de ses oreilles, elle n'y toucha pas. Elle disparut quelques mois, en raison d'une complication de liposuccion du ventre et des cuisses. Puis, elle essaya les implants capillaires et les microgreffes. Enfin survint la transformation de ses lèvres supérieures au milieu d'un visage sans la moindre ride, sans la moindre expression, paralysé par les injections de toxines botuliques. Justine s'approvisionnait en Botox, grâce au Net, et savait à présent « s'injecter » toute seule. Elle traquait la moindre ride du front, un début de patte-d'oie, une glabelle (le pli entre les deux sourcils), une fronce du cou, d'épaules et des mains. Elle utilisait la substance paralysante au rythme de quatre à cinq infiltrations par jour.

Son apparence réveilla en moi de douloureuses et anciennes visions de réanimation. Interne à l'hôpital Boucicaut, il m'arrivait d'accueillir, parfois en urgence, des patients travestis ou transsexuels souffrant d'embolies pulmonaires à la silicone, responsables de détresse cardiorespiratoire aiguë. Ces personnes déracinées survivaient en se prostituant dans le bois de Boulogne. Pour attirer le maximum de clients, gagner de l'argent et se donner une chance de rentrer un jour dans leur pays, elles avaient sombré dans la spirale infernale de la transformation esthétique jusqu'à devenir totalement addictes à la silicone. Elles se faisaient injecter régulièrement des litres et des litres de ce produit dans les seins, les fesses et même les mollets. La silicone passait dans le sang, migrait dans les vaisseaux pulmonaires et, tel un ciment à prise rapide, les obstruait définitivement. Étendues sur leur lit de réanimation, attachées au souffle de la vie par les nombreux tuyaux des machines d'assistance respiratoire et des perfusions, elles agonisaient. Lorsque je demandai à Justine ce qu'elle pensait de cette quête éperdue de beauté, de cette obligation de plaire, elle éclata en sanglots et m'avoua que son jeune amant l'avait quittée. Pour lui, elle avait tout accepté, y compris d'entrer dans le tourbillon sexuel des clubs échangistes, des relations sadomasochistes et des soirées fétichistes. Elle y avait découvert les effets de la cocaïne mélangée à l'alcool. C'est à cette époque que la nécessité de se transformer en femme érotiquement irrésistible s'était imposée à elle. Depuis, elle ne palpitait plus qu'à travers le désir complexe de son amant, hyperactif sexuel.

De longues discussions aidèrent Justine à comprendre l'origine de son addiction à la chirurgie esthétique. Elle était prisonnière, comme bien des femmes (et des hommes), du regard, du désir d'autrui. Elle n'existait qu'à travers les autres au point de devenir dépendante de leurs jugements et appréciations. Toute possibilité de se sentir belle ou bien dans sa peau disparaissait si elle ne recevait pas de compliments. Justine se comparait continuellement aux lolitas à la peau et au corps naturellement fermes et courait désespérément après cette « jeunesse à jamais perdue ». Refaire ses seins, retendre son menton, gonfler ses lèvres, toutes ces métamorphoses devaient éveiller l'envie dans le regard de son amant et plus généralement dans le regard de tous. Être enfin une femme parfaite. Toujours plus belle, toujours plus jeune.

Justine accepta, quelques mois plus tard, une nouvelle hospitalisation pour se sevrer, à nouveau, de l'alcool et de la cocaïne qu'elle reconsommait à fortes doses, et par la même occasion tenter de se débarrasser de ses injections de Botox.

Il fallut scotcher des draps sur les miroirs de sa chambre et de sa salle de bains. Telle l'héroïne du roman d'Amélie Nothomb, *Mercure*, elle ne pouvait se voir. Plusieurs médications psychotropes furent nécessaires pour la « débrancher » du manque de son amant et de ses infiltrations.

Justine a quitté la clinique depuis quelques mois. Elle va bien. Aucune intervention esthétique, aucune toxine botulique à l'horizon. Pour le moment...

Peut-on alors parler d'« addiction comportementale à la transformation esthétique » ?

Nous retrouvons, à travers l'histoire de cette femme, plusieurs critères d'addiction : la perte de contrôle et ses conséquences personnelles, familiales et sociales. La focalisation de la pensée sur le besoin impérieux de mutation corporelle, la tolérance et l'augmentation des « doses » (d'interventions chirurgicales et de Botox) complétaient le tableau. De même que l'irrépressible envie de subir une opération ou de s'injecter le produit malgré la connaissance des souffrances postopératoires et des risques encourus (elle rapporta avoir eu un strabisme d'un œil et la paupière tombante pendant quelques semaines, après une surdose de toxine botulique), enfin, l'apaisement obtenu pendant les passages à l'acte. Sans oublier l'association à d'autres dépendances contemporaines (alcool, cocaïne), et surtout les modifications de conscience inhérentes à son comportement. En effet, Justine ne dormait quasiment plus, s'alimentait irrégulièrement et avait totalement modifié son idéal de vie et sa relation à autrui. Même en l'absence de syndrome de sevrage physique, l'hypothèse addictive face à cette ivresse de la métamorphose se justifiait.

Ce qui, au départ, représentait un espoir et une satisfaction (embellir indéfiniment, plaire encore et encore) évolua en tyrannie. Un regard indifférent, une réflexion désagréable, un retard, une absence et bien d'autres comportements qu'elle jugeait négatifs, la conduisaient inexorablement chez un nouveau chirurgien plastique ou sur Internet pour une nouvelle commande de Botox.

Nous sommes habitués, en addictologie, à rencontrer des patients dont le rapport au corps nous amène à nous interroger sur leur construction et leur équilibre psychiques. Il peut s'agir de mannequins faméliques, de danseuses ne tenant debout que grâce à leur chignon, de sportifs « body-buildés », de tatoués ou de « piercés ». Toutes et tous nous expliquent, initialement et simplement, qu'ils se trouvent plus beaux ainsi et ne supporteraient pas de se voir, de se montrer autrement.

Le trouble de la représentation de leur schéma corporel est indiscutable. Aussi réel que celui des personnes anorexiques décompensées (qui perçoivent leur corps squelettique toujours trop gros), des héroïnomanes ou cocaïnomanes par voie veineuse, en période d'intoxication lourde (pour qui le corps n'est plus qu'une veine à trouver malgré les abcès ou les thromboses) ou encore des patients sous l'emprise d'hallucinogènes comme le LSD (qui délirent et voient leur corps s'allonger, se rétrécir, se déformer, etc.).

Le destin tragique de l'artiste Lolo Ferrari souligne la

dangerosité de la dérive de la chirurgie esthétique, de l'abus « transformiste » sur son propre corps.

Une intervention plastique favorise un bouleversement intime bien plus important qu'un changement de coiffure. Or, lorsque nous constatons le trouble intérieur entraîné par le simple fait de se couper les cheveux (chez les femmes) ou de se raser la tête (chez les hommes), nous devons mieux estimer, avant toute intervention plastique radicale, la perturbation psychologique qui en découlera. Nous percevons mieux la réalité de cette perturbation lorsque nous conservons une cicatrice visible, postchirurgicale ou posttraumatique. Tout changement brutal du corps provoque une modification de la perception de soi-même, une sensation de « corps étranger » que notre cerveau, habitué au corps précédent, va initialement refuser de reconnaître, ou tout simplement rejeter. Et ce, quelle que soit la volonté initiale de changement ou d'amélioration esthétique.

Ce rejet psychologique, et pas seulement immunologique, est bien connu des services de transplantation (de cœur, de rein, de foie, etc.) qui sollicitent des psychologues en vue de préparer le patient à l'acceptation d'un nouvel organe et s'assurer, par la suite, que « la greffe a bien pris ».

Il me semble donc légitime d'associer, une nouvelle fois (voir le chapitre sur la trichotillomanie et l'onychophagie) la peau et le cerveau.

C'est pourquoi toute intervention plastique, toute mutation souhaitée nécessitent un accompagnement psychologique. Seul un médecin ou un psychothérapeute sauront éviter les dangers de ces opérations et le risque d'addiction qui en résulte. Le corps médical doit évaluer précisément, avec les patients, l'impact des transformations physiques, développer sa vigilance afin de dépister, à travers la répétition des interventions chirurgicales ou même des « maquillages permanents », non seulement les probabilités d'effets indésirables (anesthésie générale, cicatrice chéloïde [1], douleurs neurologiques postopératoires, résultat esthétique catastrophique, etc.) mais aussi le risque d'escalade compulsive et incontrôlée. Contre la mode actuelle, contre un marché de la beauté qui recrute à tout-va, il faut raison garder et privilégier l'être au paraître. Afin de ne pas laisser certaines patientes devenir « belles à en mourir ».

---

1. Cicatrice rougeâtre, boursouflée, et de ce fait, inesthétique.

6

L'insupportable portable

Je n'aurais jamais imaginé que l'addiction au portable puisse exister. Je dus pourtant me rendre à l'évidence lors d'un vol Paris-New York. Une passagère, assise près de moi, venait en effet de perdre son mobile et se trouvait dans un état d'angoisse, de manque à peine croyable. Comment allait-elle faire pour exister sans son appareil ? Comment allait-elle renouer le contact avec ses proches après huit heures de vol, huit heures d'absence ? Brutalement seule au monde malgré la présence d'une centaine de voyageurs dans l'avion. Elle semblait avoir perdu tous les siens en même temps que son téléphone. Elle fouilla son sac pour la vingtième fois, palpa son manteau et sa veste avec fébrilité, vérifia qu'elle n'était pas assise dessus, qu'il ne se cachait pas à ses pieds, ni aux miens, ni sous le siège du passager de devant, ni de derrière. Une fois tous les « ni » épuisés, elle appela l'équipage à l'aide. Pouvait-on retarder le départ de l'avion ? Au moins vérifier qu'elle ne l'avait pas égaré dans la salle d'embarquement ? À la caisse de la boutique de parfums ? Dans le taxi ? Non, vraiment, elle ne pouvait s'envoler sans son portable. Je tentai de la rassurer. Cela ne fut possible qu'en lui faisant énumérer et marquer sur un papier les principaux numéros de ses proches ; heureusement, elle se souvenait par cœur de la plupart d'entre eux. L'Airbus finit enfin par décoller, avec nous et sans son portable. Le voyage me parut très long, tant le mal-être de cette passagère continua d'être palpable tout au long du vol. À plusieurs reprises, sur le ton de la confidence, elle m'avoua : « Vous savez, je ne peux plus me passer de mon portable ! »

Des accros comme cette femme, il en existe beaucoup et de plus en plus ! Ceux qui ne peuvent se mouvoir sans leur portable greffé à l'oreille, d'autres dont le premier geste du matin consiste à composer un code à quatre chiffres pour réveiller leur téléphone...

En une décennie à peine, le mobile est devenu une prothèse intime, biomécanique, sans laquelle nous ne pouvons plus vivre. Sans lui, notre quotidien est amputé. Chaque jour nous éprouvons le besoin d'avoir notre dose de SMS[1], de MMS[2], de photos, de vidéos et surtout de coups de fil en direct et en continu. Mieux vaut trop d'appels (au risque de nous envahir) qu'un téléphone muet qui nous renvoie à notre profonde solitude en nous assénant d'une voix inhumaine : « Vous n'avez aucun nouveau message. »

Quelques sages et très rares résistants, quelques originaux ont réussi à se passer du portable, comme d'autres de la télévision, invoquant justement ce refus d'en devenir esclaves. Ceux-là sont regardés avec étonnement ou admiration, et chacun se demande comment ils peuvent vivre sans.

En attendant, l'extraordinaire diffusion de la téléphonie a changé le comportement social de centaines de mil-

1. Short Message System ou textos.
2. Multimedia Message System.

lions de personnes. Exit le téléphone familial, trônant sur
la console de l'entrée, qu'il ne fallait pas « occuper » trop
longtemps ou sur lequel il était hors de question d'être
appelé avant 8 heures et après 22 heures (sauf en cas
d'urgence), exit aussi la cabine téléphonique transparente.
Aujourd'hui, le téléphone permet un contact personnel,
unique et surtout permanent. Allumé ou éteint, sur le
mode sonnerie ou vibreur, il nous permet de rester relié
au monde extérieur.

Comme nos clés (d'appartement ou de voiture) ou nos
papiers d'identité, le portable est un objet personnel qui
nous accompagne partout. À ne pas oublier. À ne pas
perdre. À ne pas se faire voler non plus. Il nous oblige
à prendre soin de lui, à apprendre à le manipuler, à en
sélectionner les options, à entrer son fameux code PIN[1],
son code secret ainsi que des dizaines ou centaines de
numéros. Inutile aujourd'hui de décrocher pour connaître
l'identité de son correspondant. Il suffit de jeter un œil
sur l'écran pour reconnaître le numéro, que dis-je, même
à distance les sonneries personnalisées ou les musiques
permettent d'identifier celui qui cherche à nous joindre !
Exception faite des numéros masqués qui suscitent le
refus ou la curiosité.

De plus, le mobile exige une poche protectrice, un
endroit sûr, une oreillette, un chargeur, une batterie de
rechange.

L'appellation « sans fil » attribuée déjà aux téléphones
d'appartement de nouvelle génération me paraît paradoxale en ce qui concerne le portable car sa principale
caractéristique comportementale est le maintien de ce fil,
un fil rouge, un lien entre l'extérieur et nous. Quel merveilleux sentiment de sécurité ! Même absent, l'autre est
présent. Le mobile réduit les distances et gomme les sépa-

---

1. Personnal Identity Number.

rations. Il évite l'angoisse, pour certains, de se retrouver face à eux-mêmes (sauf quand il est déchargé).

Les appels à répétition pour ne rien se dire (la plupart du temps) assouvissent simplement le besoin de toujours localiser l'autre, de ne jamais le perdre, et d'effacer ainsi l'éloignement. L'important n'est pas de voir, mais de savoir que l'autre existe et qu'il pense à nous. Cette crainte de l'isolement s'exprime par ces petites phrases que nous connaissons tous :

« Je viens d'arriver au restaurant, je te rappelle au dessert. »

« Appelle-moi dès que ton avion a atterri. »

« Je ne peux pas te parler maintenant, je suis en réunion... Envoie-moi plutôt un texto. »

« Enfin, j'arrive à te joindre... ça fait cinq minutes que j'essaie de t'appeler... non, non, je n'avais rien de spécial à te dire ; c'était juste pour t'entendre. Tout va bien ? »

La disponibilité à perpétuité.

Alors, comment analyser un tel phénomène d'un point de vue médical ?

Comme pour une substance, l'usage (et l'abus) de cet objet doit nous amener à nous interroger. Devons-nous redouter un risque de nouvelle conduite addictive et dans ce cas, quelles en sont les dangerosités ? Existe-t-il des sujets plus vulnérables que d'autres ou des périodes de vie plus fragiles ?

Pouvons-nous parler d'« accrophonie[1] » comme nous parlons de workaholisme ou de cyberdépendance ?

Nous l'avons préalablement écrit, nul besoin de drogue (de substance psychoactive) pour souffrir d'addiction. Après avoir évoqué l'hyperactivité permanente sur le Net, nous remarquons que l'ordinateur, comme le téléphone portable, n'incarne ni un simple objet, ni une personne. Il

---

1. Je propose ce mot pour désigner la dépendance au téléphone.

implique simplement – par définition – un échange relationnel entre deux êtres. Un vecteur, un lien interhumain qui modifie les conventions sociales de communication, de distance, de temps, d'intimité et de solitude. À ce titre, le portable, en cas d'abus chronique, représente à lui seul une menace pour l'indépendance fondée sur notre capacité à vivre seul.

L'éventualité d'un risque de tumeur provoquée par les ondes et les abus de téléphone cellulaire (lymphomes cérébraux) n'a pas modifié l'attitude des plus addicts. Dans bien des circonstances, le principe de précaution aurait prévalu. Il n'en fut rien. Par intérêt économique ou par accrophonie ?

Certains comportements ou périodes de vie me paraissent favoriser cette conduite : l'adolescence, la dépendance affective et la jalousie pathologique.

Dans deux tiers des cas, le portable fait partie intégrante de la panoplie des adolescents de 12 ans à 18 ans. Il n'est plus un luxe, mais un objet utilitaire selon eux. Indispensable, précisent-ils, pour rassurer les parents ! Indispensable également pour apprendre à gérer « son » budget en cas de dépassement du forfait (souvent déterminé lors d'un très sérieux et sage conseil de famille). La coupure du portable individuel du jeune homme ou de la jeune fille se révèle bien plus aisée que le non-paiement des factures astronomiques de jadis sur la ligne familiale. Cependant, ce cordon « ombilicophonique » ne comporte pas que des avantages : il retarde l'acquisition par l'adolescent(e) de son autonomie, en faisant perdurer l'omniprésence (virtuelle, certes) de ses parents. Le jeune adulte perçoit une moindre obligation de se débrouiller seul dans un environnement nouveau. L'effort d'élaboration, de construction d'un équilibre et d'une sécurité personnelle s'efface alors devant la facilité d'appeler son entourage en cas de problème. Bon nombre de jeunes accros au portable se recrutent parmi ceux ou celles (immatures le plus souvent) qui ne peuvent garder une émotion, un sentiment pour eux seuls. Cette incapacité d'intériorisation, cette impossibilité de faire face à la moindre frustration ou à un sentiment d'impatience, couplée à l'immédiateté proposée par le portable construisent le socle de l'accrophonie juvénile.

À l'inverse, des parents anxieux et intrusifs peuvent envahir le quotidien de leur enfant en l'étouffant par une surveillance téléphonique continue.

Second cas de figure : le dépendant affectif qui cherche dans la téléphonie mobile la disponibilité permanente de l'autre, des autres, l'accès sans limites dont il a besoin pour se rassurer. Son portable devient tout autant son automédication contre l'angoisse du vide qu'une arme de harcèlement, parfois épuisante pour ceux à qui les appels impérieux sont destinés. La liaison phonique récurrente, toujours insuffisante, risque de tyranniser l'entourage. Peu importe qu'il s'agisse de l'être aimé ou d'une relation professionnelle, pourvu que le téléphone sonne ou qu'il annonce la réception de nouveaux messages ! La fameuse passagère du vol Paris-New York m'avait avoué à ce propos qu'en l'absence prolongée d'appels, il lui arrivait de téléphoner à ses amis ou à ses relations à une heure très avancée de la soirée. Certaine de ne pas leur parler en direct, elle laissait un message dans le seul but de recevoir des appels le lendemain.

Pour ces accrophonistes, le danger majeur survient en cas de sevrage brutal et inattendu... en cas de perte de mobile ou de réseau. Une fébrilité anxieuse se manifeste immédiatement, traduisant ainsi l'intensité du sentiment d'abandon. Une tension grandissante qui dure jusqu'à l'achat d'un nouvel appareil. Jusqu'à la possibilité de se « reperfuser » en communication. Un nouveau portable et le dépendant revit !

Évoquons pour terminer la personnalité la plus vulnérable à l'addiction au téléphone, la plus insupportable également, à savoir le cas des jaloux pathologiques. Le téléphone mobile devient alors un terrible vecteur d'intrusion permanente. « Où es-tu ? » remplace le « allô » initial. « Que fais-tu ? Avec qui te trouves-tu ? Qui parle près de toi ? Ta voix est étrange ? Pourquoi parles-tu doucement ? »

Chaque appel de l'accrophoniste jaloux tend à dire qu'il existe, qu'il ne faut pas l'oublier, qu'il faut l'aimer tout le temps et ne penser qu'à lui. Ce dernier se rappelle au bon souvenir de l'être aimé grâce à une sonnerie, une vibration ou un message écrit. Il s'assure alors que la pensée de sa victime préférée est bien focalisée sur lui. Il peut même se laisser aller à passer des coups de fil anonymes et masqués, entre des appels identifiés, pour tenter de la piéger ou vérifier que sa voix ou les bruits de fond n'ont pas changé ! L'équation sous-jacente se révèle simple et infernale : « Si elle ne répond pas, c'est qu'elle ne m'aime pas ou qu'elle se trouve avec quelqu'un d'autre... et si elle est avec quelqu'un d'autre, c'est qu'elle ne m'aime pas. »

Ces multiples exemples ne confirment pas pour autant l'existence d'une addiction au téléphone portable.

Plutôt que de considérer cet appareil comme un créateur de dépendance, il me semble plus sage de l'envisager comme un support possible de dépendances préexistantes, voire un amplificateur. Je parlerais plus précisément de « dépendance secondaire » au téléphone mobile au même titre qu'à l'ordinateur. Les acheteurs excessifs ou les joueurs pathologiques, préalablement dépendants d'une conduite, trouvent par l'intermédiaire du Net un support à leur pathologie. Ils deviennent, dans un second temps, cyberdépendants.

Retirer le portable aux accrophonistes n'aura, donc,

que peu de chances de guérir la jalousie pathologique, la dépendance affective ou d'atténuer les troubles de l'adolescence. Ce nouveau mode de fonctionnement limitera, peut-être momentanément, cette codépendance et ses conséquences en termes de perte de temps, d'argent ou en harcèlement.

La confrontation à soi-même, au silence et à sa propre solitude me paraît plus efficace. Il faut réussir à intégrer l'idée que l'on peut (et que l'on doit) exister, respirer, sans forcément maintenir un lien continuel, sans avoir perpétuellement besoin de rester « collé » aux autres. Surtout avec l'être aimé. Son silence ou son éloignement n'est pas synonyme d'indifférence ou d'oubli. La passion n'implique pas la fusion. Avant de régler ce que l'on croit être une dépendance au portable, une accrophonie, il est nécessaire de chercher et de traiter (parfois avec l'aide d'un psychothérapeute) les souffrances ou traumatismes qui se cachent derrière cet attachement excessif. Les réponses pourront ainsi induire un changement de comportement de l'individu, susceptible de l'aider à... décrocher.

Épilogue
Guérir la maladie des émotions

Nous éprouvons tous des émotions.

Nous ressentons tous, humains que nous sommes, de la peur, de la souffrance, de la tristesse, du manque, de l'envie, du plaisir, de la joie,... Il nous faut vivre avec ces sentiments qui jalonnent notre existence dans un éternel recommencement. Il nous faut les gérer, y faire face, tant bien que mal. À des degrés différents et surtout avec des moyens différents. Nous n'avons pas le choix.

Seuls les robots sont dénués d'émotions.

Nous sommes tous semblables, tous humains, tous égaux ou presque face à nos émotions, car plus ou moins solides pour les affronter ou accepter de s'en séparer.

Rire, craindre, s'angoisser, jouir et se réjouir, agir et réagir, supporter la douleur, accepter la frustration ou la perte, espérer et rêver son idéal n'est pas à la portée de tous les individus.

L'empreinte du passé, la force du présent, la coloration de l'humeur, l'influence de l'environnement,... constituent autant de facteurs et de paramètres pour amplifier ou réfréner nos émotions. Certains se trouvent dans l'impossibilité de les lire, de les livrer, de les supporter. Ils s'en défendent et mènent un éternel combat contre elles. D'autres possèdent cette capacité de les affronter, de les écouter, d'en tenir compte, de les partager et, surtout, de vivre avec. Mais ces « autres » sont peu nombreux, et quelles que soient leurs forces, elles peuvent être à la hauteur de leurs faiblesses et de leur vulnérabilité.

Vulnérables, nous le sommes tous à des périodes charnières de notre vie où nous cherchons à éviter une trop grande souffrance.

En quête d'un refuge, d'une pause, d'un bien-être perdu, quels que soient les moyens. Notre cerveau nous réclame de la tranquillité et notre système de récompense – tyrannique – attend une satisfaction.

C'est bien pour cette raison que nous sommes tous des dépendants en puissance.

Pour éviter le vertige de ces débordements émotionnels, l'addiction peut alors devenir une solution évidente et rapide. Utopique, dangereuse, mais initialement efficace.

Les premiers usages comme les premiers abus (d'une drogue ou d'un comportement addictif) n'affichent jamais leur dangerosité, leur risque d'asservissement futur. Ils laissent l'illusion d'un soulagement durable.

Sans être inexorable ni irréversible, l'addiction ne comporte pas moins de risques. De terribles risques d'y perdre sa conscience ou d'y laisser sa vie.

Usage, abus et dépendance : tel est le parcours addictif.

Il n'existe ni gène responsable à lui seul de l'addiction, ni traumatisme causal unique, ni culture ou parent coupables. Tous ces paramètres peuvent entrer en jeu pour déclencher la dépendance. Parfois, ils n'apparaissent pas.

Après plus de vingt ans de pratique clinique, la seule certitude étiologique que je possède se résume à cette simple constatation : les addictions concernent avant tout des personnes « hypersensibles ».

En effet, lorsque je tente de me souvenir des milliers de patients que mon équipe et moi avons rencontrés et soignés, un trait commun se dégage : la grande majorité d'entre eux sont des personnes « à fleur de peau », en état de cogitation et de rumination permanentes. Ces hommes et ces femmes ne connaissent pas la tranquillité de l'esprit.

Les drogues qu'ils consommaient, ou les comportements addictifs qui les gouvernaient, semblaient s'être imposés comme un « airbag », un baume intime apaisant, une tentative légitime de paix. Une bande d'arrêt d'urgence sur l'autoroute de leurs émotions et de leurs pensées incessantes et exténuantes. Du moins dans un premier temps, car, hélas, survenaient plus ou moins rapidement les déséquilibres neuropharmacologiques et sociaux liés à leur dépendance. La bande d'arrêt d'urgence se révélait alors plus dangereuse que l'état antérieur.

Est-ce leur hypersensibilité que nous devons leur reprocher ou les difficultés à gérer leurs émotions ? Devons-nous continuer de les maltraiter en les rendant responsables de leur état ? En considérant leur dépendance comme une faute et non comme une maladie ?

« Honte aux dépendants qui privilégient leur plaisir ! », pensent certains ! Quelle erreur, quel mépris !

J'ai tenu à rédiger cet ouvrage pour que la dépendance soit enfin reconnue par la science, par la médecine et pas seulement par la psychologie. Reconnue et non plus condamnée ! Il nous faut, pour cela, l'aide des principaux concernés. Ceux qui souffrent de dépendance doivent absolument pouvoir en parler et accepter de se considérer comme des malades. Malades de leur cerveau et de leurs émotions.

Cette maladie neuropsychiatrique est authentique, mais réversible lorsqu'elle est diagnostiquée et correctement traitée. Dans cette voie, il ne s'agit pas seulement de comprendre ou d'expliquer. À quoi servirait une (éventuelle) supériorité de pensée si elle ne s'accompagnait pas d'une supériorité d'action ? Jérôme, Jean, Jasmine, Martin, Isabelle et tant d'autres qui ont payé de leur vie notre manque de considération, de prise au sérieux, nos lacunes scientifiques ne peuvent, malheureusement, plus en témoigner. Nous devons, aujourd'hui, nous donner les moyens médicaux, politiques et sociaux de traiter les dépendances avec dignité et efficacité pour aider nos patients à s'en libérer.

Aider nos patients à revenir du côté de la vie.

Références bibliographiques

Ouvrages

ADÈS Jean, LEJOYEUX Michel, *Encore plus ! : sexe, travail, argent*, Paris, Odile Jacob, 2001.

BERGERON Henri, *L'État et la toxicomanie : histoire d'une singularité française*, Paris, PUF, 1999.

CARRIER Claire, *Le Champion, sa vie, sa mort* : *pyschanalyse de l'exploit*, Paris, Bayard, 2002.

CORCOS Maurice, FLAMENT Martine, JEAMMET Philippe, *Les Conduites de dépendance*, Issy-les-Moulineaux, Masson, 2003.

DAMASIO Antonio R., *Spinoza avait raison : joie et tristesse, le cerveau des émotions*, Paris, Odile Jacob, 2003.

LAMBERT Gérard, *La Légende des gènes : de l'origine de la génétique à la thérapie génétique*, Paris, Dunod, 2003.

LOWENSTEIN William, COPPEL Anne, GOURARIER Laurent, HEFEZ Serge, LEBEAU Bertrand, *La Méthadone et les traitements de substitution*, Rueil-Malmaison, Doin, 1995.

LOWENSTEIN William, SANCHEZ Mario, *Addictions aux opiacés et traitements de substitution*, Montrouge, John Libbey Eurotext, 2003.

RICHARD Denis, SENON Jean-Louis, *Dictionnaire des drogues et des dépendances*, Paris, Larousse, 2004.

ROQUES Bernard, *La Dangerosité des drogues*, Paris, Odile Jacob, 1999.

SANCHEZ Mario (sous la direction de), *Dans l'intimité des drogues*, Paris, Autrement, 2003.

– *Qu'avons-nous fait des drogues ?* Paris, Autrement, 2004.

VERBEKE Ronald, *Un dictionnaire critique des drogues*, Paris, Éditions Christian Bourgois, 1978.

Publications diverses

AACAP, *« Practice Parameters for the Assessment and Treatment of Children and Adolescent with Substance Use Disorders »*, Journal américain de la psychiatrie de l'enfant et de l'adolescent, n° 36, 1997.

Agora, débats jeunesses, « Les jeunes et le risque », n° 27, Paris, L'Harmattan, 2002.

Expertise collective INSERM, *Ecstasy*, Éditions INSERM 1997.

« La drogue et le cerveau », *Science et Vie*, hors-série n° 217, décembre 2001.

JAURY Philippe, « Les addictions en 2004 », polycopie de cours, faculté de Médecine Necker enfants malades, université René-Descartes, Paris-V, 2004.

KARILA L., MARTELLI C., BENYAMINA A. *et coll.*, Mécanismes neuro-robiologiques des addictions. Une revue de la littérature, *Synapse*, n° 206, juin 2004.

MILDT et CFES, *Drogues, savoir plus, risquer moins*, Éditions CFES, 2000.

NOBLE Florence, SALZMANN Julie, CYNTHIA Marie-Claire, « Effets aigus et à long terme de l'ecstasy », supplément « Médecine des addictions » 51/2004, *La Presse médicale*.

PAYEN Mathieu, *La Cyberdépendance*, Mémoire de l'Institut de psychologie, université René-Descartes, Paris-V, 2003-2004.

SWAPS (revue), Spécial cannabis, n° 32-33, CRIPS (Centre régional d'information et de prévention du sida), 2003.

Site internet : www.drogues.gouv.fr

Merci à Steve L., Ludovic M. et Pierre L. pour leurs précieuses réflexions.

Merci à Bénédicte Lepère pour son esprit de synthèse médicamenteuse.

Merci enfin à Naïma et à Erika pour leur soutien continu en caféine.

Composition réalisée par NORD COMPO

Achevé d'imprimer en janvier 2007 par
LIBERDUPLEX
Dépôt légal 1re publication : février 2007
N° d'éditeur : 82262
Librairie Générale Française – 31, rue de Fleurus – 75278 Paris Cedex 06

31/1576/3